"十二五"普通高等教育本科国家级规划教材配套教学辅导用书

名家

ACCOUNTING

ACCOUNTING

会计学

第五版

教学指导用书

陈信元　主　编

戴欣苗　陈振婷　黄　俊　副主编

上海财经大学出版社

SHANGHAI UNIVERSITY OF FINANCE & ECONOMICS PRESS

图书在版编目(CIP)数据

会计学教学指导用书 / 陈信元主编. —5 版. —上海：上海财经大学出版社，2018.3

"十二五"普通高等教育本科国家级规划教材配套教学辅导用书

ISBN 978-7-5642-2976-4/F·2976

Ⅰ.①会… Ⅱ.①陈… Ⅲ.①会计学-高等学校-教学参考资料 Ⅳ.①F230

中国版本图书馆 CIP 数据核字(2018)第 045003 号

□ 责任编辑 王 芳
□ 封面设计 钱宇辰

KUAIJIXUE JIAOXUE ZHIDAO YONGSHU

会 计 学 教 学 指 导 用 书

（第五版）

陈信元 主 编
戴欣苗 陈振婷 黄 俊 副主编

上海财经大学出版社出版发行
（上海市中山北一路 369 号 邮编 200083）
网 址：http://www.sufep.com
电子邮箱：webmaster @ sufep.com
全国新华书店经销
上海华业装璜印刷厂印刷装订
2018 年 3 月第 5 版 2021 年 1 月第 3 次印刷

787mm×1092mm 1/16 22.25 印张 598 千字
印数：38 001—40 500 定价：49.00 元

第五版前言

本书是为《会计学》第五版教材配套的教学辅导用书，自从首版教材、教辅同步出版以来，我们一直致力于完善教材内容、为师生提供方便。

对于主教材建设，我们奉行“教材内容与会计改革同步、会计理论与实务密切交融”的原则，本版教材的修订是基于相关制度不断完善，同时兼顾了教学课时调整和教学内容更新的需求，我们对全书的章节做了大幅度的整编，重新编写了贴合准则要求、贴近实务变化的损益确定、金融资产、投资、合并和报表列报等内容，修改了与营业税改为增值税相关的税务核算。为了便于培养学生思考问题、解决问题的能力、加强学生将课本知识与实际经济事件的联系，本版教材保留了第四版的章节体例，进一步完善、更新了教材中的讨论、案例和扩展思考题等内容，以丰富课堂讨论的资源、提高教材的开放性和探索性，希望能引导会计教学从实际事例和问题导向出发，培养学生的分析思辩能力。

与第五版教材配套的《会计学教学指导用书》，旨在帮助教师掌握教学重点，帮助学生复习和归纳所学内容。本教学指导用书除了各章的疑难解答、要点概括外，还配备了题型多样的自我测试及其参考答案，并附有教材习题答案。为了拓宽学生视野，培养其认识问题、分析问题和解决问题的能力，指导用书还配备了与经济生活密切相关、反映企业真实事件的案例素材和阅读材料，为各章增设相关网址和讨论题。为了便于教学，我们还开发了规范的教学投影片，凡使用主教材的教师均可与上海财经大学出版社联系索取，也可以登录上海财经大学会计学院精品课程网页（http://course.shufe.eku.cn/jpkc/accounting/index.html）或教育部“爱课程”网站上的共享课程（http://www.icourses.cn/coursestatic/course_2151.html），浏览本课程相关的教学资源、教学视频等内容。

本指导用书由陈信元主编，负责全书提纲的拟订以及全书定稿前的修改、补充和总纂。戴欣苗、陈振婷、黄俊任副主编，协助主编的有关工作。初稿各章的执笔人如下：第一章，陈信元；第二章，杜英；第三章，戴欣苗；第四章，孙红星；第五章，陈振婷；第六章，陈信元；第七章，孙红星；第八、九章，杜英；第十章，王彩萍；第十一章，戴欣苗、黄俊；第十二章，钱逢胜；第十三章，戴欣苗；第十四章，钱逢胜；第十五章，陈信元；第十六章，戴欣苗；第十七、十八、十九章，陈振婷；第二十章，饶艳超。

上海市教育委员会将本教材列为上海市重点建设教材，并提供了经费资助；上海财经大学将本教材指定为15门公共课中非会计学专业《会计学》课程的教材，并在“211工程”建设中立项资助；教育部将本教材列为“十二五”规划教材、重点推荐教材、国家级精品课程核心教材、经济管理类核心课程教材，在此深表感谢。

限于水平，本教材在安排和表述上可能不十分恰当，甚至存在错误之处，恳请读者批评指正。

编　者

2018年3月

目 录

第三篇 收入成本篇

第四篇　财务报告篇

第五篇　分析决策篇

第六篇　特殊项目篇

第一篇

会 计 原 理 篇

本篇脉络

第一章　绪　论

全章脉络

疑难解答
自我测试
自我测试答案
教材习题参考答案

疑难解答

一、股东与会计

在公司组织中,股东大会是公司的最高权力机构,对公司一切重大事项作出决议,但股东通常并不直接从事企业的经营活动,他们通过董事会或股东大会聘用经理人员去管理企业,经理层要通过会计向股东报告他们的经营业绩,会计起着交代经管责任的作用。会计信息应当有助于投资者评价公司的投资回报率及相关的风险。

二、信息使用人

外部信息使用人——债权人、税务部门、供货方、投资人、监管部门和社会中介机构。

内部信息使用人——企业管理部门,包括公司董事会成员,公司经理,公司计划、财务、人事、供应、市场营销、技术等方面的管理人员等。

有助于信息使用人决策的信息主要可分为四类:(1) 宏观经济和行业发展信息;(2) 公司的财务信息;(3) 公司的其他有关信息;(4) 行业内其他企业的相关信息。

其中,公司的财务信息与股东决策关系比较密切,包括财务状况(资产负债表)、经营成果(利润表)、现金流量等方面的信息。这些信息通常由会计系统提供,并以货币计量,一般称为财务信息。

三、会计基本假设和会计信息质量要求

会计基本假设:会计主体、持续经营、会计分期和货币计量。

会计信息质量要求:可靠性、相关性、可理解性、可比性、实质重于形式、重要性、谨慎性和及时性。

四、基本财务报表

资产负债表——反映某一特定日期公司资产、权益以及它们之间相互关系的报表。

利润表——反映某一会计期间的收入、费用和利润情况的报表。

现金流量表——反映企业某一时期内现金流入和流出的报表。

五、现金流量表的分类

现金流量表的项目主要由经营活动、投资活动和筹资活动的现金流量组成。

六、会计职业的分类

(一) 企业会计

企业会计又可分为:

财务会计——通过确认、计量、记录和报告等程序对经济业务进行加工处理并形成会计报告的会计。

管理会计——通过统计等专门方法对财务会计产生的信息加以归纳、分析，帮助管理部门作出决策并优化管理的会计分支。

内部审计——企业内部专设机构和人员对企业自身的经济活动所进行的审核和检查。其主要目的是查错防弊、改善管理、提高经济效益。

（二）非营利组织会计

服务于政府行政机关和事业单位等非营利组织的会计。

（三）公共会计

向企业、事业和行政单位提供会计、审计和咨询等服务。

七、会计规范

（一）会计法

《会计法》是一切会计工作最重要的根本大法。

（二）会计准则

会计准则是处理会计对象的标准，是会计核算的规范，也是评价会计工作质量的准绳。它分为两个层次，即基本会计准则和具体会计准则。

（三）信息披露要求

公开发行证券的公司在信息披露时除了遵循《会计法》《公司法》外，还应遵循证监会发布的《公开发行股票公司信息披露的内容与格式准则》，其中规定了上市公司披露信息的内容、格式和编报规则。

自 我 测 试

一、单项选择题

1. 对公司一切重大事项作出决定的最高权力机构是（　　）。

A. 董事会　　B. 股东大会　　C. 公司总裁　　D. 财务总监

2. 公司股份的转手不影响公司的股份总额和资本总额，但会影响（　　）。

A. 公司的存续发展　　B. 公司的经营

C. 股东的人数和股份持有人　　D. 所有者权益

3. 必须从现金流量表中获取而无法从资产负债表和利润表中读取的会计信息是（　　）。

A. 筹资活动的现金流入和流出　　B. 现金期末余额

C. 负债期末余额　　D. 净利润

4. 某企业本会计期资产减少 1 000 元,负债增加 2 000 元,所有者权益减少 3 000 元,如果当期未发生投入资本变动和分红,则该期利润为(　　)元。

A. 1 000　　B. −2 000　　C. 3 000　　D. −3 000

5. 下列法规中,(　　)是会计规范的基础。

A. 会计准则　　B. 会计制度　　C. 信息披露要求　　D. 会计法

6. 管理会计是为企业进行最优决策、改善企业内部经营管理而派生出的一个会计分支,其领域涉及除了(　　)之外的各个部分。

A. 内部审计　　B. 成本会计　　C. 决策会计　　D. 责任会计

7. 下列各项会计信息质量要求中,对相关性和可靠性起着制约作用的是(　　)。

A. 及时性　　B. 谨慎性　　C. 重要性　　D. 实质重于形式

8 下列各项中,体现实质重于形式这一会计信息质量要求的是(　　)。

A. 确认预计负债　　B. 对外公布财务报表时提供可比信息

C. 将融资租入固定资产视为自有资产入账　　D. 对应收账款计提坏账准备

二、多项选择题

1. 董事会是公司常设的执行机构,其职责是管理公司,保护股东权益。它可以行使的职责包括(　　)。

A. 执行股东大会决议

B. 制定公司的年度财务预/决算方案、利润分配方案和弥补亏损方案

C. 任免公司总经理、副总经理、财务总监等高级管理人员

D. 制定公司的基本管理制度

2. 企业发生费用对财务数据所产生的影响有(　　)。

A. 增加企业资产　　B. 增加企业负债

C. 减少企业资产　　D. 增加所有者权益

3. 企业的财务报表可以(　　)。

A. 帮助报表使用人评价企业的财务状况和发展前景

B. 帮助国家税务局确定应征收的企业所得税

C. 不以附注揭示补充信息,而单以三张报表披露信息

D. 帮助投资人和债权人作出合理分配资源的决策

4. 下列有关资产负债表项目的表述中,正确的是(　　)。

A. 资产负债表列示了某会计期的现金使用情况

B. 资产负债表是基本会计等式的具体展开

C. 资产负债表也称财务状况表

D. 如果利润表和现金流量表都具备的话,资产负债表不一定要编制

5. 在正确编制的利润表中,可以获取的信息包括(　　)。

A. 货币资金期末余额　　B. 该会计期的营业收入

C. 投资人在该期作出的投资　　D. 为了获取该期收入而发生的费用

6. 资产负债表中揭示的信息包括(　　)。

A. 资产　　B. 营业收入

C. 负债　　D. 所有者权益

7. 会计职业主要分为(　　)。

A. 企业会计　　B. 非营利组织会计

C. 公共会计　　D. 财务会计

8. 我国会计规范体系主要包括(　　)。

A. 会计法　　B. 会计准则

C. 会计制度　　D. 信息披露要求

9.《会计法》是一切会计工作最重要的根本大法。2000 年 7 月 1 日起施行的新《会计法》具有的特点包括(　　)。

A. 强调了会计信息的真实性、完整性，严禁虚假信息

B. 突出了单位负责人对会计信息真实性的责任

C. 特别关注公司、企业的会计核算

D. 要求各单位强化会计监督

10. 中国注册会计师必须(　　)，才能接受当事人委托，办理审计、咨询和资产评估等业务。

A. 具有一定会计专业水平

B. 通过国家的指定考试

C. 具有政府指定机构授予的证书

D. 通过英语六级考试

11. 下列各项体现实质重于形式要求的有(　　)。

A. 将融资租入固定资产视为自有固定资产入账

B. 关联方关系的判断

C. 售后租回形成融资租赁业务在会计上不确认收入

D. 把企业集团作为会计主体编制合并财务报表

三、判断题

1. 所谓确认，是将某一项目作为一项资产、负债、所有者权益、营业收入、费用等要素，列入某一主体财务报表的过程。(　　)

2. 管理会计是对内报告的会计，信息提供视内部管理的需要而定，因此，不受会计准则和会计制度的制约。(　　)

3. 利润表是反映企业财务状况的基本报表。(　　)

4. 会计部门无法根据信息使用人的不同需求分别提供报表，故只能提供对各类信息使用人都有用的信息，即通用财务报表。(　　)

5. 所有者权益是所有者对企业净资产的要求权，一般由投入资本和留存利润两部分组成。(　　)

6. 会计要素由资产、负债、所有者权益、收入、费用、现金流量和利润组成。(　　)

7. 收入增加会使所有者权益增加，费用减少也会使所有者权益增加。(　　)

8. 现金流量表是揭示经营活动、筹资活动和投资活动所产生的现金流入和流出的报表。(　　)

9. 会计既是一种信息系统，也是一种管理活动。(　　)

10. 信息使用人分为外部信息使用人和内部信息使用人两种。内部信息使用人主要是本企业管理者和证券监管部门。(　　)

四、简答题

1. 说明会计职业的类别和职责。
2. 试述财务报告的组成及其披露的信息。

五、计算分析题

1. 信达公司2016年12月31日的账面余额如下(单位:元):

资产	360 000
负债	260 000
股本	80 000

2017年度,该公司的收入为120 000元,费用为90 000元,发放股利8 000元。试计算:

(1) 2016年12月31日留存利润余额。

(2) 2017年12月31日留存利润余额。

2. 假定你是一家公司的总裁,不具备财务背景,你发现该公司有一栋房屋,其账面价值为100万元,自房屋购入至今物价上涨了3倍;资产评估师对该房屋的评估价为300万元,建议你出售该房屋,届时资产负债表和利润表将比出售前亮丽很多。你将如何决策?

3. 华丽公司2017年1月1日开始营业。经营一年后,总经理要求会计呈报2017年该公司利润、总资产和所有者权益的年末金额。

2017年华丽公司年末各账户余额如下(单位:元):

房屋	5 300
现金	200
原材料	500
广告费	300
预付房租	1 000
预收账款	2 000
营业收入	5 600
工资费用	1 650
应付账款	890
实收资本	2 300
应交税费	560
销售费用	1 840
租金费用	560

要求:计算总资产、利润和所有者权益的期末余额,并编制资产负债表和利润表。

六、讨论及网络题

《财富》杂志每年评出世界500强,请访问网站www.fortune.com,点击“fortune500”,并浏览。

要求:

(1) 500强是按什么标准评选的?

(2) 中国有哪些企业跻身500强?

(3) 从500强的前10名中选取一家企业,并与我国相关上市公司相比,看其若干年的差距变化。

(4) 访问上海证券交易所或深圳证券交易所网站,选取一家公司年报,了解其财务报告构成。

自我测试答案

一、单项选择题

1. B　2. C　3. A　4. D　5. D　6. A
7. C　8. C

二、多项选择题

1. ABCD　2. BC　3. AD　4. BC　5. BD　6. ACD
7. ABC　8. ABCD　9. ABCD　10. ABC　11. ABCD

三、判断题

1. 对　2. 错　3. 错　4. 对　5. 对　6. 错
7. 对　8. 对　9. 对　10. 错

四、简答题

1. 会计职业主要可分为三大类:(1) 企业会计;(2) 非营利组织会计;(3) 公共会计。

企业会计人员主要服务于以营利为目的的企业组织,如工厂、商店和宾馆,企业会计依其工作的侧重点不同,分为财务会计和管理会计。

财务会计以《企业会计准则》为主要依据,对企业已经发生的交易或事项,通过确认、计量、记录和报告将信息提供给信息使用人。

管理会计是利用财务会计信息着重为企业进行最优决策、改善经营管理、提高经济效益服务。

内部审计是企业内部专设机构和人员对企业自身的经济活动所进行的审核和检查工作,重点在于评价企业内部控制制度和内部经营管理责任及其履行情况。其主要目的是查错防弊、改善管理,以提高经营管理能力、资源利用效率以及经济效益。

非营利组织会计服务于政府行政机关和事业单位等非营利组织,如政府部门、学校、医院和慈善机构等。我国的非营利组织会计分为财政总预算会计、行政单位会计和事业单位会计三部分。非营利组织会计通过预算控制各种收支,并记录预算执行过程,所以,行政单位会计习惯上也称为预算会计。

公共会计以会计学(含审计学)理论和方法为基础,运用相关学科知识,向企业、事业、行政单位或社会公众提供会计、审计和咨询等服务。公共会计的载体为会计师事务所,从业人员通常具有注册会计师的资格。

2. 财务报告由资产负债表、利润表、现金流量表和报表附注构成。它们分别反映财务状况、经营成果和现金流量等信息。

五、计算分析题

1.(1)根据“资产＝负债＋所有者权益”推导：

360 000＝260 000＋80 000＋2016年末留存利润

2016年末留存利润＝20 000(元)

(2)年初留存利润＋本年利润－发放股利＝年末留存利润

2017年末留存利润＝20 000＋120 000－90 000－8 000＝42 000(元)

2.假设房屋价格不再上涨,公司也需要资金投资新的方向,以便在未来产生利润增长点,故可以考虑评估师的建议。如果房屋还将上涨,持有该物业也许是比较明智的决定,从货币购买力角度来看,该公司的房屋资产账面价值低估不影响该公司的真实财富,但是影响了外部信息使用人对公司财务状况的真实了解,所以,从财务报告角度分析,公司应该披露房屋的计量方法、历史成本和现行价格。

3.2017年度利润＝5 600－300－1 650－1 840－560＝1 250(元)

2017年度末：

总资产＝5 300＋200＋500＋1 000＝7 000(元)

总负债＝2 000＋890＋560＝3 450(元)

华丽公司

资产负债表

2017年12月31日　　单位：元

资产		权益	
现金	200	应付账款	890
原材料	500	应交税费	560
预付房租	1 000	预收账款	2 000
房屋	5 300	负债合计	3 450
		实收资本	2 300
		留存利润	1 250
		所有者权益合计	3 550
资产合计	7 000	负债与所有者权益合计	7 000

华丽公司

利润表

2017年度

营业收入	5 600
销售费用	1 840
工资费用	1 650
租金费用	560
广告费	300
净利	1 250

六、讨论及网络题

略。

教材习题参考答案

习 题 一

1. 属于财务信息的项目包括：

(1) 总资产；(2) 营业收入；(3) 营业利润；(4) 每股收益；(5) 净利润；(6) 净资产收益率；(7) 经营活动产生的现金净流量；(14) 资产负债率；(20) 资产负债表；(21) 利润表；(22) 现金流量表。

非财务的重要信息包括：

(8) 股东数量和持股情况；(9) 控股股东及实际控制人；(10) 董事、监事和高级管理人员持股情况；(11) 报告期加工原油 551.81 万吨；(12) 报告期生产合纤原料 51.28 万吨；(13) 报告期销售石油产品 345 万吨；(15) 在册员工人数；(16) 公司治理情况；(17) 重大诉讼仲裁事项；(18) 重大合同及其履行情况；(19) 聘任、解聘会计师事务所情况；(23) 审计报告；(24) 公司股票简况；(25) 审计委员会；(26) 破产重整相关事项；(27) 担保情况。

2. 该公司所属行业：化工行业中的石油加工公司。

习 题 二

(1) 主要经营范围：石油开采业。

(2) 2005 年以来公司实现的营业收入、营业利润、净利润、净资产收益率、经营活动现金净流量具体如下：

中国石化						
	2005 年 12 月 31 日	2006 年 12 月 31 日	2007 年 12 月 31 日	2008 年 12 月 31 日	2009 年 12 月 31 日	2010 年 12 月 31 日
营业收入(亿元)	7 991.15	10 616.69	12 048.43	14 521.01	13 450.52	19 131.82
营业利润(亿元)	576.69	722.40	781.42	−260.66	802.02	1 013.52
净利润(亿元)	424.60	529.83	571.53	261.15	640.00	768.43
经营现金流量净额(亿元)	849.63	988.70	1 242.50	748.83	1 587.96	1 712.62
	2011 年 12 月 31 日	2012 年 12 月 31 日	2013 年 12 月 31 日	2014 年 12 月 31 日	2015 年 12 月 31 日	2016 年 12 月 31 日
营业收入(亿元)	25 056.83	27 860.45	28 803.11	28 259.14	20 188.83	19 309.11
营业利润(亿元)	1 009.66	879.26	964.53	654.81	520.81	788.76
净利润(亿元)	768.64	664.11	713.77	489.10	433.46	591.70
经营现金流量净额(亿元)	1 511.81	1 434.62	1 518.93	1 483.47	1 658.18	2 145.43

数据来源：Wind 资讯。

(3) 2000年10月在香港市场以每股1.61港元认购该公司发行的H股,持有至2016年12月末,年度投资回报率(以税后红利计算)计算如下:

中石化	2001年报	2002中报	2002年报	2003中报	2003年报	2004中报	2004年报	2005中报	2005年报	2006中报	2006年报
每股派息(税前)(元)	0.08	0.02	0.06	0.03	0.06	0.04	0.08	0.04	0.09	0.04	0.11
每股派息(税后)(元)	0.06	0.02	0.05	0.02	0.05	0.03	0.07	0.04	0.08	0.04	0.10
股权登记日	2002年7月19日	2002年9月20日	2003年6月20日	2003年9月19日	2004年6月4日	2004年9月20日	2005年6月3日	2005年9月20日	2006年6月16日	2006年9月13日	2007年6月15日
	2007中报	2007年报	2008中报	2008年报	2009中报	2009年报	2010中报	2010年报	2011中报	2011年报	2012中报
每股派息(税前)(元)	0.05	0.12	0.03	0.09	0.07	0.11	0.08	0.13	0.10	0.20	0.10
每股派息(税后)(元)	0.05	0.11	0.03	0.08	0.06	0.10	0.07	0.12	0.09	0.18	0.09
股权登记日	2007年9月18日	2008年6月13日	2008年9月19日	2009年6月12日	2009年9月21日	2010年6月11日	2010年9月10日	2011年6月17日	2011年9月16日	2012年5月25日	2012年9月14日
	2012年报	2013中报	2013年报	2014中报	2014年报	2015中报	2015年报	2016中报	2016年报		
每股派息(税前)(元)	0.20	0.09	0.15	0.09	0.11	0.09	0.06	0.08	0.17		
每股派息(税后)(元)	0.18	0.09	0.14	0.09	0.10	0.09	0.06	0.08	0.17		
股权登记日	2013年6月18日	2013年9月11日	2014年5月30日	2014年9月23日	2015年6月18日	2015年9月22日	2016年6月23日	2016年9月20日	2017年7月18日		

数据来源:Wind资讯。

2000~2016年,中国石化(H)累计现金红利每股2.53元人民币(假设按人民币与港币1∶0.9折算),2016年12月底收盘价为5.32港币/股,在不考虑货币时间价值的情况下,年度投资回报率为23.28%[(5.32+2.54×90%−1.61)/(1.61×16)]。

(4) 2001年7月在上海市场以每股4.22元认购该公司发行的人民币普通股,持有至2016年12月末,年度投资回报率的计算如下:

2000~2016年,中国石化(A)累计现金红利每股2.53元人民币,2016年12月底收盘价为5.26元/股,在不考虑货币时间价值的情况下,年度投资回报率为5.3%[(5.26+2.54−4.22)/(4.22×16)]。

习 题 三

(1) 公司对员工授予股票期权的目的是激励员工长期、有效地为公司服务。

(2) 股票激励是有条件的,其判断标准之一就是员工为股东创造的价值呈增长态势,从盈利角度看是历年利润的增长,从投资回报角度看是净资产收益率的达标。为了避免管理层因私利的驱动而操控盈利,修正指标应该剔除非经常性损益。

(3) 以财务数据考核是否授予股票期权的有利之处:企业营运的主要目的是为股东创造财

富,财务指标可以将管理考核与企业管理目标有效结合,有利于激励管理层为了企业的长期稳定发展而努力,以财务数据考核简单明了、便于操作。

不利之处:过分强调利益而忽略了长期发展的其他因素,如技术创新与成本控制的关系、企业盈利与社会责任的关系、激励对象与激励公平的问题、激励计划与资本市场的关系等。

习 题 四

保利地产的销售收入、利润总额均呈增长态势,但是加权平均收益率却减少,这项财务数据出现于房地产调控背景下,建议从以下方面展开讨论:

房地产政策变化、公司近年房地产开发区域及其销售情况、并购活动、资本市场(股价表现、非公开发行股份上市时间、股东持股及其解禁时间、高管持股及其激励方案、分红方案和计划)。

习 题 五

《萨班斯法案》(Sarbanes-Oxley Act)是美国政府出台的一部涉及会计职业监管、公司治理、证券市场监管等方面改革的重要法律。

《萨班斯法案》的第一句话是:"遵守证券法律以提高公司披露的准确性和可靠性,从而保护投资者及其他目的。"这句话较好地阐述了《萨班斯法案》的基本目标。

它创建了对外部审计师的监督体制,规避了利益冲突的业务,加强了注册会计师的独立性,加强了对财务报告的内部控制的要求并加以具体化,不仅要求管理层报告公司对财务报告的内部控制,而且要求外部审计师证实管理层报告的准确性。

所以,该法案的核心是通过立法加强对财务制度和企业内部的控制,并增加企业财务透明度和及时对各种缺陷进行修复,有利于股东、债权人和潜在的投资者阅读真实的、符合证券交易法,并在所有重大方面公允地反映了财务状况和经营成果的财务报告;有利于资本市场的健康发展。

案　例

巴菲特每年检查一次以下数字,可见会计信息在其投资决策中的重要作用:(1) 初始的权益报酬率;(2) 营运毛利;(3) 负债水准;(4) 资本支出;(5) 现金流量。

巴式投资方法大致可概括为5项投资理念和8项选股标准。

巴菲特认为,投资者必须战胜自己内心的恐惧和贪婪,在经过深入了解和研究投资对象的真正价值后,就不理会短期的价格波动,不担心经济形势的变化,不相信任何预测,不接受任何内幕消息,只注意5点,即5项投资理念:

(1) 发现价值,购买优秀公司的股票。

(2) 等待入市良机,低位买入股票。

(3) 着眼未来的公司发展潜力。

(4) 当市场过于高估持有股票的价格时,也可考虑进行短期套利。

(5) 长期制胜的法宝——远离市场。

8项投资标准为:

(1) 必须是消费垄断企业。

(2) 产品简单、易了解、前景看好。

(3) 有稳定的经营史。

(4) 经营者理性、忠诚,始终以股东利益为先。

(5) 财务稳健。

(6) 经营效率高、收益好。

(7) 资本支出少,自由现金流量充裕。

(8) 价格合理。

20 世纪 90 年代末,巴菲特不愿投资科技股的一个原因就是:他看不出哪家公司具有足够的长期竞争优势。当时他认为自己看不清这个行业的发展前景,而通过网络泡沫的洗礼之后,巴菲特慢慢认识到新经济时代的来临,因此,巴菲特于 2011 年投资 107 亿美元入股 IBM 公司,伯克希尔公司由此成为 IBM 两个最大的股东之一。其理由如下:

第一,移动互联时代来临并将是未来的趋势,该新兴行业开始步入收获期。

第二,IBM 公司有市场主导地位,而且半数以上的收入来自服务业务,属于掌握核心技术而不需要花太多精力打理的盈利模式。

第三,IBM 公司的股价仍有上升空间。

第二章　账户和复式记账

全章脉络

疑难解答
自我测试
自我测试答案
教材习题参考答案

疑难解答

本章内容可以说是会计学习的起点,它主要阐述了一些会计基本概念:会计要素、会计等式、账户、复式记账、借贷记账以及账户的基本结构。

一、六大会计要素

资产、负债、所有者权益以及收入、费用、利润是六大会计要素。前三个要素用于反映企业财务状况,后三个要素用于说明企业的财务成果。

资产 = 负债 + 所有者权益

收入 − 费用 = 利润

无论经济业务的发生对各会计要素有何影响,都不会破坏会计等式两边的平衡关系。

二、账户

为了全面、系统地反映经济业务对会计要素的影响,必须设置账户。账户具有一定的格式和结构,能分类反映会计要素的增减变动以及结果。任何账户都要分设“借”“贷”两方,哪一方记增加,哪一方记减少,需视账户的性质而定。

三、借贷复式记账法

在复式记账法下,对任何一笔经济业务都要用相等的金额,在两个或两个以上有关账户中进行相互联系的登记。目前,世界各国通用的是以“借”“贷” 作为记账符号的借贷复式记账法。其记账规则是“有借必有贷,借贷必相等”。

熟悉账户的名称和结构。

自我测试

一、单项选择题

1. 会计主体是指会计所服务的(　　)。

A. 投资者　　B. 债权人

C. 债务人　　D. 特定单位

2. 引起资产与负债或所有者权益同时减少的经济业务是(　　)。

A. 用银行存款偿还前欠购料款　　B. 销售商品款未收到

C. 购入原材料,用银行存款支付　　D. 将库存现金存入银行

3. 把账户分为“借”“贷”两方,哪一方记增加,哪一方记减少,取决于(　　)。

A. 记账方法　　B. 记账规则
C. 会计核算的方法　　D. 账户的性质

4. 复式记账是指对发生每一项经济业务，都要以相等的金额，在(　　)中进行登记的方法。
A. 两个账户　　B. 两个或两个以上账户
C. 相互关联的两个账户　　D. 相互关联的两个或两个以上账户

5. 下列各项中，不属于企业资产的是(　　)。
A. 该企业委托其他企业保管的原材料　　B. 临时租入的固定资产
C. 融资租入的固定资产　　D. 临时租出的固定资产

6. 采用复式记账法的主要目的是(　　)。
A. 便于登记账簿　　B. 便于会计人员的分工协作
C. 提高会计工作的效率　　D. 便于全面、清晰地反映经济业务的来龙去脉

7. 账户增加时应借记或贷记是由(　　)决定的。
A. 会计等式　　B. 记账方法　　C. 账户的性质　　D. 余额

8. 预付货款是企业的(　　)。
A. 负债　　B. 资产　　C. 费用　　D. 所有者权益

9. 对会计要素的具体内容进行分类核算的项目是(　　)。
A. 账户　　B. 会计等式　　C. 会计科目　　D. 会计对象

10. 只有正确界定会计主体，才能正确界定会计工作的(　　)。
A. 特定单位　　B. 空间范围　　C. 特定立场　　D. 前提条件

二、多项选择题

1. 下列各项中，可以成为会计主体的是(　　)。
A. 集团公司　　B. 有法人资格的企业
C. 实行独立核算的分公司　　D. 报账单位

2. 下列各项中，属于企业资产的有(　　)。
A. 暂借给职工的款项　　B. 暂收职工的款项
C. 预付的保险费　　D. 土地使用权

3. 下列经济业务的发生，能引起资产与负债或所有者权益项目同时增加的有(　　)。
A. 购买商品已付款　　B. 用银行存款支付现金股利
C. 投资者追加投入一台设备　　D. 向银行借入短期借款，存入银行

4. 经济业务的发生不可能导致(　　)。
A. 一项资产增加，一项负债减少　　B. 一项资产增加，一项所有者权益增加
C. 一项负债增加，一项所有者权益减少　　D. 一项负债增加，一项所有者权益增加

5. 反映企业经营成果的会计要素有(　　)。
A. 所有者权益　　B. 收入　　C. 费用　　D. 利润

6. 在借贷记账法下，账户的借方可以登记(　　)。
A. 资产的增加和负债的减少　　B. 负债和所有者权益的减少
C. 收入的减少和费用的增加　　D. 费用的增加和利润的减少

7. 会计要素的计量属性主要包括(　　)。
A. 历史成本　　B. 重置成本　　C. 可变现净值　　D. 现值和公允价值

8. 企业取得收入可以表现为(　　)。

A. 资产的减少　　B. 资产的增加　　C. 负债的减少　　D. 负债的增加

9. 下列经济业务中,不会引起会计等式两边同时发生增减变动的有(　　)。

A. 将甲公司的债权转为甲公司对本企业的投资

B. 向银行借入短期借款

C. 销售商品,款未收

D. 生产产品,领用原材料

10. 权益所包括的内容有(　　)。

A. 实收资本　　B. 应付账款　　C. 应收账款　　D. 未分配利润

三、判断题

1. 会计要素就是会计的核算对象。(　　)

2. 预收账款是企业的一项负债。(　　)

3. 销售商品,收到银行存款,这项经济业务对会计等式的影响是:资产要素中一项资产增加而另一项资产减少,会计等式仍然平衡。(　　)

4. 企业法人一定是会计主体,而会计主体不一定是企业法人。(　　)

5. 资产是企业拥有或控制的,能为其带来未来经济利益,并能以货币计量的,具有实物形态的经济资源。(　　)

6. 为保证会计核算指标的统一性,所有的会计科目都应由会计制度统一规定。(　　)

7. 企业的权益应当包括所有者权益和债务人权益。(　　)

8. 不论什么样的经济业务,都不会破坏会计等式两边的平衡关系。(　　)

9. 所有者权益是企业投资者对企业资产的所有权。(　　)

10. 复式记账是指对于任何一笔经济业务都要用相等的金额在两个账户中进行登记的一种记账方法。(　　)

四、简答题

1. 何谓复式记账法?复式记账法有什么优点?

2. 简述会计等式的平衡关系及其原因。

五、计算分析题

1. 亿利公司2017年10月31日有关资料如下:

单位:元

序号	项目	金额
1	房屋及建筑物	640 000
2	未完工的产品	5 000
3	库存产成品	12 000

（续表）

序　号	项　　目	金　　额
4	运输汽车	180 000
5	应收某厂的货款	56 000
6	应付给某厂的购料款	150 000
7	向银行借入的款项	210 000
8	欠交的税金	6 600
9	从利润中提取的盈余公积	65 000
10	投资者投入的资本	214 000
11	预收的押金	1 400
12	本月实现利润	81 000
13	上月未分配利润	165 000

要求：根据上述资料，分别计算资产、负债和所有者权益总额。

2. 林陵公司是由林枫和常陵共同出资兴办的一家公司，于 2017 年 8 月 1 日开业。当月，发生以下一些事项：

(1) 林枫收到他以前的雇主汇来的 8 000 元，系补发以前所欠工资。

(2) 林枫将自己的 60 000 元存入林陵公司账号。

(3) 用库存现金支付水电费 1 000 元

(4) 当月购买设备共支付库存现金 12 000 元。

(5) 常陵售出自己所拥有的股票，将所得库存现金 55 000 元存入该公司账号。

(6) 支付办公室租金共 1 000 元。

(7) 林枫从公司账户上提取库存现金 3 200 元，以支付个人生活费用。

(8) 收到当月业务收入共 5 000 元，存入公司银行账户。

(9) 常陵从公司账户提取库存现金 6 800 元，以支付上月雇员工资。

要求：

(1) 请指出上述事项中，哪些属于林陵公司的经济业务？

(2) 这些经济业务对会计等式有何影响？（请分别说明它们是如何影响各会计要素的）

3. 用直线连接，说明下列项目的归属：

(1) 长期借款	A. 资产
(2) 预付账款	
(3) 盈余公积	B. 负债
(4) 土地使用权	
(5) 预付保险费	C. 所有者权益
(6) 应付职工薪酬	
(7) 预收租金	
(8) 未分配利润	

4. 下表中，A、B、C、D 分别代表四个独立的会计主体：

单位：元

	A	B	C	D
期初余额：				
资产	550 000	790 000	250 000	430 000
负债	100 000	530 000	90 000	290 000
期末余额：				
资产	750 000	②	300 000	360 000
负债	210 000	560 000	130 000	④
本期内：				
所有者追加投资	①	10 000	20 000	5 000
取得收入	340 000	480 000	150 000	360 000
所有者抽回投资	70 000	30 000	③	75 000
发生费用	180 000	390 000	90 000	250 000

要求：根据上述资料，计算表中①～④的四个未知数。

5. 某公司本月发生以下业务：

(1) 购入原材料一批，金额 7 500 元，货款未付。

(2) 投资者投入设备一台，价值 100 000 元。

(3) 购入汽车一辆，款未付，价值 500 000 元。

(4) 接受捐赠设备一套，价值 350 000 元。接受捐赠时使资产和负债同时增加，最终负债部分会分期转入所有者权益。

(5) 从银行取得短期借款 7 500 元，直接用来偿还前欠购料款。

(6) 销售商品，收到货款 35 000 元，直接存入银行。

(7) 将盈余公积 100 000 元转增实收资本。

(8) 用库存现金支付本月职工工资 56 000 元。

(9) 收回上月销售产品的货款 100 000 元，存入银行。

(10) 债权人 A 将其应收本企业的货款转为对本企业的投资，金额 360 000 元。

(11) 赊销商品，金额 98 000 元。

要求：

(1) 逐项分析上述经济业务的发生对会计等式的影响。

(2) 月末，计算资产、负债和所有者权益的总额，并列出会计等式。

6. 工信公司于 2017 年 10 月 1 日开业。以下是该公司 10 月 1 日至 10 月 9 日的会计等式。

单位：元

日　期	资　产				权　益		
	库存现金	银行存款	原材料	固定资产	应付账款	短期借款	实收资本
10 月 1 日	1 000	20 000	3 500	16 000	—	10 000	30 500
10 月 2 日	1 000	20 000	5 600	16 000	2 100	10 000	30 500
10 月 3 日	2 500	18 500	5 600	16 000	2 100	10 000	30 500

（续表）

日 期	资 产				权 益		
	库存现金	银行存款	原材料	固定资产	应付账款	短期借款	实收资本
10月5日	2 500	18 500	5 600	22 500	8 600	10 000	30 500
10月6日	2 500	16 400	5 600	22 500	6 500	10 000	30 500
10月7日	2 500	26 400	5 600	22 500	6 500	10 000	40 500
10月8日	2 500	21 400	5 600	22 500	6 500	5 000	40 500
10月9日	2 500	11 400	5 600	42 500	16 500	5 000	40 500

要求：若该公司每日仅发生一笔经济业务，请说明该公司10月2日至10月9日发生的经济业务的内容。

7. 修理公司2017年6月底有关账户的余额如下：

账户名称	金 额	账户名称	金 额
库存现金	9 800	短期借款	255 000
银行存款	256 000	应付账款	116 900
交易性金融资产	50 000	应付职工薪酬	67 000
应收账款	85 200	实收资本	400 000
原材料	189 000	本年利润	61 100
固定资产	480 000	未分配利润	170 000
合 计	1 070 000	合 计	1 070 000

7月份发生下列经济业务：

(1) 从银行提取库存现金67 000元，发放上月工资。

(2) 收到客户上月的欠款50 000元，存入银行。

(3) 赊购原材料一批，金额35 000元。

(4) 用银行存款支付本月房租费13 000元，其他各种杂费26 800元。

(5) 本月职工工资65 000元，尚未支付。

(6) 购入设备一台，价值50 000元，用银行存款支付。

(7) 为客户提供修理服务，共取得收入165 000元，尚未收到。

(8) 预收客户修理费3 100元，存入银行。

(9) 支付本月短期借款利息10 000元。

(10) 偿还短期借款25 000元。

(11) 月末各种原材料尚结存175 000元，其余为本月耗用数。

要求：

(1) 根据该公司本月发生的经济业务，说明每项业务所影响的账户名称、类别、增加或减少的金额。

(2) 开设T形账户，登记期初余额和上述各项业务。

(3) 根据各项目的期初余额和本月发生额计算期末余额。

六、讨论题

我们说收入的增加会导致资产的增加或负债的减少,而费用的增加会引起资产的减少或负债的增加,那么,这是否意味着收入的变动方向和资产的变动方向是一致的,而费用的变动方向则与负债的变动方向一致?如果是,为什么收入的增加不记在借方而记在贷方,费用的增加不记在贷方而记在借方?

自我测试答案

一、单项选择题

1. D	2. A	3. D	4. D	5. B	6. D
7. C	8. B	9. C	10. B		

二、多项选择题

1. ABC	2. ACD	3. CD	4. AD	5. BCD	6. ABCD
7. ABCD	8. BC	9. AD	10. ABD		

三、判断题

1. 错	2. 对	3. 错	4. 对	5. 错	6. 错
7. 错	8. 对	9. 错	10. 错		

四、简答题

1. 所谓复式记账,是指对于任何一笔经济业务都要用相等的金额,在两个或两个以上有关账户中进行相互联系的记录的一种记账方法。

在复式记账法下,对于每一项经济业务都要在相互联系的两个或两个以上账户中进行登记,这样就可以通过账户的对应关系,全面、清晰地反映经济业务的来龙去脉,从而了解经济业务的具体内容。例如,以银行存款购买材料这笔经济业务发生后,一方面应登记在银行存款账户中,反映银行存款的减少;另一方面还要登记在材料账户中,反映材料的增加。此外,由于复式记账法是以会计等式为基础而建立起来的,在每一项经济业务发生后,都以相等的金额在有关账户中进行登记,因而便于用试算平衡的原理来检查账户记录的准确性。

2. 企业要进行生产经营活动,必须拥有一定数量的资产。这些资产分布在经济活动的各个方面,表现为不同的占用形态,如货币资金、原材料、房屋建筑物等。另一方面,这些资产均有其来源。要么来源于所有者,形成企业的所有者权益;要么来源于债权人,形成企业的债权人权益。因此,资产与负债和所有者权益实际上是同一价值运动的两个方面,资产是财产物资的占用形态,负债和所有者权益是财产物资的资金来源，两者必然相等。从数量上看，有一定数额的资产，就有一定数额的权益（包括所有者权益和债权人权益）；有一定数额的权益，就有一定数额的资产。资产和权益的这种相互依存的关系，决定了资产总额必然等于权益总额。

五、计算分析题

1. 资产总额＝640 000＋5 000＋12 000＋180 000＋56 000＝893 000（元）
   负债总额＝150 000＋210 000＋6 600＋1 400＝368 000（元）
   所有者权益总额＝65 000＋214 000＋81 000＋165 000＝525 000（元）

2.

属于公司的经济业务	对会计等式的影响
业务 2	资产与所有者权益同时增加
业务 3	资产与所有者权益同时减少（费用增加）
业务 4	一项资产减少，另一项资产增加
业务 5	资产与所有者权益同时增加
业务 6	资产与所有者权益同时减少（费用增加）
业务 7	资产与所有者权益同时减少
业务 8	资产与所有者权益同时增加（收入增加）
业务 9	资产与负债同时减少

3. （1）长期借款　（2）预付账款　（3）盈余公积　（4）土地使用权
   （5）预付保险费　（6）应付职工薪酬　（7）预收租金　（8）未分配利润
   （1）（6）（7）为负债；
   （2）（4）（5）为资产；
   （3）（8）为所有者权益。

4.

	A	B	C	D
期初余额：				
资产	550 000	790 000	250 000	430 000
负债	100 000	530 000	90 000	290 000
期末余额：				
资产	750 000	②＝890 000	300 000	360 000
负债	210 000	560 000	130 000	④＝180 000
本期内：				
所有者追加投资	①＝0	10 000	20 000	5 000
取得收入	340 000	480 000	150 000	360 000
所有者抽回投资	70 000	30 000	③＝70 000	75 000
发生费用	180 000	390 000	90 000	250 000

5.

业　务	资产 =	负债 +	所有者权益
(1)	+7 500	+7 500	
(2)	+100 000		+100 000
(3)	+500 000	+500 000	
(4)	+350 000	+350 000	
(5)		+7 500　−7 500	
(6)	+35 000		+35 000
(7)			+100 000　−100 000
(8)	−56 000		−56 000
(9)	+100 000　−100 000		
(10)		−360 000	+360 000
(11)	+98 000		+98 000
合　计	1 034 500	147 500	887 000

6. (1) 10 月 2 日,购买原材料,价款共计 2 100 元,尚未支付。
(2) 10 月 3 日,从银行提取库存现金 1 500 元。
(3) 10 月 5 日,购买固定资产 6 500 元,款项尚未支付。
(4) 10 月 6 日,用银行存款支付所欠的款项 2 100 元。
(5) 10 月 7 日,投资者追加投资 10 000 元,存入银行。
(6) 10 月 8 日,用银行存款偿还短期借款 5 000 元。
(7) 10 月 9 日,购买固定资产 20 000 元,以银行存款支付 10 000 元,余款尚欠。

7. (1) 每项业务所影响的账户名称、类别、增加或减少的金额如下:

单位:元

业　务	账户名称	类　别	金额变化	借　方	贷　方
(1)	库存现金	资产	增加	67 000	
	银行存款	资产	减少		67 000
	应付职工薪酬	负债	减少	67 000	
	库存现金	资产	减少		67 000
(2)	银行存款	资产	增加	50 000	
	应收账款	资产	减少		50 000
(3)	原材料	资产	增加	35 000	
	应付账款	负债	增加		35 000
(4)	管理费用	费用	增加	39 800	
	银行存款	资产	减少		39 800
(5)	管理费用	费用	增加	65 000	
	应付职工薪酬	负债	增加		65 000

（续表）

业务	账户名称	类别	金额变化	借方	贷方
(6)	固定资产 银行存款	资产 资产	增加 减少	50 000	 50 000
(7)	应收账款 主营业务收入	资产 收入	增加 增加	165 000	 165 000
(8)	银行存款 预收账款	资产 负债	增加 增加	3 100	 3 100
(9)	财务费用 银行存款	费用 资产	增加 减少	10 000	 10 000
(10)	短期借款 银行存款	负债 资产	减少 减少	25 000	 25 000
(11)	主营业务成本 原材料	费用 资产	增加 减少	49 000	 49 000

(2)(3)开设T形账户，登记期初余额和上述各项业务，并计算填列期末余额如下：

银行存款

借方		贷方	
期初余额：	256 000	(1)	67 000
(2)	50 000	(4)	39 800
(8)	3 100	(6)	50 000
		(9)	10 000
		(10)	25 000
期末余额：	117 300		

库存现金

借方		贷方	
期初余额：	9 800	(1)	6 700
(1)	67 000		
期末余额：	9 800		

原材料

借方		贷方	
期初余额：	189 000		
(3)	35 000		
期末余额：	175 000		

应收账款

借方		贷方	
期初余额：	85 200	(2)	50 000
(7)	165 000		
期末余额：	200 200		

固定资产

借方		贷方	
期初余额：	480 000		
(6)	50 000		
期末余额：	530 000		

管理费用

借方		贷方	
(4)	39 800		
(5)	65 000		
期末余额：	104 800		

应付职工薪酬

借方		贷方	
(1)	67 000	期初余额：	67 000
		(5)	65 000
		期末余额：	65 000

应付账款

借方		贷方	
		期初余额：	116 900
		(3)	35 000
		期末余额：	151 900

短期借款

		期初余额：	255 000
(10)	25 000		
		期末余额：	230 000

预收账款

		(8)	3 100
		期末余额：	3 100

主营业务收入

		(7)	165 000
		期末余额：	165 000

主营业务成本

(11)	49 000		
期末余额：	49 000		

实收资本

		期初余额：	400 000
		期末余额：	400 000

财务费用

(9)	10 000		
期末余额：	10 000		

交易性金融资产

期初余额：	50 000		
期末余额：	50 000		

本年利润

		期初余额：	61 100
		期末余额：	61 100

利润分配——未分配利润

		期初余额：	170 000
		期末余额：	170 000

教材习题参考答案

习 题 一

1. －2 000 元
2. 38 000 元
3. －14 000 元
4. 23 000 元

习　题　二

账户名称	期初余额	本期借方发生额	本期贷方发生额	期末余额
库存现金	4 000	2 000	**1 250**	4 750
银行存款	75 000	50 000	91 000	**34 000**
应收账款	**7 700**	52 300	43 000	17 000
短期借款	50 000	**30 000**	25 000	45 000
实收资本	150 000	**0**	0	150 000
固定资产	67 000	5 400	**15 900**	56 500
原材料	**9 630**	6 450	8 670	7 410
应付账款	2 000	**1 400**	1 500	2 100

习　题　三

1. 投资者追加投资 60 000 元，存入银行。
2. 购买一台设备 150 000 元，款项尚未支付。
3. 用银行存款 7 500 元购买设备。
4. 销售产品收入 5 000 元，货款尚未收到。
5. 用银行存款偿还应付账款 1 000 元。
6. 购买一台机器设备 3 600 元，款项尚未支付。
7. 收到客户所欠的货款 4 000 元，存入银行。
8. 用银行存款偿还应付账款 35 000 元。

习　题　四

资　产　=　负　债　+　所有者权益

	库存现金＋	银行存款＋	应收账款＋	原材料＋	固定资产＝	应付账款＋	实收资本＋	收入 －	费用
	2 000	58 000	156 000		64 500	123 500	157 000		
业务(1)：		＋20 000					＋20 000		
业务(2)：		－23 000				－23 000			
业务(3)：	＋800							＋800	
业务(4)：		＋45 200	－45 200						
业务(5)：				＋21 300		＋21 300			
业务(6)：		－5 800							－(＋5 800)
业务(7)：		－5 000			＋7 300	＋2 300			
业务(8)：			＋1 500					＋1 500	
业务(9)：	－450								－(＋450)
业务(10)：		－15 000				－15 000			
	2 350	＋74 400	＋112 300	＋21 300	＋71 800 ＝	109 100＋	177 000	＋2 300	－6 250

习　题　五

(1) 每项业务所影响的账户名称、类别、增加或减少的金额。

业务(1)

受影响的账户	账户类别	金额的变化	借　方	贷　方
原材料	资产	增加	5 300	
应付账款	负债	增加		5 300

业务(2)

受影响的账户	账户类别	金额的变化	借　方	贷　方
固定资产	资产	增加	3 800	
实收资本	所有者权益	增加		3 800

业务(3)

受影响的账户	账户类别	金额的变化	借　方	贷　方
银行存款	资产	增加	2 900	
应收账款	资产	减少		2 900

业务(4)

受影响的账户	账户类别	金额的变化	借　方	贷　方
银行存款	资产	增加	20 000	
实收资本	所有者权益	增加		20 000

业务(5-1)

受影响的账户	账户类别	金额的变化	借　方	贷　方
库存现金	资产	增加	10 800	
银行存款	资产	减少		10 800

业务(5-2)

受影响的账户	账户类别	金额的变化	借　方	贷　方
应付职工薪酬	负债	减少	10 800	
库存现金	资产	减少		10 800

业务(6)

受影响的账户	账户类别	金额的变化	借　方	贷　方
银行存款	资产	增加	1 000	
库存现金	资产	减少		1 000

业务(7)

受影响的账户	账户类别	金额的变化	借 方	贷 方
应交税费 银行存款	负债 资产	减少 减少	5 600	 5 600

业务(8)

受影响的账户	账户类别	金额的变化	借 方	贷 方
应付账款 银行存款	负债 资产	减少 减少	5 300	 5 300

业务(9)

受影响的账户	账户类别	金额的变化	借 方	贷 方
银行存款 应收账款	资产 资产	增加 减少	5 000	 5 000

业务(10)

受影响的账户	账户类别	金额的变化	借 方	贷 方
短期借款 银行存款	负债 资产	减少 减少	3 000	 3 000

(2) 设置账户,登记业务。

借 方 **库存现金** 贷 方

借方		贷方	
期初余额	2 500		
(5-1)	10 800	(5-2)	10 800
		(6)	1 000
本期借方发生额	10 800	本期贷方发生额	11 800
期末余额	1 500		

借 方 **银行存款** 贷 方

借方		贷方	
期初余额	9 400		
(3)	2 900	(5-1)	10 800
(4)	20 000	(7)	5 600
(6)	1 000	(8)	5 300
(9)	5 000	(10)	3 000
本期借方发生额	28 900	本期贷方发生额	24 700
期末余额	13 600		

应收账款

借方		贷方	
期初余额	8 100		
		(3)	2 900
		(9)	5 000
本期借方发生额		本期贷方发生额	7 900
期末余额	200		

原材料

借方		贷方	
期初余额	52 100		
(1)	5 300		
本期借方发生额	5 300	本期贷方发生额	
期末余额	57 400		

库存商品

借方		贷方	
期初余额	63 000		
本期借方发生额		本期贷方发生额	
期末余额	63 000		

固定资产

借方		贷方	
期初余额	104 000		
(2)	3 800		
本期借方发生额	3 800	本期贷方发生额	
期末余额	107 800		

短期借款

借方		贷方	
		期初余额	16 000
(10)	3 000		
本期借方发生额	3 000	本期贷方发生额	
		期末余额	13 000

应付账款

借方		贷方	
		期初余额	6 700
(8)	5 300	(1)	5 300
本期借方发生额	5 300	本期贷方发生额	5 300
		期末余额	6 700

应付职工薪酬

借　方		贷　方	
		期初余额	10 800
(5－2)	10 800		
本期借方发生额	10 800	本期贷方发生额	
		期末余额	0

应交税费

借　方		贷　方	
		期初余额	5 600
(7)	5 600		
本期借方发生额	5 600	本期贷方发生额	
		期末余额	0

实收资本

借　方		贷　方	
		期初余额	200 000
		(2)	3 800
		(4)	20 000
本期借方发生额		本期贷方发生额	23 800
		期末余额	223 800

案　例

略。

第三章　会计循环

全章脉络

疑难解答
自我测试
自我测试答案
教材习题参考答案

疑难解答

一、会计循环

一个企业在一个会计期内必须经过编审凭证、分录、记账、试算、调整、编表和结账等一系列会计程序，称为会计循环。

会计循环主要步骤	说明
经济业务	取得或编制证明经济业务的原始凭证。
记账凭证	审核原始凭证，据以编制会计分录。 典型会计分录为： 借：银行存款 ×××× 贷：实收资本 ××××
记账	将记账凭证中的会计分录，按相同金额、相同借贷方向、相同的会计科目，过入有关的日记账和分类账中。
试算	将总分类账期末余额汇总列表，以验证会计记录是否有误。
调整	根据应计制等原则，将各账户余额调整到位，以正确反映实际情况。
编表	根据调整后各账户余额及有关资料编制成利润表、资产负债表、所有者权益变动表和现金流量表。
结账	会计期末，将收入、费用账户余额结清为零，将资产、负债、所有者权益账户余额结转下期。

二、账簿的基本分类

账簿按用途，一般分为日记账、分类账簿和备查登记簿。

日记账 对各项经济业务按照发生时间的先后顺序进行登记的账簿。常见的日记账有现金日记账、银行存款日记账等。
分类账簿 对各项经济业务按照账户进行分类登记的账簿，简称分类账，包括总分类账和明细分类账。
备查登记簿 对某些未能在日记账和分类账中记录的业务事项进行补充登记的账簿。

具有明细分类账的总账，又称统驭账户。常用的明细分类账的格式如下：

明细账格式	适用情况
(1) 三栏式明细分类账	适用于只需要核算金额的结算类科目的明细分类核算。
(2) 数量金额式明细分类账	适用于财产物资的明细分类核算。这些科目既要进行金额分类核算，又要进行数量核算。
(3) 多栏式明细分类账	适用于收入、费用的明细分类核算。

三、重要原则和概念汇总

原则和概念	说明和要点
会计期间	会计期间是人为设定的起讫期间。 其目的是及时提供各会计期的财务信息。 会计期间一般分为一年,也可分为一月、一季、半年。凡不满一年的会计报表,统称为中期报表。
持续经营	持续经营是指企业在可预见的将来,其生产经营会继续,不会破产。 设定该原则是为了保证企业的会计核算按正常的程序和方法进行。
配　比	相关的费用(成本)和收入应置于同一会计期内匹配,以合理地确定该会计期间的收入、费用和盈亏。
现金制	某一会计期的收入、费用的确定以款项的实际收付作为确认标准。 该方法不要求对账簿记录进行期末调整。
应计制	某一会计期的收入和费用以应收应付作为确认标准。 该方法至期末须按归属原则进行账项调整。

四、期末调整的类别和调整分录编制规律

年末结账时应予调整的基本项目分为以下几类:

大　类	细　项	定　　义	调整分录
应计项目	应付费用	指本期已发生(耗用)而尚未支付现金的各项费用。	借:费用账(如财务费用) 贷:负债账(如应付利息)
	应收收入	指本会计期内已实现(赚取)而尚未收现的各项收入。	借:资产账(如其他应收款) 贷:收入账(如其他业务收入)
递延项目	预付费用	指企业尚未耗用或享有但已经支付的款项。	借:费用账(如管理费用) 贷:资产账(如预付账款)
	预收收入	在未提供产品或劳务之前,企业先行收取客户的款项。	借:负债账(如预收账款) 贷:收入账(如主营业务收入)
估计项目	计提坏账准备	在赊销期末预提因无法收回应收账款而可能遭受的损失。	借:资产减值损失 贷:坏账准备
	计提固定资产折旧	固定资产因使用、磨损等原因而发生的价值转移。	借:费用账(如管理费用) 贷:累计折旧

五、工作底稿

工作底稿是会计人员在手工记账情况下编制的多栏式草表。工作底稿中罗列了期末所需的一切会计资料,以便进行期末调整、编表和结账。

六、结账和结账分录

结账是指会计人员在会计期末将各账户余额结清或结转下期,使各账户记录暂告一段落的过程。

账户类别	结账方法
资产、负债及所有者权益账户	结转余额至下期期初
收入及费用类账户	于每个会计期末结平账户余额

收入及费用类账户结账分录汇总如下：

(1) 借：本年利润
　　贷：费用类账户

(2) 借：收入类账户
　　贷：本年利润

(3) ① 如果"本年利润"账户为贷方余额,则结账分录为：
借：本年利润
　　贷：利润分配——未分配利润　　(本期利润)

② 如果"本年利润"账户为借方余额,则结账分录为：
借：利润分配——未分配利润
　　贷：本年利润　　(本期亏损)

自我测试

一、单项选择题

1. 按照借贷记账原则,资产负债表账户具有的特征包括(　　)。
A. 资产、负债及所有者权益账户借记表示增加
B. 资产、负债账户的贷记表示减少
C. 资产及所有者权益账户借记表示增加
D. 负债及所有者权益账户借记表示减少

2. 下列选项中,体现了借贷记账规则的应用的是(　　)。
A. 资产账户增加应借记,其余额列示在资产账户的左边;负债账户增加应借记，其余额列示在资产账户的右边
B. 费用账户增加应借记,其正常余额在借方;收入账户增加应贷记，其正常余额也在借方
C. 费用账户增加应借记,费用会导致所有者权益减少;收入账户增加应贷记，收入会导致所有者权益增加
D. 费用账户增加应借记,费用会导致资产减少;收入账户增加应贷记,收入会导致资产和负债增加

3. 某公司所有者权益期初余额为 65 000 元,该公司当年收入为 430 000 元,费用为 360 000 元,以现金分红 50 000 元 ,银行存款余额增加了 10 000 元,则该公司当年净利及所有者权益年末

余额分别为(　　)。

A. 20 000 元及 95 000 元　　B. 70 000 元及 95 000 元

C. 60 000 元及 75 000 元　　D. 70 000 元及 85 000 元

4. 会计循环的顺序为(　　)。

A. 记账凭证→日记账→试算表→调整→编表

B. 原始凭证→记账凭证→分类账→试算→结账→编表

C. 原始凭证→记账凭证→记账→试算→调整→编表→结账

D. 编制凭证→分录→账簿→试算表→结账→编表

5. 某企业的资产总额为 80 万元,如果发生以下经济业务:

(1) 收到投资人追加投资 8 万元,存入银行;

(2) 用银行存款支付企业的应付账款 2 万元;

(3) 应收票据 2 万元到期兑现。

则该企业资产期末总额为(　　)万元。

A. 86　　B. 87　　C. 91　　D. 89

6. 在期末调整之前,某公司 1 月 31 日的营业收入为 27 900 元,销售费用为 17 340 元,有关调整分录如下:

——去年的预付租金中,1 月份应承担的部分为 2 700 元

——1 月份应计提的折旧为 1 440 元

——1 月份已实现的预收收入为 3 300 元

——1 月份应收未收客户款 1 950 元

则该公司 1 月份的净利润为(　　)元。

A. 10 560　　B. 17 070　　C. 7 770　　D. 11 670

7. 注册会计师对玛斯公司进行审计,发现其所有者权益低估而负债高估,这项错误可能由下列情况中的(　　)引起。

A. 计提了两项折旧费用　　B. 未记录应付票据上的应计利息

C. 未对应计收入做期末调整　　D. 未对预收收入做期末调整

8. 与收付实现制(现金制)原则相对应的原则是(　　)。

A. 现收现付制　　B. 应计制　　C. 永续盘存制　　D. 配比原则

9. 下列有关试算表的叙述中,(　　)是正确的表述。

A. 试算表可验证明细分类账借贷余额的平衡

B. 试算表只列示了分类账中收入、费用类账户及其余额

C. 试算表可证实该会计期各账户记录均无错误

D. 试算表有助于资产负债表和利润表的编制

10. 如果一笔费用应调整入账而未调整,必将(　　)。

A. 使资产负债表和利润表均不正确　　B. 使利润表不正确

C. 使资产负债表不正确　　D. 对留存利润表无影响

11. (　　)原则主要是为了明确同一会计期内收入、费用的相关性,以正确反映企业的经营成果。

A. 权责发生制　　B. 会计分期　　C. 配比　　D. 相关性

12. 下列________原则或假设不是引起期末账项调整的原因。

A. 现金制　　B. 应计制　　C. 配比　　D. 收入实现

二、多项选择题

1. 森同公司应收罗马公司账款 3 500 元。1 月 20 日，罗马公司部分付清其欠款，共计 2 100 元。1 月 20 日，森同公司应记录该业务如下：（　　）。

A. 借记“银行存款”账户 2 100 元

B. 贷记“应收账款”账户 2 100 元

C. 借记“银行存款”账户 1 400 元

D. 借记“应收账款”账户 1 400 元

2. 会计分录所具有的对应关系包括（　　）。

A. 一借一贷　　B. 一借多贷

C. 一贷多借　　D. 多借多贷

3. 明细分类账通常所用的格式为（　　）。

A. 三栏式明细账　　B. 多栏式明细账

C. 数量金额式明细账　　D. 通用日记账

4. 以下表述中，错误的是（　　）。

A. 试算表的数据来源于总分类账余额

B. 试算表的数据来源于明细分类账余额

C. 试算表的数据来源于总分类账和日记账余额

D. 试算表的数据来源于总分类账和明细分类账余额

5. 下列错误中，不会引起试算表借贷失衡的是（　　）。

A. 遗漏一笔分录

B. 记录赊购业务的分录仅记录了应付账款账户

C. 某笔会计分录被重复记账两次

D. 存货账户高估 1 000 元，而应付账款账户恰好也高估了 1 000 元

6. 期末每笔调整分录会涉及的账户为（　　）。

A. 资产账户与损益类账户　　B. 负债账户与损益类账户

C. 所有者权益账户与资产账户　　D. 资产账户与负债账户

7. 企业进行期末调整，是为了（　　）。

A. 符合配比原则　　B. 符合应计制原则

C. 符合现金制原则　　D. 合理反映各期盈亏

8. 下列关于净利润的描述中，正确的是（　　）。

A. 净利润在利润表中计算，并最终增加资产负债表中的所有者权益

B. 净利润等于收入与费用之差

C. 净利润在利润表中计算，并最终增加资产负债表中的货币资金

D. 净利润是收入与负债之差

9. 下列账户中，属于损益类账户（即虚账户）的是（　　）。

A. 预付账款——预付保险

B. 管理费用

C. 预收账款

D. 主营业务收入

10. 结账是每个会计期末让各账户会计记录暂告段落的会计程序,包括(　　)。

A. 结清虚账户余额

B. 结清所有账户,使其余额为零,以便下期重新归集各要素

C. 结转所有账户,将其余额结转至下期初各账户中

D. 结转实账户余额至下期

三、判断题

1. 所谓编制分录,即根据经审核的原始凭证,对每笔业务依发生先后顺序列示其应借记和贷记的账户及其金额,并填入记账凭证的过程。(　　)

2. 任何分录必定借记账户的左边,同时贷记账户的右边,其借贷差额称为账户余额。(　　)

3. 银行存款日记账应以逐日、逐笔序时的登记方式记录收入、支出和结存的原因及其金额。(　　)

4. 试算是将总分类账中各账户的余额汇总列表,以初步验证分录与记账工作是否有误。(　　)

5. 会计分期是为了明确会计核算的时间段,以便及时、定期地反映企业的经营成果和财务状况。(　　)

6. 现金制和应计制涉及的会计处理不同,但产生的净利润是一致的。(　　)

7. 期末账项调整是应计制下必不可少的一项会计程序。(　　)

8. 凡不归属本期的收入,即使款项已经收到,也不作为本期业务处理。(　　)

9. 各递延项目必然会随着营业的继续而逐渐减少并成为已实现收入或已发生费用。(　　)

10. 虚账户的余额年末必须结平为零,故本年的收入费用账记录不会影响下年度的留存收益。(　　)

四、简答题

1. 试比较现金制和应计制,并举例说明其差异。

2. 为什么要进行期末账项调整?

五、计算分析题

1. 信达公司2017年3月份发生的经济业务如下:

(1) 接受投资人投资400 000元并存入银行,以及所提供的商品50 000元(借记“库存商品”账户),开始营业。

(2) 用银行存款购买设备70 000元(借记“固定资产”账户)。

(3) 向铃光公司赊购商品30 000元(借记“库存商品”账户)。

(4) 购入商品20 000元,以银行存款支付。

(5) 从银行账户中划出4 500元,用于支付管理人员工资。

(6) 赊销给惠民公司商品32 000元,其进货成本为12 000元。

(7) 收到惠民公司以银行存款支付的欠款,金额为16 000元。

(8) 用现金支付本月保险费500元。

(9) 购入文具用品 3 000 元,款尚欠(借记“周转材料”账户)。
(10) 以银行存款购入商品 22 000 元。
(11) 以银行存款偿还铃光公司货款 18 000 元。
(12) 用银行存款支付水电费 800 元。
要求:根据上述资料,编制会计分录。

2. 四方公司 2017 年 6 月 30 日的资产、负债、所有者权益、收入和费用账户结账前余额资料如下:

单位:元

库存现金	1 600	应付账款	6 200
银行存款	32 000	应付职工薪酬——工资	400
库存商品	1 140	预收账款	2 000
固定资产——设备	38 800	实收资本	35 600
预付账款——预付保险	1 660	利润分配——未分配利润	6 000
预付账款——预付房租	1 000		
主营业务成本	600	主营业务收入	55 400
管理费用——折旧	1 000		
管理费用——工资	22 000	累计折旧	3 000
管理费用——保险	2 800		
管理费用——租金	6 000		

要求:
(1) 编制收入和费用账户的结账分录。
(2) 编制四方公司的资产负债表和利润表。

3. 兴华汽车修理公司 2017 年 3 月 31 日各分类账户余额如下:

单位:元

库存现金	1 760	短期借款	5 680
银行存款	3 600	应付账款	1 160
交易性金融资产	3 400	应付职工薪酬——工资	1 400
应收账款	2 800	应付利息	360
应收利息	840	预收账款	1 200
预付账款——预付保险费	2 400	实收资本	10 000
库存商品	2 400	未分配利润	4 800
固定资产	8 000	累计折旧	600

该公司 4 月份发生下列经济业务:
(1) 4 月 1 日,收到达声厂上月所欠本汽车修理公司的款项 2 400 元,存入银行。
(2) 4 月 2 日,收到第一季度银行存款利息 840 元,存入银行。
(3) 4 月 3 日,预收胜德公司修理费 1 200 元,存入银行。

(4) 4月5日,从银行划出1 400元,用于支付上月工资(借记“应付职工薪酬——工资”账户)。

(5) 4月6日,购入修理用品900元,货款已用银行存款付讫(借记“库存商品”账户)。

(6) 4月8日,胜德公司委托的汽车修理业务完成,收入1 600元,其中1 200元为上期已经入账的预收款,其余部分已收到,存入银行。

(7) 4月10日,销售部门员工黄林因公出差预支现金400元(借记“其他应收款”账户)。

(8) 4月11日,以银行存款归还短期借款3 680元,并支付一季度利息360元(一季度利息3月底已经调整入账)。

(9) 4月14日,购入机修设备一台3 000元,以银行存款支付。

(10) 4月16日,以现金支付各种管理上的零星费用200元。

(11) 4月19日,以银行存款支付上月所欠货款400元。

(12) 4月20日,购入修理用品1 100元,当即以银行存款支付800元,余款暂欠。

(13) 4月24日,销售员黄林出差归来,报销差旅费360元,余款以现金归还。

(14) 4月25日,收到华发公司交来的汽车修理收入3 200元,存入银行。

(15) 4月28日,以银行存款预付本季度房屋租金720元。

(16) 4月29日,以银行存款支付本月水电费340元。

(17) 4月30日,本月共耗用修理用品1 800元(借记“主营业务成本”账户)。

要求:

(1) 根据上述资料编制会计分录。

(2) 将会计分录过入各总分类账。

4. 北业公司发生以下记账错误,试说明每种错误对净利、总资产、总负债及所有者权益的影响(请以“高估”“低估”和“无影响”说明)。

错误事项	净利	资产	负债	所有者权益
例:赊购设备未入账	高估	低估	低估	高估
(1) 现购设备,误记为: 借:固定资产 贷:应付账款				
(2) 赊购商品未入账				
(3) 收回客户欠款,误记为“收到当期销售额”				
(4) 赊销收入未入账				
(5) 年末收到60天9%年利率的银行贷款,记作: 借:库存现金 贷:主营业务收入				
(6) 当年未提折旧				

5. 经查验,会计分录过入分类账时发生如下错误:

(1) 赊购商品,分录中贷记“应付账款”账户120元,记入账簿时误记入“应付账款”账户借方120元。

(2) 借记“销售费用——广告费用”账户,贷记“库存现金”账户250元的分录未过入分类账。

(3) 现购固定资产1 500元,过账时借记“固定资产——设备”账户1 500元被重复记账。

(4) 分录中借记“库存现金”账户2 000元,贷记“银行存款”账户2 000元,过入账簿时误记为借记"库存现金"账户 200 元,贷记"银行存款"账户 2 000 元。

(5) 现购存货 180 元,记账时误记为:借记"库存商品"账户 810 元,贷记"银行存款"账户 180 元。

(6) 分录中"应收账款"账户借记 350 元,未过入"应收账款"账户。

(7) 赊销 400 元的业务,过账时记为"库存现金"账户的借方 400 元,"应收账款"账户的借方 400 元,未记入"主营业务收入"账户。

假定上述错误分别独立存在,试以下列格式说明各项错误对试算表的影响:

序 号	失衡(是或否)	借贷总额差额(元)	较大的金额在借方或在贷方
1			
2			
3			
4			
5			
6			
7			

六、讨论及网络题

1. 大方股份公司 2017 年度结账后,利润表已编制,但尚未公布,发现原记录有误,须予更正的事项如下:

(1) 房屋折旧少提 14 000 元。

(2) 其他公司的产品 28 800 元列在本企业存货内。

(3) 预收房租内,含有已经确认转为收入的房租 4 800 元,即期末尚未做调整。

(4) 保险期间已经消逝,但预付账款中仍然列有未摊销部分计 20 000 元。

(5) 12 月份应付未付的水电费 6 000 元尚未入账。

(6) 仓库出租 3 个月,但应收未收仓库租金 14 400 元未予入账。

请分析上述事项对资产、负债、股东权益及本年利润的影响。

2. 请阅读财政部于 2006 年 3 月颁布的《企业会计准则》及《企业会计准则——应用指南》,了解会计科目的设置、会计原则和前提。

自我测试答案

一、单项选择题

1. D	2. C	3. D	4. C	5. A	6. D*
7. D	8. B	9. D	10. A	11. C	12. A

* 第 6 题答案的计算:11 670=27 900−17 340−2 700−1 440+3 300+1 950

二、多项选择题

1. AB　2. ABCD　3. ABC　4. BCD　5. ACD　6. AB
7. ABD　8. AB　9. BD　10. AD

三、判断题

1. 对　2. 错　3. 对　4. 对　5. 对　6. 错
7. 对　8. 错　9. 对　10. 错

四、简答题

1. 现金制又称收付实现制或实收实付制,即凡属本期收到的收入和支付的费用,不管它是否应归属本期,都作为本期的收入和费用;反之,凡本期未曾收到的收入和未曾支付的费用,即使应归属本期,也不作为本期的收入和费用处理。

应计制又称权责发生制或应收应付制,即凡属本期已获得的收入,不管其款项是否收到,都作为本期的收入处理;凡属本期应当负担的费用,不问款项是否付出,都作为本期的费用处理。

现金制与应计制的比较如下:

在现金制下,确定本期收入和费用是以款项的实际收付作为标准。期末无需账项调整,其账务处理不符合配比原则,盈亏确定不合理。

在应计制下,确认收入和费用是以应收、应付或实际发生为标准,期末必须做账项调整,其账务处理符合配比原则,盈亏确定较为合理。

例略。

2. 期末账项调整的目的是合理反映各会计期应得的收入和应负担的费用,是为了符合应计制、配比原则、会计分期和收入实现原则的要求,是为了计算出各期合理的盈亏,同时也为了正确地反映企业期末财务状况。

五、计算分析题

1. (1) 借:银行存款	400 000	
库存商品	50 000	
贷:实收资本		450 000
(2) 借:固定资产	70 000	
贷:银行存款		70 000
(3) 借:库存商品	30 000	
贷:应付账款		30 000
(4) 借:库存商品	20 000	
贷:银行存款		20 000
(5) 借:管理费用	4 500	
贷:银行存款		4 500

(6) 借：应收账款 32 000
　　贷：主营业务收入 32 000
　借：主营业务成本 12 000
　　贷：库存商品 12 000
(7) 借：银行存款 16 000
　　贷：应收账款 16 000
(8) 借：管理费用 500
　　贷：库存现金 500
(9) 借：周转材料 3 000
　　贷：应付账款 3 000
(10) 借：库存商品 22 000
　　贷：银行存款 22 000
(11) 借：应付账款 18 000
　　贷：银行存款 18 000
(12) 借：管理费用 800
　　贷：银行存款 800

2.(1) 四方公司的结账分录为：

① 借：主营业务收入 55 400
　　贷：本年利润 55 400
② 借：本年利润 32 400
　　贷：管理费用——折旧 1 000
　　　　　　——工资 22 000
　　　　　　——租金 6 000
　　　　　　——保险 2 800
　　　主营业务成本 600
③ 借：本年利润 23 000
　　贷：利润分配——未分配利润 23 000

(2) 四方公司的利润表和资产负债表编制如下：

四 方 公 司

利 润 表

2017 年 6 月　　　　单位：元

主营业务收入		55 400
减：主营业务成本	600	
管理费用——折旧费用	1 000	
管理费用——人工费用	22 000	
管理费用——租金费用	6 000	
管理费用——保险费用	2 800	
费用合计		32 400
本年利润		23 000

四 方 公 司

资 产 负 债 表

2017 年 6 月 30 日　　单位：元

资　　产		负债与所有者权益	
库存现金	1 600	负债	
银行存款	32 000	应付账款	6 200
预付账款	2 660	应付职工薪酬——工资	400
库存商品	1 140	预收账款	2 000
固定资产	38 800	负债合计	8 600
减：累计折旧	3 000	所有者权益	
固定资产净值	35 800	实收资本	35 600
		未分配利润	29 000
		所有者权益合计	64 600
资产总计	73 200	负债与所有者权益总计	73 200

3.(1) 该公司应编制会计分录如下：

① 4 月 1 日：

借：银行存款　　2 400

　　贷：应收账款　　2 400

② 4 月 2 日：

借：银行存款　　840

　　贷：应收利息　　840

③ 4 月 3 日：

借：银行存款　　1 200

　　贷：预收账款　　1 200

④ 4 月 5 日：

借：应付职工薪酬——工资　　1 400

　　贷：银行存款　　1 400

⑤ 4 月 6 日：

借：库存商品　　900

　　贷：银行存款　　900

⑥ 4 月 8 日：

借：预收账款　　1 200

　　银行存款　　400

　　贷：主营业务收入　　1 600

⑦ 4 月 10 日：

借：其他应收款　　400

　　贷：库存现金　　400

⑧ 4 月 11 日：

借：短期借款	3 680	
应付利息	360	
贷：银行存款		4 040
⑨ 4 月 14 日：		
借：固定资产	3 000	
贷：银行存款		3 000
⑩ 4 月 16 日：		
借：管理费用——零星费用	200	
贷：库存现金		200
⑪ 4 月 19 日：		
借：应付账款	400	
贷：银行存款		400
⑫ 4 月 20 日：		
借：库存商品	1 100	
贷：银行存款		800
应付账款		300
⑬ 4 月 24 日：		
借：销售费用——差旅费	360	
库存现金	40	
贷：其他应收款		400
⑭ 4 月 25 日：		
借：银行存款	3 200	
贷：主营业务收入		3 200
⑮ 4 月 28 日：		
借：预付账款——预付房租	720	
贷：银行存款		720
⑯ 4 月 29 日：		
借：管理费用——水电费	340	
贷：银行存款		340
⑰ 4 月 30 日：		
借：主营业务成本	1 800	
贷：库存商品		1 800

(2) 将会计分录输入各总分类账：

银行存款

期初	3 600	4 月 5 日	1 400
4 月 1 日	2 400	4 月 6 日	900
4 月 2 日	840	4 月 11 日	4 040
4 月 3 日	1 200	4 月 14 日	3 000
4 月 8 日	400	4 月 19 日	400
4 月 25 日	3 200	4 月 20 日	800
		4 月 28 日	720
		4 月 29 日	340
期末	40		

库存现金

期初	1 760	4月10日	400
4月24日	40	4月16日	200
期末	1 200		

交易性金融资产

期初	3 400		
期末	3 400		

应收账款

期初	2 800	4月1日	2 400
期末	400		

预付账款——预付房租

4月28日	720		
期末	720		

预付账款——预付保险

期初	2 400		
期末	2 400		

应收利息

期初	840	4月2日	840
期末	0		

预收账款

4月8日	1 200	期初	1 200
		4月3日	1 200
		期末	1 200

应收利息

期初	840	4月2日	840
期末	0		

库存商品

期初	2 400	4月30日	1 800
4月6日	900		
4月20日	1 100		
期末	2 600		

固定资产

期初	8 000		
4月14日	3 000		
期末	11 000		

其他应收款

4月10日	400	4月24日	400
期末	0		

短期借款

4月11日	3 680	期初	5 680
		期末	2 000

应付账款

4月19日	400	期初	1 160
		4月20日	300
		期末	1 060

应付职工薪酬——工资

4月5日	1 400	期初	1 400
		期末	0

应付利息

4月11日	360	期初	360
		期末	0

实收资本

		期初	10 000
		期末	10 000

利润分配——未分配利润

	期初	4 800
	期末	4 800

主营业务收入

	4月8日	1 600
	4月25日	3 200
	本期发生额	4 800

累计折旧

	期初	600
	期末	600

主营业务成本

4月20日	1 800	
本期发生额	1 800	

管理费用

4月16日	200	
4月29日	340	
本期发生额	540	

销售费用

4月24日	360	
本期发生额	360	

4.

错 误 事 项	净利	资产	负债	所有者权益
例：赊购设备未入账	高估	低估	低估	高估
(1) 现购设备，误记为： 借：固定资产 贷：应付账款	无	高估	高估	无
(2) 赊购商品未入账	无	低估	低估	无
(3) 收回客户欠款，误记为“收到当期销售额”	高估	高估	无	高估
(4) 赊销收入未入账	低估	低估	无	低估
(5) 年末收到60天9%年利率的银行贷款，记作： 借：库存现金 贷：主营业务收入	高估	无	低估	高估
(6) 当年未提折旧	高估	高估	无	高估

5.

序 号	失衡(是或否)	借贷总额差额(元)	较大的金额在借方或在贷方
1	是	240	借方
2	否	0	—
3	是	1 500	借方
4	是	1 800	贷方

(续表)

序　号	失衡(是或否)	借贷总额差额(元)	较大的金额在借方或在贷方
5	是	630	借方
6	是	350	贷方
7	是	800	借方

六、讨论及网络题

1.

	收入	费用	利润	资产	负债	所有者权益
(1) 折旧		—	+	+		+
(2) 存货				+	+	
(3) 预收房租	—		—		+	—
(4) 保险费用		—	+	+		+
(5) 水电费用		—	+		—	+
(6) 应收租金	—		—	—		—

2. 略。

教材习题参考答案

习　题　一

(1) 借：银行存款	200 000	
库存商品	40 000	
贷：实收资本		240 000
(2) 借：固定资产——房屋	80 000	
贷：银行存款		80 000
(3) 借：库存商品	28 000	
贷：应付账款		28 000
(4) 借：库存商品	20 000	
贷：银行存款		20 000
(5) 借：管理费用	2 000	
贷：银行存款		2 000
(6) 借：应收账款	32 000	
贷：主营业务收入		32 000
借：主营业务成本	28 000	
贷：库存商品		28 000

(7) 借：银行存款 16 000
　　贷：应收账款 16 000
(8) 借：管理费用 400
　　贷：库存现金 400
(9) 借：周转材料 4 000
　　贷：应付账款 4 000
(10) 借：库存商品 22 000
　　贷：银行存款 22 000
(11) 借：应付账款 18 000
　　贷：银行存款 18 000
(12) 借：管理费用 600
　　贷：银行存款 600

习 题 二

(1) 4 月 1 日：
借：银行存款 1 200
　　贷：应收账款 1 200
(2) 4 月 2 日：
借：银行存款 420
　　贷：应收利息 420
(3) 4 月 3 日：
借：银行存款 600
　　贷：预收账款 600
(4) 4 月 5 日：
借：应付职工薪酬——工资 700
　　贷：银行存款 700
(5) 4 月 6 日：
借：库存商品 450
　　贷：银行存款 450
(6) 4 月 8 日：
借：预收账款 600
　　银行存款 200
　　贷：主营业务收入 800
(7) 4 月 10 日：
借：其他应收款 200
　　贷：库存现金 200
(8) 4 月 11 日：
借：短期借款 1 840
　　应付利息 180
　　贷：银行存款 2 020
(9) 4 月 14 日：

借：固定资产　　1 500
　　贷：银行存款　　1 500

(10) 4 月 16 日：

借：管理费用　　100
　　贷：库存现金　　100

(11) 4 月 19 日：

借：应付账款　　200
　　贷：银行存款　　200

(12) 4 月 20 日：

借：库存商品　　550
　　贷：银行存款　　400
　　　　应付账款　　150

(13) 4 月 24 日：

借：销售费用　　180
　　库存现金　　20
　　贷：其他应收款　　200

(14) 4 月 25 日：

借：银行存款　　1 600
　　贷：主营业务收入　　1 600

(15) 4 月 28 日：

借：预付账款——预付房租　　360
　　贷：银行存款　　360

(16) 4 月 29 日：

借：管理费用　　170
　　贷：银行存款　　170

(17) 4 月 30 日：

借：主营业务成本　　900
　　贷：库存商品　　900

为简化起见,这里以 T 形账户代替三栏式账户。具体如下：

银行存款

期初	1 800	4 月 5 日	700
4 月 1 日	1 200	4 月 6 日	450
4 月 2 日	420	4 月 11 日	2 020
4 月 3 日	600	4 月 14 日	1 500
4 月 8 日	200	4 月 19 日	200
4 月 25 日	1 600	4 月 20 日	400
		4 月 28 日	360
		4 月 29 日	170
期末	20		

库存现金

期初	880		
4月20日	20	4月10日	200
		4月16日	100
期末	600		

交易性金融资产

期初	1 700		
期末	1 700		

应收账款

期初	1 400	4月1日	1 200
期末	200		

预付账款——预付房租

4月28日	360		
期末	360		

预付账款——预付保险

期初	1 200		
期末	1 200		

预收账款

4月8日	600	期初	600
		4月3日	600
		期末	600

应收利息

期初	420	4月2日	420
期末	0		

库存商品

期初	1 200	4月30日	900
4月6日	450		
4月20日	550		
期末	1 300		

固定资产

期初	4 000		
4月14日	1 500		
期末	5 500		

其他应收款

4月10日	200	4月24日	200
期末	0		

短期借款

4月11日	1 840	期初	2 840
		期末	1 000

应付账款

4月19日	200	期初	580
		4月20日	150
		期末	530

应付职工薪酬——工资

4月5日	700	期初	700
		期末	0

应付利息

4月11日	180	期初	180
		期末	0

实收资本

	期初	5 000
	期末	5 000

利润分配——未分配利润

	期初	2 400
	期末	2 400

主营业务收入

	4 月 8 日	800
	4 月 25 日	1 600
	本期发生额	2 400

累计折旧

	期初	300
	期末	300

主营业务成本

4 月 30 日	900	
本期发生额	900	

管理费用

4 月 16 日	100	
4 月 29 日	170	
本期发生额	270	

销售费用

4 月 24 日	180	
本期发生额	180	

习 题 三

(1) 现金支付金额＝期初(900)＋应收账款收回(1 700＋9 100－5 000)－期末(2 400)
＝4 300(元)

(2) 偿还应付账款＝1 600＋2 600－800＝3 400(元)

(3) 10 月销售毛利＝9 100－(700＋2 600－2 000)＝7 800(元)

习 题 四

(1) 净利润＝70 000－50 000－35 000＝－15 000(元)

(2) 现金年末余额＝15 000＋30 000－35 000＝10 000(元)

(3) 净利反映企业盈利情况,列报于利润表;现金反映企业的资金情况,列报于资产负债表和现金流量表。

习 题 五

(1) 借:固定资产——办公设备	680	
贷:库存商品		680
(2) 借:银行存款	900	
贷:应收账款		900
(3) 借:主营业务成本	200	
贷:管理费用——水电费		200
(4) 借:银行存款	1 500	
贷:应收账款		1 500

(5) 借：库存商品　　100

　　贷：主营业务成本　　100

顺风运输公司

试 算 表

2017 年 6 月 30 日　　单位：元

科目	借方	贷方
库存现金	800	
银行存款	12 000	
应收账款	3 000	
库存商品	920	
固定资产——办公设备	4 580	
固定资产——运输设备	82 000	
应付账款		3 500
应付职工薪酬——工资		300
实收资本		95 000
主营业务收入		7 400
主营业务成本	2 500	
管理费用——水电费	400	
合计	106 200	106 200

习 题 六

(1)

单位：元

经济业务	现金制		应计制	
	收入	费用	收入	费用
(1) 支付本月的水电费 450 元		450		450
(2) 预付下季度保险费 600 元		600		
(3) 本月负担房屋租金 300 元				300
(4) 本月负担到下月支付的借款利息 80 元				80
(5) 支付上月负担的修理费 100 元		100		
(6) 计提本月设备折旧费 750 元				750
(7) 本月应计佣金收入 560 元			560	
(8) 收到上月提供劳务收入 240 元	240			
(9) 本月销售商品，并收到货款 1 500 元	1 500		1 500	
(10) 销售商品 900 元，货款尚未收到			900	
本月收入合计	1 740		2 960	
本月费用合计		1 150		1 580
本月利润		590		1 380

(2) 两者对收入和费用采用不同方法，导致不同的结果。应计制能更配比地反映收入和费用的确认情况，有助于利润的合理确认。

习 题 七

大祥公司的结账分录如下：

(1) 借：主营业务收入	27 700	
贷：本年利润		27 700
(2) 借：本年利润	16 200	
贷：管理费用——折旧费用		500
——人工费用		11 000
——租金费用		3 000
——保险费用		1 400
主营业务成本		300
(3) 借：本年利润	11 500	
贷：利润分配——未分配利润		11 500

大 祥 公 司

利 润 表

2017 年 6 月　　　　单位：元

营业收入		27 700
减：营业成本	300	
管理费用——折旧费用	500	
管理费用——人工费用	11 000	
管理费用——租金费用	3 000	
管理费用——保险费用	1 400	
费用合计		16 200
本年利润		11 500

大 祥 公 司

资产负债表

2017 年 6 月 30 日　　　　单位：元

资　　产		负债与所有者权益	
流动资产：		负债：	
库存现金	800	应付账款	3 100
银行存款	16 000	应付职工薪酬	200
预付账款	1 330	预收账款	1 000
库存商品	570	负债合计	4 300
流动资产合计	18 700		

（续表）

资　　产		负债与所有者权益	
非流动资产：		所有者权益：	
固定资产	19 400	实收资本	17 800
减：累计折旧	1 500	未分配利润	14 500
固定资产净值	17 900	所有者权益合计	32 300
资产总计	36 600	负债与所有者权益总计	36 600

习　题　八

(1) 期初余额见第 56～58 页 T 形账户。

(2) 根据四福医院 7 月份发生的经济业务，编制相关会计分录如下：

① 7 月 2 日：

借：固定资产——设备　21 000

　　贷：应付账款　21 000

② 7 月 5 日：

借：银行存款　500

　　贷：应收账款　500

③ 7 月 8 日：

借：库存商品　6 000

　　贷：应付账款　6 000

④ 7 月 12 日：

借：应付账款　16 000

　　贷：银行存款　16 000

⑤ 7 月 15 日：

借：应付职工薪酬——工资　5 500

　　贷：银行存款　5 500

⑥ 7 月 19 日：

借：主营业务成本　2 800

　　贷：银行存款　2 800

⑦ 7 月 22 日：

借：预付账款——预付房租　3 600

　　贷：银行存款　3 600

⑧ 7 月 25 日：

借：应收账款　1 000

　　贷：主营业务收入　1 000

⑨ 7 月 28 日：

借：管理费用　1 700

　　贷：银行存款　1 700

⑩ 7 月 31 日：

借：银行存款　22 000

　贷：主营业务收入　22 000

(3) 编制 7 月 31 日的调整分录如下：

① 借：主营业务成本　3 000

　　管理费用　2 600

　贷：应付职工薪酬——工资　5 600

② 借：管理费用——保险费用　200

　贷：预付账款——预付保险　200

③ 借：管理费用——房租费用　600

　贷：预付账款——预付房租　600

④ 借：应收利息　200

　贷：财务费用——利息收入　200

⑤ 借：管理费用——折旧费用　400

　贷：累计折旧　400

⑥ 借：主营业务成本　4 400

　贷：库存商品　4 400

(4) 编制 7 月 31 日的结账分录如下：

① 借：主营业务收入　23 000

　　财务费用——利息收入　200

　贷：本年利润　23 200

② 借：本年利润　15 700

　贷：主营业务成本　10 200

　　管理费用　5 500

③ 借：本年利润　7 500

　贷：利润分配——未分配利润　7 500

(1)(2)(3)(4)开设 T 形账户，登记期初余额，并将相关会计分录、调整分录、结账分录记入 T 形账户，且对各总分类账进行结账。具体如下：

库存现金

7 月 1 日期初	900		
7 月 31 日期末	900		

银行存款

7 月 1 日期初	30 000	7 月 12 日	16 000
7 月 5 日	500	7 月 15 日	5 500
7 月 31 日	22 000	7 月 19 日	2 800
		7 月 22 日	3 600
		7 月 28 日	1 700
7 月 31 日期末	22 900		

应收账款

7 月 1 日期初	600	7 月 5 日	500
7 月 25 日	1 000		
7 月 31 日期末	1 100		

预付账款

7 月 1 日期初	1 200	7 月 31 日调整	200
7 月 22 日	3 600	7 月 31 日调整	600
7 月 31 期末	4 000		

库存商品

7 月 1 日期初	1 000	7 月 31 日调整	4 400
7 月 8 日	6 000		
7 月 31 日期末	2 600		

固定资产

7 月 1 日期初	62 000		
7 月 2 日	21 000		
7 月 31 日期末	83 000		

累计折旧

		7 月 1 日期初	5 700
		7 月 31 日调整	400
		7 月 31 日期末	6 100

应付账款

7 月 12 日	16 000	7 月 1 日期初	6 500
		7 月 2 日	21 000
		7 月 8 日	6 000
		7 月 31 日期末	17 500

应付职工薪酬——工资

7 月 15 日	5 500	7 月 1 日期初	5 500
		7 月 31 日调整	5 600
		7 月 31 日期末	5 600

实收资本

		7月1日期初	72 000
		7月31日期末	72 000

利润分配——未分配利润

		7月1日期初	6 000
		7月31日结账	7 500
		7月31日期末	13 500

主营业务收入

7月31日结账	23 000	7月25日	1 000
		7月31日	22 000
		7月31日期末	0

管理费用

7月28日	1 700	7月31日结账	5 500
7月31日调整	2 600		
7月31日调整	200		
7月31日调整	600		
7月31日调整	400		
7月31日期末	0		

应收利息

7月31日调整	200		
7月31日期末	200		

财务费用

7月31日结账	200	7月31日调整	200
7月31日期末	0		

本年利润

7月31日结账	15 700	7月31日结账	23 200
7月31日结账	7 500		
7月31日期末	0		

主营业务成本

7月19日	2 800	7月31日结账	10 200
7月31日调整	3 000		
7月31日调整	4 400		
7月31日期末	0		

(5) 根据各总分类账的资料，编制四福医院7月份的资产负债表和利润表如下：

四福医院
资产负债表
2017年7月31日

单位：元

资产		负债与所有者权益	
流动资产：		负债：	
库存现金	900	应付账款	17 500
银行存款	22 900	应付职工薪酬	5 600
应收账款	1 100	负债合计	23 100
应收利息	200		
预付账款	4 000	所有者权益：	
库存商品	2 600	实收资本	72 000
流动资产合计	31 700	未分配利润	13 500
非流动资产：		所有者权益合计	85 500
固定资产	83 000		
减：累计折旧	6 100		
固定资产净值	76 900		
资产总计	108 600	负债与所有者权益总计	108 600

四福医院
利润表
2017年7月

单位：元

营业收入	23 000
减：营业成本	10 200
管理费用	5 500
财务费用	—200
本年利润	7 500

习题九

恒丰咨询服务中心工作底稿
2017年12月31日

单位：万元

项目	调整前试算表		调整		调整后试算表		利润表		资产负债表	
	借方	贷方	借方	贷方	借方	贷方	借方	贷方	借方	贷方
库存现金	20				20				20	
应收账款	30				30				30	
预付账款——预付保险	45			(3)15	30				30	

(续表)

项　目	调整前试算表		调整		调整后试算表		利润表		资产负债表	
	借方	贷方	借方	贷方	借方	贷方	借方	贷方	借方	贷方
存货	60			(5)55	5				5	
固定资产	100				100				100	
累计折旧		50		(2)20		70				70
预收账款		40	(4)10			30				30
应付账款		35				35				35
实收资本		45				45				45
主营业务收入		175		(4)10		185		185		
主营业务成本	65				65		65			
销售费用——广告	15				15		15			
管理费用——租金	10		(1)25		35		35			
合　计	345	345								
其他应付款——应付租金				(1)25		25				25
管理费用——保险			(3)15		15		15			
管理费用——折旧			(2)20		20		20			
管理费用——办公用品			(5)55		55		55			
合　计			125	125	390	390	205	185	185	205
亏　损								20	20	
							205	205	205	205

案　例

(1)

弘达健康中心

利　润　表

2017 年度　　　　单位：元

收入(689 000—80 000)	609 000	
费用：		
薪资费用	326 300	
用品费用(152 300—28 100)	124 200	
租金费用(30 000—6 000)	24 000	
广告费(19 000—4 000)	15 000	

（续表）

折旧费用(505 000÷10)	50 500	
杂项费用	7 500	
费用合计		547 500
本期净利		61 500

(2)

弘达健康中心
现金收支表
2017 年度

单位：元

银行存款收入		597 400
银行存款支出：		
薪资费用	305 100	
用品费用	117 500	
租金费用	30 000	
广告费	19 000	
杂项费用	7 500	
银行存款支出合计		479 100
银行存款净额		118 300
银行存款实际结存		33 300
差　额		85 000

(3) 根据正确的方法计算得到的银行存款余额应为 118 300 元，而实际存款尚余 33 300 元，沈小姐估计贪污了 85 000 元。

第二篇

资产权益篇

本篇脉络

第四章　货币资金与应收款项

全章脉络

疑难解答
自我测试
自我测试答案
教材习题参考答案

疑 难 解 答

一、货币资金

主要项目	会 计 处 理 要 点
1. 现金	(1) 现金是一种直接用于流通的货币,企业应遵守现金开支范围的规定,加强现金的内部控制。 (2) 备用金是事先付给企业的业务人员,供其零星开支使用,以后凭有关凭证到出纳处报销。备用金应通过"其他应收款"账户核算。
2. 银行存款	银行存款是企业存放于银行的款项。 "银行存款余额调节表"是企业内部控制的一个环节,用于验证银行存款的记录。其不能作为记账的依据,而是在收到银行的有关结算凭证后方可记账。

二、应收款项

1. 应收账款的坏账处理

以备抵法处理应收账款坏账损失有三类账务处理：坏账计提、坏账冲销和坏账转回。具体如下：

	分录及其处理注意点
期末计提坏账	借：资产减值损失 　　贷：坏账准备
其中：上述计提金额的确定应该注意以下要点	
若应提取的坏账准备额大于调整前的"坏账准备"账户余额	按两者的差额,借记"资产减值损失"账户,贷记"坏账准备"账户
若应提取的坏账准备额小于调整前的"坏账准备"账户余额	按两者的差额,借记"坏账准备"账户,贷记"资产减值损失"账户
若应收账款被确认为坏账	借：坏账准备 　　贷：应收账款
若已经冲销为坏账的应收账款被收回了	借：应收账款 　　贷：坏账准备 借：银行存款 　　贷：应收账款

2. 应收票据的处理

商业汇票是由于赊销而产生的结算凭证,必须用于有购销合同的商品交易的结算,不能用于劳务的结算。

应收票据分为带息票据和不带息票据,两者的区别在于：

	面值	到期值
带息票据	现值	面值＋利息
不带息票据	现值＋利息	面值

这一区别表现在应收票据贴现时，贴现息的计算基础不同：

带息票据的贴现息 ＝ (面值 ＋ 利息) × 贴现率 × 贴现期

不带息票据的贴现息 ＝ 面值 × 贴现率 × 贴现期

3. 应收票据贴现

应收票据贴现的计算方法如下：

贴现息 ＝ 票据到期值 × 贴现率 × 贴现期

贴现所得 ＝ 票据到期值 － 贴现息

分录如下：

借：银行存款　　贴现所得

借或贷：财务费用　　差额

　贷：应收票据　　面值

自我测试

一、单项选择题

1. 货币资金不包括(　　)项目。

A. 库存现金　B. 银行存款　C. 外埠存款　D. 公司债券

2. 狭义的现金是指(　　)。

A. 货币资金　B. 存放在金融机构的存款

C. 备用金　D. 财务部门的库存现金

3. 备用金的核算应通过(　　)账户进行。

A. 现金　B. 其他货币资金

C. 其他应收款　D. 应收账款

4. 直接转销法下发生坏账损失时，应编制的会计分录为(　　)。

A. 借：资产减值损失
　　贷：坏账准备

B. 借：应收账款
　　贷：坏账准备

C. 借：资产减值损失
　　贷：应收账款

D. 借：坏账准备
　　贷：应收账款

5. 对于银行已入账而企业尚未入账的未达账项，企业应当(　　)。

A. 根据“银行存款余额调节表”入账　B. 根据“银行对账单”入账

C. 根据收到的有关结算凭证入账　D. 以上可任选

6. 下列各项中，应记入“坏账准备”账户贷方的有(　　)。

A. 已发生的坏账　B. 转销的坏账损失

C. 坏账的回收　D. 确实无法收回的应付账款

7. 企业在采用总价法入账的情况下,实务中对发生的现金折扣应当作为(　　)处理。

A. 销售费用增加　　B. 财务费用增加

C. 资产减值损失增加　　D. 收入的增加

8. 不带息票据的到期值是(　　)。

A. 贴现值　　B. 面值　　C. 面值加利息　　D. 面值减利息

9. 应收票据贴现所得额总是(　　)。

A. 小于票据的到期值　　B. 等于票据的面值

C. 大于票据的到期值　　D. 大于票据的面值

10. 一张面值为2 000元、利率为6%、1年期的带息应收票据,已持有8个月,现按8%的贴现率到银行贴现,企业可得的贴现款为(　　)元。

A. 2 063.47　　B. 1 389.87　　C. 1 946.67　　D. 2 066.67

二、多项选择题

1. 现金内部控制系统的组成包括(　　)。

A. 现金收入控制　　B. 现金付出控制　　C. 库存现金控制　　D. 备用金核算

2. 银行转账结算方式主要有(　　)。

A. 银行汇票　　B. 支票　　C. 商业本票　　D. 信用证

3. 应收款项一般包括(　　)等内容。

A. 应收账款　　B. 应收票据　　C. 预付款项　　D. 其他应收款项

4. 汇票结算包括(　　)。

A. 银行汇票结算　　B. 商业汇票结算　　C. 银行本票结算　　D. 支票结算

5.企业银行存款账户期末余额与银行对账单不符的原因可能有(　　)。

A. 企业记账错误　　B. 银行记账错误　　C. 未达账项　　D. 日记账的结账错误

6. 下列(　　)方法,在计提坏账时,必须考虑“坏账准备”期末的账面余额。

A. 销货百分比法　　B. 账龄分析法

C. 应收账款余额百分比法　　D. 直接转销法

7. 在我国,应收账款确认为坏账应符合的条件是(　　)。

A. 债务人死亡,以其遗产清偿仍然无法收回

B. 债务人破产,以其破产财产清偿后仍然无法收回

C. 债权人资金短缺

D. 1年以上无法收回

8. 下列(　　)项目可通过“应收票据”账户核算。

A. 银行汇票　　B. 银行承兑汇票　　C. 银行本票　　D. 商业承兑汇票

9. 应收票据贴现的计算与下列(　　)等因素有关。

A. 贴现期　　B. 贴现利率　　C. 票据面值　　D. 票据到期值

10. 计提坏账准备体现的会计原则有(　　)。

A. 配比原则　　B. 谨慎性原则　　C. 权责发生制原则　　D. 成本原则

三、判断题

1. 根据现行企业会计制度规定,年终结账时,“坏账准备”账户余额等于“应收账款”账户余额

与坏账准备计提比例的乘积。（　　）

2. 企业“银行存款”账户余额与银行对账单的金额相等，说明双方的记账没有错误。（　　）

3. 商业汇票结算方式只能适用于有商品交易的结算。（　　）

4. 企业“银行存款”日记账的余额与银行对账单的金额不符，应在编制调节表的同时编制调整分录。（　　）

5. 已确认并已转销的坏账损失，以后又收回时，仍应通过“应收账款”账户核算，并贷记“坏账准备”账户。（　　）

6. 采用应收账款余额百分比法下，按照年末应收账款余额的一定比例计算的坏账准备金额，应等于年末结账后“坏账准备”账户的余额。（　　）

7. 应收票据贴现所得额一定小于票据的面值。（　　）

8. 如果企业预付账款的业务不多，也可以将预付的款项记入“应付账款”账户的借方。（　　）

9. 带息票据的到期值等于票据的面值加利息。（　　）

10. 应收票据的贴现所得等于票据到期值减去贴现息。（　　）

四、简答题

1. 说明现金支出内部控制的内容。

2. 为什么说坏账处理的直接转销法不符合配比的原则？

五、计算分析题

1. 2017 年 9 月 30 日，工商银行杨浦支行送交运通公司的银行对账单余额为 8 780 元。假定公司当天“银行存款”账户的余额为 6 325 元，该公司出纳经过核对以后，发现下列需要调节的事项：

(1) 9 月 30 日，公司送存的现金 500 元，银行尚未入账。

(2) 9 月份，银行尚未兑现的支票有：

支票编号	日　期	金额(元)
＃991	9 月 20 日	800
＃958	9 月 25 日	1 000

(3) 公司签发＃960 支票用于支付广告费 800 元，但在日记账中误记为 780 元。

(4) 银行对账单中有一笔银行代公司收回宏伟公司的货款，金额为 1 200 元。

(5) 银行对账单中有一笔为银行收取的手续费 25 元。

要求：编制银行存款余额调节表及相应的会计分录。

2. 雅利公司以总价法核算应收账款，2017 年涉及应收账款的业务如下：

(1) 销售总额为 500 000 元，其中现销占 20%，其余为赊销。

(2) 收到现销客户开来的支票一张，金额为 100 000 元，存入银行。

(3) 在赊销方式下，现金折扣条件为“2/10，n/30”，客户中有 50%享受了现金折扣，本年的赊销款全部收到。

(4) 本年无法收回的坏账为 5 000 元，予以转销（备抵法）。

(5) 收回上一年度转销的一笔坏账 9 000 元。

(6) 2017 年初应收账款余额为 700 000 元,坏账准备余额为 2 100 元。

要求:

(1) 编制 2017 年度有关业务的会计分录(假设不考虑增值税)。

(2) 按应收账款余额的 3‰计提坏账准备,并编制调整分录。

3. 珠海公司于 9 月 1 日收到广发公司商业承兑汇票一张,不带息,面值为 80 000 元,付款期限为 3 个月,系产品的销售货款。公司由于资金周转问题,将此票据于 9 月 2 日到银行贴现,银行贴现率为 8%。3 个月到期后(12 月 1 日),由于广发公司账上无法付款,银行通知珠海公司,将其存款账面余额 60 000 元抵付票面款,不足部分转为逾期贷款处理(假设不考虑增值税)。

要求:根据上述资料,编制必要的会计分录。

4. 某公司是一家名牌化妆品的分销公司,使用账龄分析法估计坏账费用,2017 年末的应收账款账龄分析如下:

单位:元

期　限	金　额	坏账比率
未过期	125 000	1%
过期 1～30 天	80 000	2%
过期 31～60 天	54 000	5%
过期 61 天以上	18 000	10%

2017 年 12 月 31 日,"坏账准备"账户调整前贷方余额为 7 080 元。

要求:

(1) 根据以上账龄分析,计算估计的坏账损失。

(2) 编制坏账准备的调整分录。

(3) 公司现准备要求过期 61 天以上的客户为其账款开出票据,这一措施是否有利?

六、讨论及网络题

请访问上海证券交易所网站,选择一家或几家上市公司:

1. 了解部分上市公司坏账准备的计提方法、计提比例。
2. 在计提坏账准备过程中,如何体现配比原则和谨慎性原则?

自我测试答案

一、单项选择题

1. D　2. D　3. C　4. C　5. C　6. C
7. B　8. B　9. A　10. A

二、多项选择题

1. ABC　2. ABD　3. ABCD　4. AB　5. ABCD　6. BC

7. AB　　8. BD　　9. ABCD　　10. ABC

三、判断题

1. 对　　2. 错　　3. 错　　4. 错　　5. 对　　6. 对
7. 错　　8. 对　　9. 对　　10. 对

四、简答题

1. 现金支出内部控制的主要目的是企业全部现金的支出应由有关主管人员授权批准，保证各项现金支出合理、合法。其主要内容是：

(1) 企业必须严格按照财务制度规定的现金支出范围支付现金。付款凭证应由经办人员签字后交主管人员核准，经会计人员审查后方能付款。

(2) 付款凭证在付款后，应由出纳员加盖"现金付讫"章，由专人保管，定期装订封存，以防遗失。

(3) 根据付款凭证登记现金日记账。

2. 采用直接转销法，会计处理简便。但在这种处理方式下，确认坏账的时间与实际确认销售收入的时间不一致。一般情况下，赊销的同时，应收账款已经存在坏账的可能。采用直接转销法，只有等到发生坏账时才能确定当期计入资产减值损失的坏账损失金额，这部分因坏账而发生的费用与销售收入往往不在同一会计期间，确认收入时因无相应的坏账费用与之配比而导致虚计该期利润，继而企业应收账款也因未考虑坏账而偏大。因此，采用直接转销法不符合收入与费用配比原则。直接转销法只适用于赊销金额较小、坏账可能性不大的业务。如果某企业赊销金额较大，坏账可能性较高，应采用备抵法。

五、计算分析题

1.

运 通 公 司

银行存款余额调节表

2017 年 9 月 30 日　　　　单位：元

项　　目	金　额	项　　目	金　额
企业银行存款余额	6 325	银行对账单余额	8 780
加：企业未入账的宏伟公司货款	1 200	加：银行未入账的公司送存现金	500
减：银行已扣手续费	25	减：银行未兑现支票	
#960 支票错误	20	#991	800
		#958	1 000
调节后余额	7 480	调节后余额	7 480

会计分录如下：

借：销售费用　　45

　　贷：银行存款　　45

借：银行存款	1 200	
贷：应收账款		1 200

2. 2017 年度雅利公司应编制会计分录如下：

(1) 借：应收账款	400 000	
贷：主营业务收入		400 000
(2) 借：银行存款	100 000	
贷：主营业务收入		100 000
(3) 借：银行存款	396 000	
财务费用	4 000	
贷：应收账款		400 000
(4) 借：坏账准备	5 000	
贷：应收账款		5 000
(5) 借：应收账款	9 000	
贷：坏账准备		9 000
借：银行存款	9 000	
贷：应收账款		9 000

(6) 坏账准备调整后余额 $=(700\ 000-5\ 000)\times 3‰=2\ 085$(元)

本期计提的坏账准备 $=2\ 085-2\ 100-9\ 000+5\ 000=-4\ 015$(元)

应编制调整分录如下：

借：坏账准备	4 015	
贷：资产减值损失		4 015

3. 珠海公司应编制会计分录如下：

(1) 9 月 1 日：

借：应收票据	80 000	
贷：主营业务收入		80 000

(2) 9 月 2 日：

贴现息 $=80\ 000\times 8\%\times 3/12=1\ 600$(元)

贴现所得 $=80\ 000-1\ 600=78\ 400$(元)

借：银行存款	78 400	
财务费用	1 600	
贷：应收票据		80 000

(3) 12 月 2 日：

借：应收账款——广发公司	80 000	
贷：银行存款		60 000
短期借款		20 000

4. 该公司的有关计算和分录如下：

(1) 估计坏账损失 $=125\ 000\times 1\%+80\ 000\times 2\%+54\ 000\times 5\%+18\ 000\times 10\%=7\ 350$(元)

(2) 调整金额 $=7\ 350-7\ 080=270$(元)

借：资产减值损失	270	
贷：坏账准备		270

(3) 该措施是有利的，可以减少发生坏账的可能性，保证账款尽快收回。

六、讨论及网络题

略。

教材习题参考答案

习 题 一

(1) 借：原材料	850	
贷：库存现金		850
(2) 借：库存现金	45 000	
贷：银行存款		45 000
(3) 借：备用金	10 000	
贷：库存现金		10 000
(4) 借：制造费用	6 200	
贷：库存现金		6 200
(5) 借：其他应收款——李	15 000	
贷：库存现金		15 000
(6) 借：周转材料	2 500	
贷：库存现金		2 500
(7) 借：库存现金	200	
贷：其他应收款		200
(8) 借：管理费用	17 500	
贷：其他应收款——李		15 000
库存现金		2 500
(9) 借：其他应收款——出纳	100	
贷：库存现金		100

现金日记账　　单位：元

日　期	摘　　要	收　入	支　出	结　存
4月1日	期初余额			4 500
(1)	购买零星存货		850	3 650
(2)	提现	45 000		48 650
(3)	第二车间领用备用金		10 000	38 650
(4)	第二车间报销		6 200	32 450
(5)	李某预支差旅费		15 000	17 450
(6)	购买办公用品		2 500	14 950

(续表)

日　期	摘　要	收　入	支　出	结　存
(7)	收到罚款	200		15 150
(8)	李某报销差旅费		2 500	12 650
(9)	清点短款		100	12 550
	合　计	45 200	37 150	12 550

习　题　二

银行存款余额调节表

2017 年 3 月 31 日

单位：元

项　目	金　额	项　目	金　额
企业银行存款余额	47 220	银行对账单余额	20 350
加：企业误记支付税金	180	加：银行未入账的正化、新欣公司款	20 700
委托银行代收劳务费	5 400	减：银行误记新沪公司存款	3 450
减：银行代付支票	24 000	银行尚未兑现支票	12 000
银行已扣利息费用	3 200		
调节后余额	25 600	调节后余额	25 600

习　题　三

	总价法			净价法		
(1) 12 月 20 日：	借：应收账款	60 000		借：应收账款	58 800	
	贷：主营业务收入		60 000	贷：主营业务收入		58 800
(2) 12 月 25 日：	借：银行存款	29 400		借：银行存款	29 400	
	财务费用	600		贷：应收账款		29 400
	贷：应收账款		30 000			
(3) 12 月 31 日：				借：应收账款	600	
				贷：财务费用		600

习　题　四

	(1) 直接法			(2)(3)同为备抵法		
(1) 2015 年 5 月：	借：应收账款	20 000		借：应收账款	20 000	
	贷：主营业务收入		20 000	贷：主营业务收入		20 000
(2) 2016 年底：	借：资产减值损失	20 000		借：坏账准备	20 000	
	贷：应收账款		20 000	贷：应收账款		20 000
(3) 2017 年 8 月：	借：应收账款	20 000		借：应收账款	20 000	
	贷：资产减值损失		20 000	贷：坏账准备		20 000
	借：银行存款	20 000		借：银行存款	20 000	
	贷：应收账款		20 000	贷：应收账款		20 000

(4) 直接转销法下,坏账冲销会减少应收账款净额。备抵法下,应收账款净额在注销前后不变。

习　题　五

到期值 =100 000×9%×120/360+100 000=103 000(元)
贴现息 =103 000×12%×60/360=2 060(元)
贴现所得 =103 000−2 060=100 940(元)

借:银行存款	100 940	
贷:应收票据		100 000
财务费用		940

习　题　六

(1) 借:银行存款	8 400	
应收票据	15 000	
贷:主营业务收入		23 400
(2) 借:银行存款	50 800	
贷:应收票据		50 000
财务费用		800

(3)到期值 =40 000+40 000×6%×90/360=40 600(元)
　贴现息 =40 600×8%×45/360=406(元)
　贴现所得 =40 600−406=40 194(元)

借:银行存款	40 194	
贷:应收票据		40 000
财务费用		194
(4)借:应收账款	10 200	
贷:银行存款		10 200
(5)借:应收账款	6 100	
贷:应收票据		6 000
财务费用		100
(6)借:应收票据	5 000	
贷:应收账款		5 000

习　题　七

(1) 借:应收账款	150 000	
贷:主营业务收入		150 000
(2) 借:银行存款	50 000	
贷:应收账款		50 000
(3) 借:其他货币资金——银行本票	20 000	
贷:银行存款		20 000
(4) 借:原材料	22 500	
贷:其他货币资金——银行本票		20 000
银行存款		2 500

(5) 借：应收票据	163 800	
贷：主营业务收入		163 800
(6) 借：应收票据	50 000	
贷：应收账款		50 000
(7) 借：应收账款	30 600	
贷：应收票据		30 000
财务费用		600
(8) 借：原材料	50 000	
贷：应收票据		50 000
(9) 借：坏账准备	30 000	
贷：应收账款		30 000
(10) 借：应收账款	20 000	
贷：坏账准备		20 000
借：银行存款	20 000	
贷：应收账款		20 000

(11) 计算应收账款期末余额及本期应计提的坏账准备：

应收账款期末余额＝150 000＋150 000－50 000－50 000＋30 600－30 000

＝200 600(元)

坏账准备＝200 600×5‰＝1 003(元)

应计提的坏账准备＝1 003＋9 250＝10 253(元)

借：资产减值损失	10 253	
贷：坏账准备		10 253

案　例

略。

第五章　存　货

全章脉络

疑难解答

一、存货的计价方法

存货在取得时应按实际成本计价,存货发出的实际成本计价方法主要有个别认定法、加权平均法、先进先出法和后进先出法。这些方法的基本特点如下:

计价方法	销售产品的成本	期末存货成本	特　　点
个别认定法	实际成本	实际成本	成本流转与实物流转相一致。
加权平均法	销售存货数量×加权平均单价	期末存货数量×加权平均单价	物价上涨时,平均成本小于现时成本;物价下跌时,平均成本大于现时成本。简单加权平均法适用于定期盘存制,移动加权平均法适用于永续盘存制。
先进先出法	最先购入存货的成本	最近购入存货的成本	在物价上涨时会虚增利润,增加税负。先进先出法适用于永续盘存制和定期盘存制。
后进先出法	最近购入存货的成本	最先购入存货的成本	在物价上涨时会低估期末存货的价值,但符合配比原则,体现了稳健性原则。后进先出法适用于永续盘存制和定期盘存制。

我国《企业会计准则》规定,企业不得采用后进先出法,其余方法可以自由选择,但一旦选定某一方法,不得任意改变,否则有调节利润之嫌。计价方法如有改变,必须在报表附注中加以说明。

二、存货盘存方法

存货盘存是为了确定期末存货的数量。盘存方法有实地盘存制和永续盘存制。两种方法确定的期末存货数量有时会不同。永续盘存制得到的期末存货数量更加准确,因为定期盘存制会将一些非正常的数量减少全部作为发出的存货。采用永续盘存制的企业也应该不定期地进行实地盘点,以保证账实相符。

三、成本与可变现净值孰低法

成本与可变现净值孰低法是在会计期期末通过比较存货的成本与可变现净值,取两者中较低的一个作为成本计价的基础。当存货的可变现净值低于成本时,应确认存货跌价损失。

按照《企业会计准则》的规定,企业在期末应对存货进行全面清查,如由于存货毁损、全部或部分陈旧过时或销售价格低于成本等原因,存货账面成本高于可变现净值时,应按可变现净值低于存货账面成本的部分,计提存货跌价准备。

应当计提存货跌价准备的情形有:

(1) 可变现净值持续下跌,并且在可预见的未来无回升的希望;

(2) 企业使用该项原材料生产的产品的成本大于产品的销售价格;

(3) 企业因产品更新换代,原有库存材料已不适应新产品的需要;

(4) 因企业所提供的商品或劳务过时或消费者偏好改变而使市场的需求发生变化，导致市场价格逐渐下跌；

(5) 其他足以证明该项存货实质上已经发生减值的情形。

在计提存货跌价准备时，要结合"存货跌价准备"账户的原有余额来确定本期应计提或应转销的存货跌价准备的金额。

自我测试

一、单项选择题

1. 存货可以确认为企业的一项资产的时点是( )。
A. 收到货物　B. 支付货款　C. 取得其所有权　D. 签订合同
2. 期初存货成本加上本期购货净额减期末存货成本的所得是( )。
A. 销售毛利　B. 可供销售成本　C. 销售成本　D. 销售收入
3. 存货是企业的一项资产，其取得时的计价基础是( )。
A. 可变现净值　B. 实际成本　C. 毛利　D. 售价
4. 在物价持续上涨的情况下，存货计价方法从先进先出法改为后进先出法，会使( )。
A. 期末库存成本增加，当期利润增加　B. 期末库存成本减少，当期利润减少
C. 期末库存成本增加，当期利润减少　D. 期末库存成本减少，当期利润增加
5. 推销存货发生的费用，会使销售费用( )。
A. 增加　B. 减少　C. 不变　D. 以上可任选
6. 存货计价的诸多方法中，比较符合收入与费用配比原则的方法是( )。
A. 先进先出法　B. 后进先出法
C. 加权平均法　D. 成本与可变现净值孰低法
7. 成本与可变现净值孰低法中的"可变现净值"，是指( )。
A. 销售价格　B. 估计售价减利润
C. 估计售价减估计完工成本等费用　D. 现行价格
8. 存货成本的估计方法是( )。
A. 毛利率法　B. 成本与可变现净值孰低法
C. 计划成本法　D. 个别认定法
9. 资产减值损失在利润表上应作为( )的减项。
A. 营业利润　B. 利润总额　C. 净利润　D. 营业收入
10. 存货跌价准备应按单个存货项目的成本高于其( )的差额提取。
A. 售价　B. 加工成本　C. 可变现净值　D. 毛利
11. 在物价水平呈下降趋势的情况下，存货的发出采用( )计价方法可使利润达到最小。
A. 先进先出法　B. 后进先出法
C. 零售价格法　D. 成本与可变现净值孰低法

二、多项选择题

1. 确认存货数量的方法有( )。

A. 定期盘存制　B. 永续盘存制　C. 先进先出法　D. 后进先出法

2. 制造企业的存货,主要内容有(　　)。

A. 包装物　B. 低值易耗品　C. 委托加工材料　D. 在产品

3. 外购存货的计价内容可能包括(　　)。

A. 买价　B. 运杂费

C. 运输途中非合理损耗　D. 增值税

4. 以实际成本为基础的存货计价方法有(　　)。

A. 加权平均法　B. 成本与可变现净值孰低法

C. 毛利率法　D. 个别认定法

5. 企业在计提存货跌价损失时,相关的核算账户有(　　)。

A. 资产减值损失　B. 存货跌价准备　C. 原材料　D. 生产成本

6. 在成本与可变现净值孰低法下,期末存货的计价基础可能是(　　)。

A. 估计成本　B. 可变现净值

C. 原始成本　D. 估计售价减估计完工成本及费用等

7. 毛利率法是存货成本的估计方法之一,可采用此法的情形有(　　)。

A. 采用定期盘存制的商业企业编制中期财务报告

B. 估计自然灾害造成的存货损失

C. 注册会计师审计

D. 会计资料不全时估计存货成本

8. 企业如果低估了期末存货成本,将会使(　　)。

A. 本期销售成本少计　B. 本期销售成本多计

C. 本期利润多计　D. 本期利润少计

9. 自制存货的计价内容有(　　)。

A. 直接材料　B. 直接人工　C. 制造费用　D. 固定成本

10. 成本与可变现净值孰低法在比较成本与可变现净值时,可采用的方法有(　　)。

A. 单项比较法　B. 分类比较法　C. 总额比较法　D. 交叉比较法

三、判断题

1. 在永续盘存制下,由于存货明细账上随时可结算出期末存货的数量,所以不需要进行实物盘点。(　　)

2. 采用先进先出法进行发出存货计价时,只能采用永续盘存制确定存货的数量。(　　)

3. 由于成本与可变现净值孰低法不符合配比原则的要求,所以,我国企业不允许采用这种方法。(　　)

4. 期末存货成本多计会使本期利润少计,从而低估企业资产。(　　)

5. 在定期盘存制下,存货盘点的溢缺计入存货成本,不计入销售成本。(　　)

6. 资产减值损失在利润表中应作为营业收入的减项。(　　)

7. 零售价格法和毛利率法确定的存货成本,可以作为资产负债表中存货项目的金额列报。(　　)

8. “存货跌价准备”账户余额应作为存货项目的减项,在资产负债表中单独列报。(　　)

9. 企业存货计价方法一经确定,一般不能随意变动;如有更改,应该在年度报告中加以说明,

并详细反映变更的方法及其对财务状况和经营成果的影响程度。（　）

10. 商品流通企业的进货费用等应作为当月费用处理，不计入存货成本。（　）

四、简答题

1. 不同的存货计价方法对财务报表的影响是怎样的？
2. 如何评价成本与可变现净值孰低法？

五、计算分析题

1. 佳乐公司采用永续盘存制，有关存货采购的情况如下：

(1) 9月28日，购入1 000件，单价400元；

(2) 10月15日，购入1 000件，单价420元；

(3) 11月8日，购入2 000件，单价410元；

(4) 12月15日，出售1 800件；

(5) 12月20日，购入1 000件，单价400元；

(6) 12月31日，库存存货3 200件。

要求：采用移动加权平均法、先进先出法、后进先出法（永续盘存制），分别计算出售存货的销售成本和期末存货成本。

2. 某企业原材料账户的期初余额为500 000元。2017年9月发生下列业务：

(1) 1日，外地采购A材料32 000千克，发票上的材料价款为3 380 000元，销货方代垫运费为4 000元，材料未运到。企业签发为期3个月的商业承兑汇票一张。

(2) 10日，1日采购的A材料运到企业，验收的实际数量为31 800千克，短缺的数量为定额内的损耗。

(3) 15日，本市采购B材料16 000千克，发票上的价款为1 280 000元，货款已用支票支付，材料验收入库。

(4) 19日，外地采购B材料5 000千克，发票上的价款为440 000元，材料未运到，货款已支付。

(5) 22日，从外地采购A材料1 100千克，材料已验收入库，发票未到，货款未付。

(6) 31日，本月22日材料的发票仍未到达，估计成本为118 800元。

(7) 本月生产产品领用A材料3 024 000元，车间一般耗用B材料39 200元。

要求：根据资料编制有关的会计分录，并计算“存货”账户的期末余额。

3. 安信公司存货的计价采用成本与可变现净值孰低法，其有关资料如下：

单位：万元

	2015年末	2016年末	2017年末
原始成本	60	75	84
可变现净值	70	72	80

要求：

(1) 确定各年末存货的价值。

(2) 采用备抵法编制各年计提存货跌价损失的会计分录。

六、讨论及网络题

请访问《上海证券报》网站，http://www.cnstock.com。

(1) 选取若干家上市公司年报，了解各自的存货计价方法，并且指出企业最常用的存货计价方法是哪一种。

(2) 一般公司的存货成本占流动资产的比例为多少？

(3) 了解公司的“存货跌价准备”计提情况。

自我测试答案

一、单项选择题

1. C	2. C	3. B	4. B	5. A	6. B
7. C	8. A	9. D	10. C	11. A	

二、多项选择题

1. AB	2. ABCD	3. ABD	4. AD	5. AB	6. BCD
7. ABCD	8. BD	9. ABC	10. ABC		

三、判断题

1. 错	2. 错	3. 错	4. 错	5. 错	6. 对
7. 错	8. 错	9. 对	10. 错		

四、简答题

1. 不同的存货计价方法的区别就在于确定本期发出存货成本和期末存货成本的不同，它主要影响财务报表中利润表的销售成本项目和资产负债表中的存货项目，进而影响企业的利润和资产的计价。

加权平均法和移动加权平均法是将本期内不同批次购入的成本与期初存货的成本平均化了，它不能反映存货现行成本的变化，也就是说，资产负债表中的期末存货成本和利润表中的销售成本都无法反映存货的现行成本的变化。

先进先出法下，利润表中的销售成本是最早购入存货的成本，而资产负债表中的存货成本是最近的采购成本。当采购价格呈上涨趋势时，销售成本就比实际要低，企业的利润就比其他存货计价方法所确定的利润高，即高估利润；反之，当采购价格呈下降趋势时，销售成本就比实际高，企业的利润就比其他存货计价方法所确定的利润低，即低估利润。但是，资产负债表中的存货成本与现行可变现净值是最接近的。

后进先出法与先进先出法的假设正好相反，利润表中的销售成本是最近购入的存货成本，资产负债表中的存货成本是最早购入的成本。当物价持续上涨时，后进先出法确定的销售成本比其他方法都要高，而利润是最低的，企业的税收负担可以减轻。在资产负债表中，由于存货成本是最早购入的成本，当生产经营了几年以后，存货成本就与现行成本相差甚远，成本被大大低估了。因此，当存货成本呈上升趋势时，后进先出法所确定的利润和期末存货成本都是最低的。

然而，应该注意的是，采用不同的存货计价方法得到了不同的利润，这并不意味着企业真的多盈利或少盈利。存货计价方法的不同只是影响成本在存货项目和销售成本项目之间的分配，对购买或制造存货的总成本并不产生影响，不考虑所得税因素，利润的差异只是一种账面的差异。

2. 成本与可变现净值孰低法在期末按两者中较低的金额确定存货成本，销售成本相对较高，期末计算的利润相对也偏低，这种做法符合谨慎原则。在市场经济条件下，及时确认可能存在的存货损失，有利于企业防范经营风险，提高市场竞争能力。但是，这种做法也有一定的局限性：第一，当可变现净值低于实际成本时，就采用可变现净值入账，违背了传统的存货实际成本计价原则；第二，当存货成本高于可变现净值时，存货按可变现净值计价，而当存货成本低于可变现净值时，存货按成本计价，这有悖于一贯性原则。

五、计算分析题

1. (1) 移动加权平均法下：

12 月 15 日的单位成本 $=\dfrac{1\,000\times400+1\,000\times420+2\,000\times410}{1\,000+1\,000+2\,000}=410$(元)

出售 1 800 件的成本 $=1\,800\times410=738\,000$(元)

12 月 31 日的单位成本 $=\dfrac{2\,200\times410+1\,000\times400}{2\,200+1\,000}=406.875$(元)

期末存货成本 $=3\,200\times406.875=1\,302\,000$(元)

(2) 先进先出法下：

销售成本 $=1\,000\times400+800\times420=736\,000$(元)

期末存货成本 $=200\times420+2\,000\times410+1\,000\times400=1\,304\,000$(元)

(3) 后进先出法下：

销售成本 $=1\,800\times410=738\,000$(元)

期末存货成本 $=1\,000\times400+1\,000\times420+200\times410+1\,000\times400=1\,302\,000$(元)

2. (1) 应编制会计分录如下：

① 借：在途物资	3 384 000	
贷：应付票据		3 384 000
② 借：原材料	3 384 000	
贷：在途物资		3 384 000
③ 借：原材料	1 280 000	
贷：银行存款		1 280 000
④ 借：在途物资	440 000	
贷：银行存款		440 000
⑤ 暂不编制分录。		
⑥ 借：原材料	118 800	
贷：应付账款		118 800

⑦ 借：生产成本　　3 024 000
　　制造费用　　39 200
　　贷：原材料　　3 063 200

(2)“存货”账户的期末余额= 500 000+3 384 000+1 280 000+440 000+118 800-3 063 200
=2 659 600(元)

3.(1) 2015 年末存货价值为 60 万元,2016 年末存货价值为 72 万元,2017 年末存货价值为 80 万元。

(2) ① 2015 年：无资产减值损失。

② 2016 年：

借：资产减值损失　　30 000
　　贷：存货跌价准备　　30 000

③ 2017 年：

借：资产减值损失　　10 000
　　贷：存货跌价准备　　10 000

六、讨论及网络题

略。

教材习题参考答案

习　题　一

应记入利华公司“存货”账户的内容是：(1)、(2)、(5)。

习　题　二

(1) 应编制会计分录如下：

① 借：原材料　　100 400
　　贷：应付账款　　100 400

② 当天不记账,月末发票还未到,按估计成本入账。

③ 借：应付账款　　100 400
　　贷：银行存款　　100 400

④ 借：原材料　　2 400
　　贷：在途物资　　2 400

⑤ 借：在途物资　　25 520
　　贷：银行存款　　25 520

⑥ 借：生产成本——A　　72 000
　　　　　　——B　　60 000
　　贷：原材料　　132 000

⑦ 6 月 10 日,发票未到的存货入账：

借：原材料　　24 000

　　贷：应付账款　　24 000

(2) 6月末的存货项目(包括原材料、在途物资、生产成本账户)余额＝(100 400＋2 400－132 000＋24 000)＋(25 520－2 400)＋132 000＝149 920(元)

习　题　三

(1) 用加权平均法计算得出的存货单位成本和有关数据见下表：

单位：元

存货情况			永续盘存制	定期盘存制
期初结存	200 件	单价 15 元	3 000	3 000
本期生产入库：				
① 5 日	1 000 件	单价 15 元	15 000	15 000
② 15 日	2 000 件	单价 18 元	36 000	36 000
③ 20 日	1 000 件	单价 17 元	17 000	17 000
小　计	4 000 件	16.90*	68 000	68 000
本期销售发出：				
① 10 日	800 件		13 520	
② 20 日	1 000 件		17 352.94*	
③ 28 日	1 500 件		26 029.41**	
小　计	3 300 件		55 382.35	58 325
期末结存	750 件(盘点数)		900×17.35＝15 617.65(元)	12 675

注：* 17 352.94 ＝ 17.35 × 1 000

　　** 26 029.41 ＝ 17.35 × 1 500

(2) ① 永续盘存制下：

销售毛利＝82 500－55 770＝26 730(元)

② 定期盘存制下：

销售毛利＝82 500－58 325＝24 175(元)

两种方法下的毛利差额＝26 730－24 175＝2 555(元)

两种方法下的销售成本差额＝55 770－58 325＝－2 555(元)

说明：永续盘存制下的销售毛利比定期盘存制下的销售毛利多2 555元，主要原因是永续盘存制下的销售成本比定期盘存制少2 555元，销售成本下降，利润相应增加。两种方法下的销售成本之所以存在差额，是由于定期盘存制下，期末盘点数与账存数之间的差额2 555元全部计入销售成本，而永续盘存制下是把这部分差额计入管理费用。

(3) 编制有关产品入库、发出及盘点盈亏的会计分录如下：

① 产品入库时：

借：库存商品　　68 000

　　贷：生产成本　　68 000

② 产品销售时：

永续盘存制下：

借：主营业务成本　　55 770

　　贷：库存商品　　55 770

定期盘存制下：

借：主营业务成本　　58 325

　　贷：库存商品　　58 325

③ 盘亏时：

借：待处理财产损溢——待处理流动资产损溢　　2 535

　　贷：库存商品　　2 535

习　题　四

(1) ① 加权平均法：

单位成本＝(15 000＋3 000×2.5＋4 000×2.6＋2 500×3.2＋6 000×2.8)÷(5 000＋3 000＋4 000＋2 500＋6 000)＝2.81(元)

发出存货成本＝99 000÷6×2.81＝46 365(元)

期末存货成本＝(5 000＋3 000＋4 000＋2 500＋6 000－16 500)×2.81
＝11 240(元)

② 先进先出法：

期末存货成本＝4 000×2.8＝11 200(元)

发出存货成本＝57 700－11 200＝46 500(元)

③ 后进先出法：

期末存货成本＝4 000×3＝12 000(元)

发出存货成本＝57 700－12 000＝45 700(元)

(2) 比较三种存货计价方法对应纳税所得额和现金流量的影响如下：

单位：元

	加权平均法	先进先出法	后进先出法
主营业务收入	99 000	99 000	99 000
主营业务成本	46 365	46 500	45 700
销售毛利	52 635	52 500	53 300
所得税(25%)	13 158.75	13 125	13 325
净现金流入	85 841.25	85 875	85 675

由于后进先出法下存货发出成本比先进先出法下存货发出成本低 800 元，所以，销售毛利多 800 元，所得税多交 200 元，影响现金多流出 200 元。

(3) 如果物价呈下降趋势，应该采用先进先出法，这样可以将成本高的存货先发出去，毛利降低，可以少交所得税，减少现金流出。

习　题　五

(1) 存货计价错误的影响表现为：期末存货成本少计，意味着销售成本的多计，本期利润降

低;期末存货成本多计,意味着销售成本的少计,本期利润增加。2015 年和 2017 年调整以后的利润表如下:

利 润 表

单位:元

项 目	2015 年	2017 年
销售净额	240 000	280 000
销售成本	139 200	170 800
销售毛利	100 800	109 200
销售毛利率	$\frac{100\ 800}{240\ 000}\times 100\% = 42\%$	$\frac{109\ 200}{280\ 000}\times 100\% = 39\%$

(2) 调整后该便利店 3 年的利润分别为 100 800 元、88 000 元和 109 200 元,销售毛利率分别为 42%、40%和 39%,因此,可以说该便利店的经营业绩基本保持平稳。

习 题 六

(1) ① 先进先出法:

期末存货成本 $=2\ 500\times 3.5+4\ 000\times 3=20\ 750$(元)

发出存货成本 $=(5\ 000\times 3.5+2\ 500\times 2.5+7\ 500\times 2.8+5\ 000\times 3+2\ 500\times 3.5)-20\ 750$
$=47\ 750$(元)

销售毛利 $=71\ 950-47\ 750=24\ 200$(元)

② 后进先出法:

期末存货成本 $=5\ 000\times 3.5+1\ 500\times 2.5=21\ 250$(元)

发出存货成本 $=68\ 500-21\ 250=47\ 250$(元)

销售毛利 $=71\ 950-47\ 250=24\ 700$(元)

(2) 采用先进先出法:

期末存货成本 $=4\ 000\times 3=12\ 000$(元)

销售成本 $=(5\ 000\times 3.5+2\ 500\times 2.5+7\ 500\times 2.8+5\ 000\times 3)-12\ 000=47\ 750$(元)

销售毛利 $=71\ 950-47\ 750=24\ 200$(元)

(3) ① 先进先出法:

期末存货成本 $=5\ 000\times 3.5+4\ 000\times 3=29\ 500$(元)

发出存货成本 $=5\ 000\times 3.5+2\ 500\times 2.5+7\ 500\times 2.8+5\ 000\times 3+5\ 000\times 3.5-29\ 500$
$=47\ 750$(元)

销售毛利 $=71\ 950-47\ 750=24\ 200$(元)

② 后进先出法:

期末存货成本 $=5\ 000\times 3.5+2\ 500\times 2.5+1\ 500\times 2.8=27\ 950$(元)

发出存货成本 $=77\ 250-27\ 950=49\ 300$(元)

销售毛利 $=71\ 950-49\ 300=22\ 650$(元)

先进先出法下,(3)与(1)相比,毛利相差 0 元(24 200—24 200)。

后进先出法下,(3)与(1)相比,毛利相差 2 050 元(22 650—24 700)。

习 题 七

	2015 年	2016 年	2017 年
直接转销法	借：资产减值损失 10 000 贷：存货 10 000	—	—
备抵法	借：资产减值损失 10 000 贷：存货跌价准备 10 000	借：存货跌价准备 10 000 贷：资产减值损失 10 000	

习 题 八

本题的思路是：期末存货成本多计，则销售成本少计，毛利多计；反之，期末存货成本少计，则销售成本多计，毛利少计。

单位：元

与先进先出法相比	期末存货成本差额	毛 利
后进先出法：		
2015 年	176 000－148 000＝28 000	84 000－28 000＝56 000
2016 年	180 000－150 000＝30 000	60 000－30 000＝30 000
2017 年	170 000－180 000＝－10 000	40 000－(－10 000)＝50 000
合 计		136 000
加权平均法：		
2015 年	176 000－152 000＝24 000	84 000－24 000＝60 000
2016 年	180 000－160 000＝20 000	60 000－20 000＝40 000
2017 年	170 000－172 000＝－2 000	40 000－(－2 000)＝42 000
合 计		142 000
成本与可变现净值孰低法：		
2015 年	176 000－176 000＝0	84 000－0＝84 000
2016 年	180 000－180 000＝0	60 000－0＝60 000
2017 年	170 000－164 000＝6 000	40 000－6 000＝34 000
合 计		178 000

习 题 九

单位成本＝(30 000＋90 000)/(40 000＋140 000)＝0.67(元)

销售成本＝80 000×0.67＝53 600(元)

库存存货＝120 000－53 600＝66 400(元)

习 题 十

$$估计毛利率=\frac{92\,000+117\,000+97\,000}{(408\,000+92\,000)+(403\,000+117\,000)+(413\,000+97\,000)}\times100\%=20\%$$

销售成本＝(112 000－2 000)－(112 000－2 000)×20％＝88 000(元)

库存存货＝20 000＋78 000－3 000＋5 000－88 000＝12 000(元)(损失成本)

案　例

略。

第六章　金融资产与投资

全章脉络

疑难解答
自我测试
自我测试答案
教材习题参考答案

疑 难 解 答

一、金融资产的分类

金融资产的分类如图 6－1 所示。

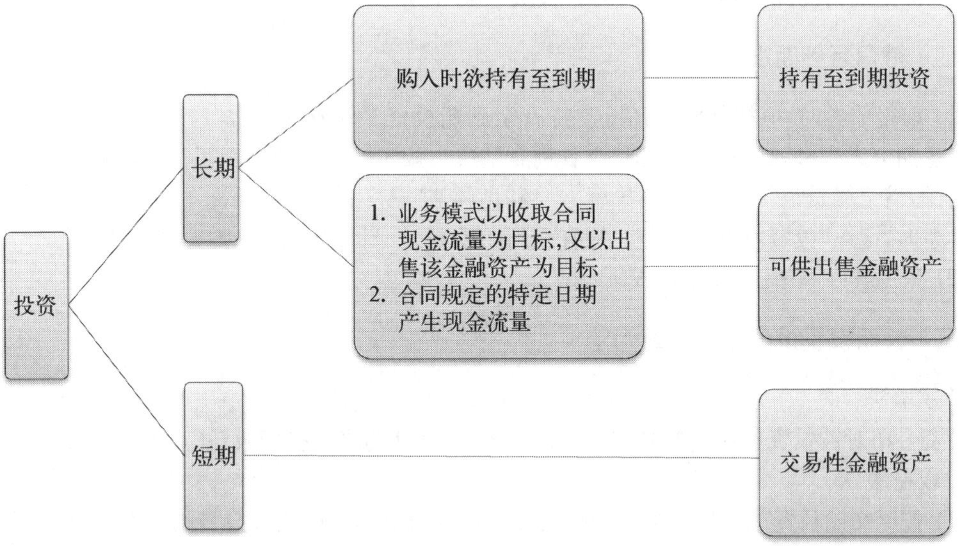

图 6－1

二、投资的入账价值和期末计量

投资的入账价值和期末计量归纳见表 6－1。

表 6－1

情　况	入 账 价 值	期末计量
交易性金融资产	(1) 买价; (2) 扣除已宣告发放而未领取的现金股利和已到付息期但尚未领取的债券利息。	公允价值
可供出售类金融资产 持有至到期投资	(1) 买价; (2) 交易费用。	公允价值 摊余成本
长期股权投资	(1) 以支付现金方式取得买价、税金、手续费等有关费用,扣除已宣告发放而未领取的现金股利; (2) 不包括评估、审计、咨询等费用。	摊余成本

交易性金融资产和可供出售类金融资产的期末均按公允价值(即证券的市价)计价:

(1) 交易类证券的公允价值变动,记入“公允价值变动损益”账户。

(2) 可供出售类证券的公允价值变动,先记入“其他综合收益”账户,在以后出售时再调整转入

“投资收益”账户。

三、持有期间的投资收益

(一) 交易性金融资产和可供出售类金融资产

(1) 取得时已记入应收项目的现金股利或利息,实际收到时冲减应收项目。

(2) 除上述情况外,实际收到时作为“投资收益”记账。

(二) 持有至到期投资

(1) 取得债券时,应按其面值,借记“持有至到期投资——成本”账户;按支付的价款中包含的已到付息期但尚未领取的利息,借记“应收利息”账户;按实际支付的金额,贷记“银行存款”等账户;按其差额,借记或贷记“持有至到期投资——利息调整”账户。

计息时,记入“投资收益”并调整“持有至到期投资——利息调整”账户。

(2) 采用实际利率法,按摊余成本计算。

(三) 长期股权投资后续计量方法

1. 成本法

投资公司对被投资单位分配的利润或现金股利,确认为当期投资收益。

2. 权益法

(1) 按照初始投资或追加投资时的投资成本记录或增加长期股权投资的账面价值。

(2) 被投资企业损益类业务引起的所有者权益的变动,投资企业应按所持股权比例相应调整长期股权投资的账面价值,并确认为当期投资收益(或投资损失)。

(3) 若被投资企业因资本性业务引起所有者权益的变动,投资企业应按所持股权比例计算应享有的份额,调整长期股权投资的账面价值和其他综合收益。

(4) 若被投资企业宣告分派利润或现金股利,投资企业按持股比例计算的应分得的利润或现金股利,冲减长期股权投资的账面价值。

股权投资会计处理要点归纳如图 6-2 所示。

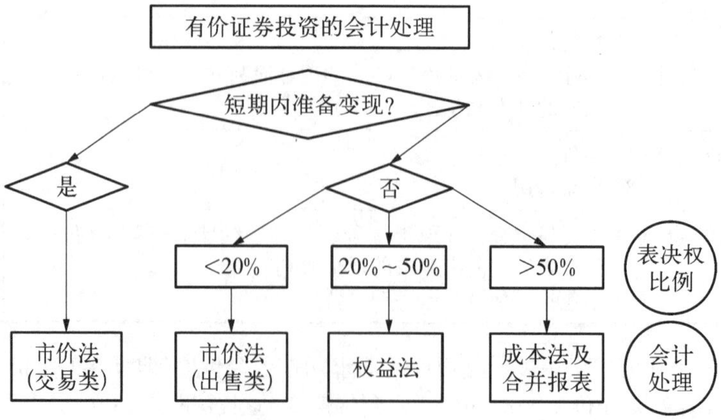

图 6-2

自我测试

一、单项选择题

1. 下列项目中，应计入交易性金融资产取得成本的是（　　）。

A. 支付的买价　　B. 支付价款中包含的应收股利

C. 支付的手续费　　D. 支付的印花税

2. 按照我国新准则规定，交易性金融资产期末计价应采用（　　）。

A. 成本法　　B. 市价法

C. 成本与市价孰低法　　D. 权益法

3. 可供出售金融资产（　　）。

A. 是指存在活跃市场、能公开交易，但在到期前不能出售的证券

B. 是指存在活跃市场，且公司管理部门准备在短期出售盈利的证券

C. 总是一项短期投资

D. 在年末按公允价值反映

4. 在采用权益法核算长期股权投资的情况下，投资企业收到被投资企业宣告分配的现金股利或利润时，应当（　　）。

A. 按比例增加投资收益　　B. 按比例增加资本公积

C. 按比例增加营业外收入　　D. 按比例减少长期股权投资

5. 交易性金融资产应当以公允价值进行后续计量，公允价值变动记入（　　）账户。

A. "资本公积"　　B. "公允价值变动损益"

C. "投资收益"　　D. "待处理财产损溢"

6. 在采用成本法核算长期股权投资的情况下，投资企业收到被投资企业宣告分配的现金股利或利润时，应当（　　）。

A. 按比例增加投资收益　　B. 按比例增加资本公积

C. 按比例增加营业外收入　　D. 按比例减少长期股权投资

7. 企业持有交易性金融资产所收到的现金股利或利息（不含已记入"应收股利"或"应收利息"账户部分），应该（　　）。

A. 冲减交易性金融资产的账面价值　　B. 计入投资收益

C. 在备查簿中登记　　D. 计入其他业务收入

8. 可供出售金融资产应当以公允价值进行后续计量，公允价值变动先记入"其他综合收益"账户，在该金融资产出售时，再调整转入（　　）账户。

A. "财务费用"　　B. "公允价值变动损益"

C. "投资收益"　　D. "营业外收入"或"营业外支出"

9. 甲保险公司年初拥有乙公司10%发行在外的股份，本年度又增持10%的股份，该股份存在活跃的市场，公司对被投资公司不具有最大影响，且短期内不准备变现。甲公司应将此项投资记入（　　）账户。

A. "交易性金融资产"　　B. "可供出售金融资产"

C. "持有至到期投资"　　D. "长期股权投资"

10. 投资企业对被投资单位具有重大影响的权益性投资,即对联营企业投资。重大影响是指投资企业(　　)。

A. 对一个企业的财务和经营政策有参与决策的权力

B. 对一个企业的财务和经营政策有参与决策的权力,但并不能够控制或者与其他方一起共同控制这些政策的制定

C. 投资企业能够控制或者与其他方一起共同控制重大政策的制定

D. 重大影响即为共同控制

11. 下列关于持有至到期投资的说法,正确的是(　　)。

A. 交易费用不计入初始入账价值

B. 处置时售价与账面价值的差额记入“利息调整”账户

C. 后续计量采用实际利率法

D. 取得的利息要计入投资收益

12. 甲企业 2018 年 1 月 1 日购入面值 2 000 万元的债券,购入时实际支付价款 2 178 万元,支付价款中包含已宣告但尚未发放的 50 万元利息。另支付相关交易费用 10 万元。甲企业将其作为持有至到期投资核算,则其入账价值为(　　)万元。

A. 2 000　　B. 2 138　　C. 2 178　　D. 2 188

二、多项选择题

1. 按照长期股权投资准则核算的权益性投资中,不应当采用成本法核算的是(　　)。

A. 企业持有的对子公司的投资

B. 对被投资单位不具有共同控制或重大影响,且在活跃市场中没有报价、公允价值不能可靠计量的长期股权投资

C. 投资企业对被投资企业无共同控制,但在活跃市场中有报价、公允价值可以可靠计量的长期股权投资

D. 被投资企业对投资企业无重大影响

2. 投资企业与其他合营方一起对被投资单位实施共同控制是指按照合同约定对某项经济活动共有的控制。实务中,在确定是否构成共同控制时,一般可以考虑以下情况中的(　　)作为确定基础。

A. 任何一个合营方均不能单独控制合营企业的生产经营活动

B. 任何一个合营方均能单独控制合营企业的生产经营活动

C. 涉及合营企业基本经营活动的决策需要各合营方一致同意

D. 涉及合营企业基本经营活动的决策只要合营一方同意即可

3. 长期股权投资不采用成本法核算,其适用范围包括(　　)。

A. 企业对其他单位的投资占该单位有表决权资本总额 50%以上

B. 企业对其他单位的投资占该单位有表决权资本总额 30%,有共同控制

C. 企业对其他单位的投资占该单位有表决权资本总额 20%以下

D. 企业对其他单位的投资占该单位有表决权资本总额 25%,具有重大影响

4. 下列项目中,不应作为投资企业当期投资收益确认的有(　　)。

A. 收到交易性金融资产购买价款中包含的现金股利

B. 收到交易性金融资产持有期间所获得的现金股利或利息(除取得时已记入应收项目的现金股利或利息外)

C. 投资企业采用权益法核算下，收到的现金股利
D. 被投资企业宣告发放的股票股利
5. 长期股权投资成本包括(　　)。
A. 买价　　B. 印花税
C. 手续费　　D. 被投资企业已宣告而尚未发放的现金股利
6. 采用权益法核算的企业，下列事项中的(　　)会引起"长期股权投资"账面价值发生增减变化。
A. 被投资单位当年实现净利润　　B. 被投资单位当年发生净亏损
C. 被投资单位发放股票股利　　D. 投资单位接受捐赠
7. 长期股权投资的核算方法包括(　　)。
A. 直线法　　B. 实际利率法　　C. 成本法　　D. 权益法
8. 下列项目中的(　　)可作为短期投资的判别标准。
A. 持有时间不准备超过1年的投资
B. 能够在公开市场上交易且有明确的市价
C. 持有投资作为剩余资金的存放形式
D. 保持流动性和获利性
9. 长期股权投资成本包括(　　)。
A. 取得长期股权投资实际支付的买价
B. 相关税金
C. 为取得长期股权投资而发生的评估、审计及咨询费用
D. 已宣告但尚未领取的现金股利
10. 可供出售金融资产是指(　　)。
A. 存在活跃市场、能公开交易，但在到期前不出售的证券
B. 存在活跃市场，但公司管理部门准备在短期出售盈利的证券
C. 公允价值与账面价值的差额列为其他综合收益
D. 在年末按公允价值反映
11. 持有至到期投资的初始入账价值包括下列哪几项：(　　)。
A. 支付的证券款　　B. 支付的交易费用　　C. 应收利息　　D. 投资收益
12. 持有至到期投资后续计量期间，以(　　)确认利息收入，计入投资收益。
A. 票面利率　　B. 实际利率　　C. 摊余成本　　D. 票面价值

三、判断题

1. 按照投资性质，可分为短期投资和长期投资。(　　)
2. 可供出售金融资产持有期间所获得的现金股利或利息收入，应记入"投资收益"账户。(　　)
3. 如果甲公司拥有乙公司55%的股份，而且乙公司的股份存在活跃的交易市场，那么，甲公司对该股权投资既可以采用权益法，也可以采用市价法。(　　)
4. 企业取得交易性金融资产时，支付的价款中包含已宣告但尚未发放的现金股利或已到付息期但尚未领取的债券利息，应当构成该项资产的初始入账价值。(　　)
5. 只要是公开市场有报价的投资，企业都应按市价法进行会计处理。(　　)
6. 股票股利不能作为一种收益加以确认，但应在备查账簿中登记所增加的股数。(　　)

7. 企业出售可供出售金融资产时,除了应将所收到的处置收入与该项投资的账面价值的差额记入“投资收益”账户,还需将相应部分的未实现损益转入“投资收益”账户。 ( )

8. 在采用权益法核算长期股权投资的情况下,投资企业应于被投资企业宣告分派利润或现金股利时,按持有表决权资本比例计算应分得的利润或现金股利,确认投资收益,同时,对“长期股权投资”的账面价值进行调整。 ( )

9. 以市价计价的证券投资,期末公允价值变动都应计入当期损益。 ( )

10. 企业采用成本法核算长期股权投资,由被投资单位实现的利润分配得来的利润或现金股利,应计入当期投资收益。 ( )

11. 持有至到期投资初始计量时,交易费用计入投资收益。 ( )

12. 持有至到期投资处置时,售价与账面价值的差额计入投资收益。 ( )

四、简答题

1. 请说明交易性金融资产和可供出售类金融资产的期末计价方法。
2. 试说明长期股权投资的记账方法及其优缺点和适用范围。

五、计算分析题

1. 甲公司 2017 年 3 月 1 日购入 S 公司 12 万股股票作为交易性金融资产,每股价格为 4.8 元。5 月 15 日,收到 S 公司发放的现金股利 24 000 元,股票股利 1.2 万股,每股面值为 1 元。2017 年 12 月 31 日,该股票的市价为每股 4.5 元。2018 年 2 月 5 日,甲公司将该股票全部出售,售价为每股 4.8 元。假如不考虑相关税费。

要求:

(1) 计算甲公司收到分派的股利后,所持有的 S 公司股票的每股成本(列出算式)。

(2) 为甲公司编制 2017 年 3 月 1 日到 2018 年 2 月 5 日有关的会计分录。

(3) 计算甲公司该股票影响利润总额的金额(列出算式)。

2. 甲公司 2017 年 3 月 1 日购入 S 公司 12 万股股票作为可供出售金融资产,每股价格为 4.8 元,购入时该股票已宣告分派每股 0.2 元现金股利。3 月 15 日,收到现金股利。2017 年 12 月 31 日,该股票的市价为每股 5 元。2018 年 2 月 5 日,甲公司将该股票全部出售,售价为每股 4.9 元。假如不考虑相关税费。

要求:

(1) 为甲公司编制 2017 年 3 月 1 日到 2018 年 2 月 5 日有关的会计分录。

(2) 计算甲公司该股票影响利润总额的金额(列出算式)。

3. 华虹公司于 2017 年初购买 A 公司普通股股票 300 万股,每股面值 1 元,支付经纪人手续费 7 500 元。A 公司共发行普通股股票 750 万股,以面值发行。2017 年,A 公司实现净利润 1 500 000 元,当年按每股面值的 5%发放现金股利,华虹公司收到股利 150 000 元。2018 年,A 公司发生亏损 200 000 元。

要求:根据上述资料,分别采用成本法和权益法为华虹公司编制有关的会计分录。

4. 达能公司由甲公司和乙公司共同投资组建。根据投资合同的规定,达能公司注册资本为 1 800 万元。甲公司投入厂房一幢,该厂房原值为 2 070 万元,累计折旧为 1 170 万元,双方协商按净值入账;另投入现金 180 万元。乙公司投入无形资产一项,双方协商作价为 144 万元;另投入现金576万元。达能公司已将甲公司和乙公司投入的实物和货币资金按确认数作为实收资本入账。

2017～2018年达能公司的有关情况如下：(1) 2017年发生亏损25.2万元；(2) 2018实现净利润162万元。

要求：

(1) 计算甲公司和乙公司的投资比例；

(2) 假定乙公司采用权益法核算长期股权投资，计算2017～2018年乙公司对达能公司各年的投资收益，以及各年末“长期股权投资”的账面余额。

六、讨论及网络题

1. 佳能设备制造公司是一家年销售额超过10亿元的重型设备制造企业，从2018年1月1日开始，佳能设备制造公司有了购买南城工程公司目前已发行普通股的意向。南城工程公司是一家提供全面服务的工程企业，是这一行业中的一家大型企业，现由它的创建者和一些老员工牢牢控制。南城工程公司有持续的盈利记录。过去，他们的绝大部分利润每年都作为股利分掉了。

佳能设备制造公司曾对购买这样一家专业公司感到迟疑，因为佳能设备制造公司的经历与制造有关，而与工程服务的相关度不高。然而，出于以下两方面的原因，它决定购买南城工程公司：

第一，通过考察南城工程公司为某些工业企业所做的咨询策划工作，认为南城工程公司可以增加佳能设备制造公司各种产品的销售量。

第二，佳能设备制造公司对自己工程部门的业绩感到不满，而且相信，若它能从南城工程公司得到工程服务项目，其经营情况将有所改观。此后，这两点理由都被证明是正确的。

对于南城工程公司，佳能设备制造公司最初考虑了三种不同的投资方案：

(1) 投资2 000万元以获得南城工程公司15%的股权，这样，它在南城工程公司的运营中将获得有限的发言权，但这种发言权对公司的运营和它所作出的价格决策几乎没有影响力。

(2) 投资4 000万元以获得南城工程公司30%的股权，这可以对南城工程公司的运营产生实质影响，但不能控制它。

(3) 最后，佳能设备制造公司投资1亿元(用现金和有价证券)购买南城工程公司80%的股权。

在投资前，两家公司的资产负债表和利润表如表6-2和表6-3所示。

表6-2 **资产负债表**

2017年12月31日 单位：千万元

	佳能设备制造公司	南城工程公司
资　产		
现金和交易性金融资产	112 000	10 000
应收账款	130 000	226 000
存货	272 000	36 000
固定资产净值	400 000	100 000
资产总计	914 000	372 000
负债和所有者权益		
应付账款	162 000	46 000

(续表)

	佳能设备制造公司	南城工程公司
其他流动负债	50 000	90 000
长期负债	104 000	100 000
股本	200 000	40 000
未分配利润	398 000	96 000
负债和所有者权益总计	914 000	372 000

表 6-3 **利 润 表**

2017 年 单位：千万元

	佳能设备制造公司	南城工程公司
营业收入	1 050 000	558 000
营业成本	480 000	224 000
毛利	570 000	334 000
期间费用	365 000	184 000
税前利润	205 000	150 000
减：所得税	80 000	72 000
净利润	125 000	78 000
分配现金股利	60 000	32 000

试根据上述资料,分析和讨论以下问题：

(1) 对上述三种不同的投资方案,阐述你的看法。

(2) 分别三种情况为佳能设备制造公司编制投资南城工程公司后的资产负债表。

(3) 请说明在不同选择下,采用成本法或权益法处理对公司财务状况和经营成果的影响。

自我测试答案

一、单项选择题

1. A　2. B　3. D　4. D　5. B　6. A
7. B　8. C　9. B　10. B　11. C　12. B

二、多项选择题

1. BCD　2. AC　3. BD　4. ACD　5. ABC　6. AB
7. CD　8. ABCD　9. AB　10. CD　11. AB　12. BC

三、判断题

1. 错	2. 对	3. 错	4. 错	5. 错	6. 对
7. 对	8. 错	9. 错	10. 对	11. 错	12. 对

四、简答题

1. 根据我国新准则的规定，交易性金融资产和可供出售金融资产期末按公允价值(即证券的市价)计价，其中，交易性金融资产的公允价值变动记入“公允价值变动损益”账户，而可供出售类证券的公允价值变动先通过“其他综合收益”账户反映，在以后出售时再调整记入“投资收益”账户。

2. 长期股权投资的会计处理，具体记账方法有两种，即按成本法记账和按权益法记账。

在成本法下，长期股权投资以取得股权时的成本计价，其后，除了投资企业追加投资、收回投资等情形外，长期股权投资的账面价值保持不变。

成本法的优点包括：第一，会计处理简便；第二，能反映企业实际获得的利润或现金股利的情况，而且获得的利润或现金股利与其流入的现金在时间上基本吻合；第三，与法律上企业法人的概念相符；第四，成本法所确认的投资收益，与我国税法上确认应纳税所得额时对投资收益的确认时间是一致的。

成本法的局限性表现为：第一，不能完整反映投资企业在被投资单位中的权益；第二，投资企业可以凭借其控制和影响力，操纵被投资单位的利润或股利的分配，其投资收益未必能真正反映实际的投资利益。

长期股权投资在下列情况下采用成本法较为适宜：

(1) 投资企业对被投资单位无控制、无共同控制且无重大影响。

(2) 改变意图，不准备长期持有被投资单位的股份。

(3) 被投资单位在严格的限制条件下经营，其向投资企业转移资金的能力受到限制。

所谓权益法，是指长期股权投资的账面价值，以投资企业在被投资单位权益中占有的实际份额进行反映的一种会计方法。

权益法的优点包括：第一，反映了投资企业拥有被投资单位所有者权益份额的经济现实；第二，投资收益反映了投资企业经济意义上的投资利益，体现了实质重于形式的原则。

权益法的局限性表现为：第一，与法律上的企业法人的概念相悖；第二，在权益法下，投资收益的实现与现金流入的时间不相吻合；第三，会计处理比较复杂。

通常，当投资企业对被投资企业具有控制、共同控制或重大影响时，长期股权投资应采用权益法核算。但鉴于国际会计准则对子公司投资采用成本法，以及对权益法局限性的考虑，财政部《企业会计准则第 2 号——长期股权投资》规定，投资企业对被其他单位实施控制的长期股权投资采用成本法核算；共同控制或重大影响的长期股权投资，应当采用权益法核算。

五、计算分析题

1. (1) 分派股利后，甲公司所持有的 S 公司股票的每股成本＝120 000×4.8/(120 000＋12 000)＝4.36(元/股)(注：保留两位小数)。

(2) 有关会计分录为：

2017 年 3 月 1 日,甲公司购入股票时:

借:交易性金融资产 576 000

　贷:银行存款 576 000

5 月 15 日,甲公司收到现金股利时:

借:银行存款 24 000

　贷:投资收益 24 000

(收到股票股利不需做会计分录,只要在备查簿中登记即可。)

2017 年 12 月 31 日:

借:交易性金融资产 18 000

　贷:公允价值变动损益 18 000

2018 年 2 月 5 日出售时:

借:银行存款 633 600

　贷:交易性金融资产 594 000

　　投资收益 39 600

(3) 甲公司该股票总的投资收益 =24 000+18 000+39 600=81 600(元)

2.(1) 编制有关会计分录如下:

2017 年 3 月 1 日,甲公司购入股票时:

借:可供出售金融资产 552 000

　应收股利 24 000

　贷:银行存款 576 000

3 月 15 日,甲公司收到现金股利时:

借:银行存款 24 000

　贷:应收股利 24 000

2017 年 12 月 31 日:

借:可供出售金融资产 48 000

　贷:其他综合收益 48 000

2018 年 2 月 5 日出售时:

借:银行存款 588 000

　投资收益 12 000

　贷:可供出售金融资产 600 000

借:其他综合收益 48 000

　贷:投资收益 48 000

(2) 甲公司该股票总的投资收益 =48 000−12 000=36 000(元)

3.(1) 采用成本法:

① 借:长期股权投资 3 007 500

　　贷:银行存款 3 007 500

② 借:银行存款 150 000

　　贷:投资收益 150 000

(2) 采用权益法:

① 借:长期股权投资 3 007 500

　　贷:银行存款 3 007 500

② 借：长期股权投资　600 000
　　　贷：投资收益　600 000
③ 借：银行存款　150 000
　　　贷：长期股权投资　150 000
④ 借：投资收益　80 000
　　　贷：长期股权投资　80 000

4.(1) 甲公司的投资比例＝(900＋180)/1 800×100%＝60%
　　乙公司的投资比例＝(144＋576)/1 800×100%＝40%

(2) ① 2017 年：

投资收益＝－25.2×40%＝－10.08(万元)

长期股权投资＝720－10.08＝709.92(万元)

② 2018 年：

投资收益＝162×40%＝64.8(万元)

长期股权投资＝709.92＋64.8＝774.72(万元)

六、讨论及网络题

略。

教材习题参考答案

习　题　一

2016 年 9 月 1 日，购入债券时：

借：交易性金融资产——黄河公司债券　202 000
　　投资收益　612
　　应收利息　2 000
　　贷：银行存款　204 612

2016 年 11 月 2 日，出售 1 000 张债券时：

借：银行存款　104 000
　　贷：交易性金融资产——黄河公司债券　101 000
　　　　投资收益　2 000
　　　　应收利息　1 000

2017 年 6 月 30 日，收到利息时：

借：银行存款　6 000
　　贷：投资收益　5 000
　　　　应收利息　1 000

2017 年 7 月 3 日，出售 1 000 张债券时：

借：银行存款　102 000
　　贷：交易性金融资产——黄河公司债券　101 000

投资收益		1 000

习　题　二

2017 年 2 月 10 日，购入股票时：

借：交易性金融资产——德州股份公司股票	95 000	
投资收益	800	
应收股利——德州股份公司股票	5 000	
贷：银行存款		100 800

2017 年 3 月 5 日，收到现金股利时：

借：银行存款	5 000	
贷：应收股利——德州股份公司股票		5 000

2017 年 7 月 5 日，出售股票时：

借：银行存款	109 100	
贷：交易性金融资产——德州股份公司股票		95 000
投资收益		14 100

习　题　三

2015 年 1 月 1 日，购入债券时：

借：持有至到期投资——成本	1 250	
贷：银行存款		1 241
持有至到期投资——利息调整		9

2015 年 12 月 31 日，确认利息收入等时：

借：应收利息 (1 250×4.72%)	59	
持有至到期投资——利息调整	3	
贷：投资收益(1 241×5%)		62
借：银行存款	59	
贷：应收利息		59

2016 年 12 月 31 日，确认利息收入等时：

借：应收利息(1 250×4.72%)	59	
持有至到期投资——利息调整	3	
贷：投资收益[(1 241+3)×5%]		62
借：银行存款	59	
贷：应收利息		59

2017 年 12 月 31 日，确认利息收入、收到本金等时：

借：应收利息(1 250×4.72%)	59	
持有至到期投资——利息调整	3	
贷：投资收益[(1 241+3+3)×5%]		62
借：银行存款	59	
贷：应收利息		59
借：银行存款等	1 250	
贷：持有至到期投资——成本		1 250

习　题　四

(1) 四家公司2017年度由于市价变化所引起的投资价值变化的计算结果如下：

单位：元

	甲公司	乙公司	丙公司	丁公司
2016年末	1 155 000	646 000	1 149 000	380 000
2017年末	1 167 000	654 000	1 115 000	396 000
投资价值的变化	+12 000	+8 000	−34 000	+16 000

(2) 四家公司2017年度由于市价变化所引起的对当年净利润影响的计算结果如下：

交易性金融资产：

单位：元

	甲公司	乙公司	丙公司	丁公司
成本	960 000	586 000	774 000	252 000
市价	984 000	576 000	750 000	264 000
对净利润的影响	+24 000	−10 000	−24 000	+12 000

(3) (1)与(2)的计算结果不一致，因为只有交易性金融资产的市价变化对当年净利润有影响。

习　题　五

(1)

单位：元

	中信公司		光大公司	
	资产负债表余额	对利润的影响	资产负债表余额	对利润的影响
交易类证券	1 500 000	+300 000	1 500 000	+300 000
可供出售类证券	1 500 000	—	1 500 000	+300 000

(2) 略。

习　题　六

(1) 资料(1)～(7)在该公司2017年12月31日资产负债表上的分类和相应的会计处理及其理由如下：

资料(1)属于长期股权投资，采用权益法，原因是有重大影响。

资料(2)属于长期股权投资，采用成本法，原因是有控制权。

资料(3)属于长期股权投资，采用成本法，原因是不具有重大影响，没有公开交易。

资料(4)属于长期股权投资，采用权益法，原因是有重大影响。

资料(5)属于可供出售类金融资产，采用市价法，原因是不具有重大影响，但长期持有，有市价。

资料(6)属于长期股权投资，采用权益法，原因是有重大影响。

资料(7)属于交易性金融资产,采用市价法,原因是短期持有。

(2) 略。

(3) 属于可供出售金融资产,按照成本法计价。

习 题 七

(1) 按成本法。

① 2017年初,购入股票时:

借:长期股权投资——星火公司　452 700

　　贷:银行存款　452 700

② 2017年2月5日,星火公司宣告派发现金时,红星公司计算应收股利为45 000元,分录如下:

借:应收股利——星火公司　45 000

　　贷:投资收益　45 000

③ 2017年3月5日,实际收到现金股利时:

借:银行存款　45 000

　　贷:应收股利——星火公司　45 000

(2) 按权益法。

① 2017年初,购入股票时:

借:长期股权投资——星火公司　905 400

　　贷:银行存款　905 400

② 2017年2月5日,星火公司宣告发放现金股利时:

借:应收股利——星火公司　90 000

　　贷:长期股权投资——星火公司　90 000

③ 2017年3月5日,红星公司收到现金股利时:

借:银行存款　90 000

　　贷:应收股利——星火公司　90 000

④ 2017年末,星火公司报告亏损时,红星公司确认应分担的份额为45 000元,分录如下:

借:投资收益　45 000

　　贷:长期股权投资——星火公司　45 000

2017年末,"长期股权投资——星火公司"账户的账面余额=905 400－90 000－45 000

=770 400(元)

习 题 八

(1) 2016年4月1日:

① 投资时爱华公司所有者权益的份额=450 000+50 000+200 000+50 000－50 000+50 000

=750 000(元)

② 建国公司应享有爱华公司所有者权益的份额=750 000×20%=150 000(元)

③ 投资成本与应享有爱华公司所有者权益的份额的差额=160 000－150 000=10 000(元)

④ 编制会计分录如下:

借:长期股权投资——爱华公司　160 000

　　贷:银行存款　160 000

每年年末调整=10 000÷10=1 000(元)

借：投资收益　　1 000
　　贷：长期股权投资——爱华公司　　1 000

(2) 2016 年 12 月 31 日，爱华公司报告获利，建国公司应享有的份额为 30 000 元，分录如下：

借：长期股权投资——爱华公司　　30 000
　　贷：投资收益——股权投资收益　　30 000

(3) 2017 年 4 月 7 日，收到爱华公司分配的利润时：

借：银行存款　　10 000
　　贷：长期股权投资——爱华公司　　10 000

(4) 2018 年收回投资时：

借：银行存款　　200 000
　　贷：长期股权投资——爱华公司　　178 000
　　　　投资收益　　22 000

案　例

略。

第七章　固定资产

全章脉络

疑难解答
自我测试
自我测试答案
教材习题参考答案

疑难解答

一、固定资产的价值构成

固定资产有各种来源，不同来源固定资产的原价所包含的内容有所不同。

主要取得方式	价值构成
1. 外购	(1) 买价、包装费、运输费、装卸费、保险费； (2) 安装费用(若需要安装)； (3) 关税及其他税额(进口)。
2. 自行建造	(1) 建造过程中所发生的实际成本； (2) 固定资产在交付使用之前发生的借款利息和有关费用(若通过长期负债筹资建造)。
3. 投资者投资转入	投资各方确认的价值。
4. 融资租入	租赁开始日租赁资产的公允价值与最低租赁付款额的现值两者中较低者。
5. 改建、扩建	原固定资产账面价值加上改、扩建过程中增加的支出，减去改、扩建过程中发生的变价收入。
6. 接受捐赠	评估确认的价值。
7. 非货币交易取得	1. 具有商业实质的，按换出资产的公允价值加相关税费，作为换入资产的入账价值。 2. 不具有商业实质的，按换出资产的账面价值加上应支付的相关税费，作为换入资产的入账价值。
8. 盘盈	按同类或类似固定资产的市场价格，减去按该项资产的新旧程度估计的价值损耗后的余额。

二、固定资产折旧

根据收入与费用配比的原则，固定资产的价值随其使用将逐步分摊转入产品成本或期间费用。由于损耗分摊而计入成本、费用的固定资产价值，称为折旧。

1. 计提折旧的范围

(1) 房屋、建筑物；

(2) 机器设备、仪器仪表、运输设备、工具器具；

(3) 季节性停用或大修理停用的设备；

(4) 经营租赁方式租出固定资产；

(5) 融资租入固定资产。

2. 不计提折旧的固定资产

(1) 经营租赁方式租入固定资产；

(2) 建筑工程达到预定可使用状态前的固定资产；
(3) 破产、关停企业的固定资产；
(4) 作为固定资产的土地(已经估价单独入账)。
(5) 已提足折旧继续使用的固定资产；
(6) 未提足折旧提前报废的固定资产。

3. 计算折旧的方法

(1) 年限平均法(又称使用年限法和直线法)。

$$固定资产年折旧额=\frac{固定资产原价-预计净残值}{预计折旧年限}$$

$$固定资产月折旧额=\frac{固定资产年折旧额}{12}$$

$$固定资产年折旧率=\frac{固定资产年折旧额}{固定资产原价}\times 100\%$$

(2) 工作量法(又称作业量法)。

$$单位工作量折旧额=\frac{固定资产原价-预计净残值}{固定资产预计总工作量}$$

$$各期折旧额=单位工作量折旧额\times 各期实际工作量$$

(3) 年数总和法(又称年限总和法)。

$$折旧率=\frac{预计使用年限-已使用年限}{预计使用年限\times(预计使用年限+1)\div 2}\times 100\%$$

$$年折旧额=(固定资产原价-预计净残值)\times 年折旧率$$

(4) 双倍余额递减法(又称双重余额递减法)。

$$年折旧率=\frac{2}{预计使用年限}\times 100\%(不考虑估计净残值)$$

$$年折旧额=各期期初固定资产账面价值\times 年折旧率$$

说明：在该固定资产折旧年限的最后两年，按扣除预计净残值后的账面价值平均分摊。

(5) 简化方法(实务中)。

$$\begin{matrix}固定资产\\月折旧额\end{matrix}=\begin{matrix}上月计提的\\固定资产折旧额\end{matrix}+\begin{matrix}上月增加固定资产\\应计提折旧额\end{matrix}-\begin{matrix}上月减少固定资产\\应计提折旧额\end{matrix}$$

三、固定资产的减少

1. 固定资产报废
   固定资产毁损 } 通过“固定资产清理”账户核算
   固定资产出售
2. 固定资产盘亏——通过“待处理财产损溢”账户核算
3. 固定资产清理后的净损益
   固定资产盘盈、盘亏净损益 } 结转至“营业外收入”或“营业外支出” 账户

自我测试

一、单项选择题

1. 某企业对厂房进行改、扩建，该厂房的原价为 520 000 元，已提折旧 260 000 元。在改、扩建中，领用材料 91 260 元，应负担工程人员工资 52 000 元。拆除部分的变价收入为 58 500 元。改、扩建后，厂房的原价为（　　）元。

A. 611 260　　B. 604 760　　C. 598 000　　D. 614 250

2. 某企业购置一台设备，该设备的原价为 640 000 元，预计使用年限 5 年，估计净残值为 26 240 元。采用双倍余额递减法计提折旧，第 4 年应计提的折旧额为（　　）元。

A. 56 000　　B. 55 296　　C. 44 800　　D. 53 028.86

3. 在实务中，当固定资产后续支出能够延长其使用寿命时，应列入（　　）账户处理。

A. "预付账款"　　B. "累计折旧"

C. "固定资产"　　D. "长期待摊费用"

4. 企业在财产清查中发现短缺的固定资产，应通过（　　）账户进行处理。

A. "固定资产清理"　　B. "营业外支出"

C. "管理费用"　　D. "待处理财产损溢"

5. 某企业专设销售机构使用的固定资产计提的折旧额为 1 000 元，应编制会计分录（　　）。

A. 借：管理费用　1 000
　　贷：固定资产　1 000

B. 借：管理费用　1 000
　　贷：累计折旧　1 000

C. 借：销售费用　1 000
　　贷：累计折旧　1 000

D. 借：累计折旧　1 000
　　贷：固定资产　1 000

6. 在计算固定资产折旧率时，不需要考虑固定资产估计净残值的折旧方法是（　　）。

A. 年限平均法　　B. 工作量法

C. 双倍余额递减法　　D. 年数总和法

7. "累计折旧"账户的性质属于（　　）。

A. 负债账户　　B. 所有者权益账户

C. 费用账户　　D. 资产抵销账户

8. 企业接受政府捐赠的固定资产时，应贷记（　　）账户。

A. "营业外支出"　　B. "实收资本"　　C. "递延收益"　　D. "盈余公积"

9. 下列项目中，（　　）固定资产只需在备查簿中记录。

A. 融资租入　　B. 经营租入　　C. 赊购　　D. 盘盈

10. 企业采用融资租赁方式向租赁公司租入固定资产，应付租赁费先记入（　　）账户。

A. "应付账款"　　B. "长期借款"　　C. "其他应付款"　　D. "长期应付款"

二、多项选择题

1. 固定资产的计价标准通常有（　　）。

A. 历史成本　　B. 市场价值

C. 净值　　D. 折余价值

2. 影响折旧的因素包括(　　)。

A. 原始价值　　B. 预计清理费用

C. 预计残料收入　　D. 预计使用年限

3. 下列固定资产中,(　　)应计提折旧。

A. 房屋、建筑物

B. 季节性停用的设备

C. 经营租入机器设备

D. 未提足折旧提前报废的固定资产

4. 下列固定资产中,(　　)不应计提折旧。

A. 未使用的房屋、建筑物

B. 不需用的机器设备

C. 已提足折旧继续使用的固定资产

D. 土地(已经估价作为固定资产单独入账)

5. 固定资产更新改造的核算方法应按照(　　)。

A. 收益性支出和资本性支出的划分原则

B. 将更新改造成本计入固定资产成本

C. 终止确认被替换部分的账面价值

D. 发生时直接记入有关费用账户

6. 采取自营方式建造的固定资产,其成本应包括(　　)。

A. 消耗的工程用料

B. 工程人员的工资

C. 支付的工程价款

D. 以借款方式建造的固定资产在达到预定可使用状态之前发生的借款利息

7. 下列事项中,按规定允许对已入账的固定资产原始价值进行调整的有(　　)。

A. 计提折旧　　B. 对固定资产进行改、扩建

C. 对固定资产进行大修理　　D. 发现原记固定资产价值有错误

8. 下列资产中,(　　)不应列为固定资产。

A. 未使用的机器设备　　B. 职工宿舍

C. 使用年限超过1年的物品　　D. 待出售的车床

9. 计算固定资产折旧的方法有(　　)。

A. 年限平均法

B. 年数总和法

C. 工作量法

D. 双重余额递减法

10. 下列事项中,应通过“固定资产清理”账户处理的有(　　)。

A. 由于火灾烧坏了一幢厂房

B. 盘亏的固定资产

C. 机器设备正常报废

D. 将闲置多余的固定资产对外出售

三、判断题

1. 融资租入固定资产在租赁期内，因为所有权不属于企业，所以在使用过程中，不需要计提折旧。 （ ）

2. 应属于资本性支出的项目若列为收益性支出，则虚增资产，虚减本期费用。 （ ）

3. 以银行借款等长期负债建造的固定资产，发生的借款利息应包括在固定资产的原价内。 （ ）

4. 盘盈的固定资产，可按同类或类似固定资产的市场价格，减去按该项资产的新旧程度估计的价值损耗后的余额入账。 （ ）

5. 不属于生产、经营主要设备的物品，即使单位价值和使用年限在规定标准以上，也不应作为固定资产。 （ ）

6. 在实际工作中，计提折旧一般采用简化的核算方法，即当月增加的固定资产，当月计提折旧；当月减少的固定资产，当月不提折旧。 （ ）

7. 企业对外出售固定资产时，获得的收入应记入“其他业务收入”账户。 （ ）

8. 我国现行会计制度规定，凡未使用、不需用固定资产，以经营租赁方式租入的固定资产，建筑工程交付使用前的固定资产，以及土地，均不计提折旧。 （ ）

9. 在我国，企业采用出包方式自建的固定资产工程，预付工程价款时，应记入“在建工程”账户。 （ ）

10. 将一台账面价值为 5 000 元的旧空调换一台报价 8 000 元的新空调，企业为此支付差价 3 500元，由此产生的损失 500 元不可确认费用。 （ ）

四、简答题

1. 固定资产更新改造和修理各有什么特点？在会计上应如何处理？

2. 固定资产采用加速折旧法的理由是什么？

五、计算分析题

1. 华虹公司于 2017 年 2 月 2 日购入行政管理用设备一台，发票上注明的货款为 140 万元，增值税税金 23.8 万元，另支付运杂费 1 万元、保险费 1 万元，发生安装调试费 8 万元(由该公司辅助生产车间进行安装)，该设备于 2017 年 6 月 29 日竣工验收交付使用。该设备预计使用年限为 3 年，预计净残值为原价的 10%。

要求：

(1) 计算该设备的入账价值。

(2) 分别采用年限平均法、双倍余额递减法和年数总和法计算该项设备 2017 年应计提的折旧额。

(3) 假定该设备于 2018 年 12 月 28 日出售，所得收入 85 万元，支付清理费用 0.5 万元，已清理完毕(以年限平均法计提折旧为例，且假设不考虑增值税)。

(4) 根据以上资料及计算结果，编制必要的会计分录。

2. 某企业自行建造固定资产，有关经济业务如下：

(1) 从小规模纳税人处购入工程材料一批，买价 12 万元，运费 2.04 万元，均以银行存款支付。
(2) 以银行存款 0.8 万元支付固定资产安装费。
(3) 工程领用材料(工程用)13.6 万元。
(4) 工程应负担建造人员的工资 6.4 万元。
(5) 工程应负担长期借款利息 1.6 万元。
(6) 工程完工，交付车间使用。
(7) 该项固定资产预计使用 10 年，预计净残值 0.8 万元，按直线法计提折旧。
(8) 支付修理费用 1.8 万元。
(9) 第 8 年末，该项固定资产报废，残料价值 0.8 万元，已验收入库，支付清理费用 0.4 万元。
要求：根据上述经济业务，编制会计分录。

六、讨论及网络题

1. 甲公司的财务经理经常将购买固定资产的成本直接借记费用账户，而乙公司的财务经理经常将日常修理费用借记固定资产账户。这两位财务经理知道这种行为违反会计准则，但他们还坚持这样做，为什么？请说明可能的原因。

2. 请你进入网站 http：//www.szse.cn/选取一家上市公司最近两年的年度报表，并回答下列有关该公司的问题：
(1) 该公司在向股东和债权人报告的财务报表中主要采用哪种折旧方法？
(2) 该公司最近两年的折旧方法有没有变动？若有变动，请说明可能的原因。
(3) 该公司在哪里列报了折旧费用？本年度的折旧费用是多少？
(4) 该公司本年度固定资产增加总额多少？具体增加的渠道有哪些？
(5) 该公司本年度固定资产因什么原因而减少？
(6) 该公司本年度固定资产盘点情况如何？

自我测试答案

一、单项选择题

1. B	2. A	3. C	4. D	5. C	6. C
7. D	8. C	9. B	10. D		

二、多项选择题

1. ACD	2. ABCD	3. AB	4. CD	5. ABC	6. ABD
7. BD	8. CD	9. ABCD	10. ACD		

三、判断题

1. 错	2. 错	3. 错	4. 对	5. 错	6. 错

7. 错　　8. 错　　9. 对　　10. 对

四、简答题

1. 固定资产更新改造的特点：能够延长固定资产的寿命，或者提高固定资产产出的数量和质量。

固定资产修理的特点：保持固定资产继续使用。

在会计处理上，按照收益性支出和资本性支出划分原则，固定资产更新改造计入其成本，固定资产修理计入当期损益。

2. 加速折旧法是指固定资产使用初期多提折旧，以后折旧额逐年减少，使固定资产的取得成本尽快得到补偿的方法。

固定资产采用加速折旧法的主要理由是：

首先，固定资产使用初期，效能高、受益多，应分摊较多的折旧。到固定资产使用后期，情况相反。采用加速折旧，则更好地遵循了配比原则。

其次，加速折旧能够加快固定资产成本的弥补，可在较短的时间内，弥补大部分成本。因此，有利于降低投资风险。

第三，固定资产在使用过程中，维修费用有上升的趋势。因此，在固定资产使用初期，其使用成本由较低的维修费用和较高的折旧费用构成，而到固定资产使用后期，则由较高的维修费用和较低的折旧费用构成其使用成本，这样，可使固定资产的使用成本保持相对平衡。

最后，采用加速折旧，可使企业在折旧早期降低所得税。折旧早期，折旧较高，利润相应较低，因此，企业可少缴所得税。折旧后期，折旧较低，利润较高，早期少缴的所得税递延至后期多缴。实际上，相当于政府提供给企业一笔无息贷款。因此，可刺激投资，进而促进经济增长。

五、计算分析题

1. 计算与分录如下：

(1) 该设备的入账价值＝140＋1＋1＋8＝150(万元)

(2) ① 年限平均法：

2017 年应计提折旧额＝[150×(1－10%)/3]×1/2＝22.5(万元)

② 双倍余额递减法：

2017 年应计提折旧额＝(150×2/3)×1/2＝50(万元)

③ 年数总和法：

2017 年应计提折旧额＝[150×(1－10%)]×3/6×1/2＝33.75(万元)

(3) 至 2018 年 12 月 28 日该设备已计提折旧额＝[150×(1－10%)/36]×18＝67.5(万元)

(4) 应编制会计分录如下(单位：万元)：

借：在建工程	150	
应交税费——应交增值税(进项税额)	23.8	
贷：银行存款		165.8
生产成本——辅助生产成本		8
借：固定资产	150	
贷：在建工程		150
借：管理费用	45	

贷：累计折旧		45
借：固定资产清理	82.5	
累计折旧	67.5	
贷：固定资产		150
借：银行存款	85	
贷：固定资产清理		85
借：固定资产清理	0.5	
贷：银行存款		0.5
借：固定资产清理	2	
贷：营业外收入		2

2. 应编制会计分录如下(单位：万元)：

(1) 借：工程物资	14.04	
贷：银行存款		14.04
(2) 借：在建工程	0.8	
贷：银行存款		0.8
(3) 借：在建工程	13.6	
贷：工程物资		13.6
(4) 借：在建工程	6.4	
贷：应付职工薪酬——工资		6.4
(5) 借：在建工程	1.6	
贷：长期借款		1.6
(6)借：固定资产	22.4	
贷：在建工程		22.4
(7) 借：制造费用	2.16	
贷：累计折旧		2.16
(8) 借：制造费用	1.80	
贷：银行存款		1.80
(9) 借：固定资产清理	5.12	
累计折旧	17.28	
贷：固定资产		22.40
借：固定资产清理	0.40	
贷：银行存款		0.40
借：原材料	0.80	
贷：固定资产清理		0.80
借：营业外支出——处置非流动资产损失	4.72	
贷：固定资产清理		4.72

六、讨论及网络题

1. 误用资本性支出和收益性支出。
2. 略。

教材习题参考答案

习 题 一

(1) 借：固定资产	300 000	
应交税费——应交增值税(进项税额)	49 725	
贷：银行存款		349 725
(2) 借：工程物资	409 500	
贷：长期借款		300 000
银行存款		109 500
借：在建工程	476 000	
贷：工程物资		409 500
原材料		30 000
应付职工薪酬——工资		12 500
银行存款		24 000
借：固定资产	476 000	
贷：在建工程		476 000
(3) 借：固定资产	47 500	
贷：递延收益		47 500
(4) 借：固定资产	500 000	
贷：实收资本		500 000

习 题 二

甲佳公司会计分录如下：

(1) 最低租赁付款额＝2 000×4＝8 000 (元)

最低租赁付款额现值＝2 000×P_A(4,15%)＝2 000×2.855＝5 710(元)

租赁资产的公允价值＝账面价值＝5 710＝最低租赁付款额现值

租赁开始日的会计分录为：

借：固定资产——融资租入固定资产	5 710	
未确认融资费用	2 290	
贷：长期应付款——应付融资租赁款		8 000

(2) 按直线法计提折旧，每年计提折旧额＝5 710×1/4＝1 427.5(元)

借：制造费用——折旧费	1 427.5	
贷：累计折旧		1 427.5

(3) 采用实际利率法，第一年年末应确认融资费用＝5 710×15%＝856.5(元)

借：财务费用	856.5	
贷：未确认融资费用		856.5

(4) 年末支付租金时：

借：长期应付款——应付融资租赁款	2 000	
贷：银行存款		2 000

习 题 三

			与使用年限法比(以 2018 年为例)
方法一：年限平均法	2018 年	35 000 元	
	2019 年	35 000 元	
方法二：双倍余额递减法	2018 年	49 583.3 元	(多提 14 583.3 元，利润少 14 583.3 元)
	2019 年	41 319.5 元	
方法三：年数总和法	2018 年	53 846 元	(多提 18 846 元，利润少 18 846 元)
	2019 年	48 462 元	

习 题 四

1. 增加(1) 月折旧额＝(100 000－4 000)/8/12＝1 000(元)

   减少(2) 月折旧额＝(150 000－6 000)/6/12＝2 000(元)

   增加(3) 月折旧额＝580 000/10/12＝4 833.33(元)

2. 6 月份：因 5 月份固定资产没有变化，故 6 月份应计提的折旧额仍为 35 000 元。

   7 月份：固定资产折旧额＝35 000＋1 000－2 000＋4 833.33＝38 833.33(元)

3.(1) 借：固定资产	100 000	
贷：银行存款		100 000
(2) 借：固定资产清理	78 000	
累计折旧	72 000	
贷：固定资产		150 000
借：银行存款	90 000	
贷：固定资产清理		90 000
借：固定资产清理	12 000	
贷：营业外收入		12 000
(3) 借：固定资产	580 000	
贷：实收资本		580 000
(4) 7 月份计提折旧时：		
借：制造费用	38 833.33	
贷：累计折旧		38 833.33

习 题 五

1. 年限平均法：

年折旧额＝(92 000－4 000＋1 200)/6＝14 866.67(元)

2. 年数总和法：

年份	折旧额
1	(92 000－4 000＋1 200)×6/21＝25 485.71(元)
2	(92 000－4 000＋1 200)×5/21＝21 238.10(元)
3	(92 000－4 000＋1 200)×4/21＝16 990.48(元)
4	(92 000－4 000＋1 200)×3/21＝12 742.86(元)
5	(92 000－4 000＋1 200)×2/21＝8 495.24(元)
6	(92 000－4 000＋1 200)×1/21＝4 247.62(元)

3. 双倍余额递减法：

年份	折旧额
1	92 000×2/6＝30 666.67(元)
2	61 333.33×2/6＝20 444.44(元)
3	40 888.89×2/6＝13 629.63(元)
4	27 259.26×2/6＝9 086.42(元)
5 6	(18 172.84－4 000＋1 200)/2＝7 686.42(元)

习 题 六

(1) ① 借：固定资产清理	10 000	
累计折旧	290 000	
贷：固定资产		300 000
② 借：银行存款	10 000	
贷：固定资产清理		10 000
③ 借：固定资产清理	15 000	
贷：银行存款		15 000
④ 借：营业外支出——处置非流动资产损失	15 000	
贷：固定资产清理		15 000
(2) ① 借：固定资产清理	300 000	
累计折旧	200 000	
贷：固定资产		500 000
② 借：固定资产清理	76 500	
贷：应交税费——应交增值税(销项税额)		76 500
③ 借：固定资产清理	7 500	
贷：银行存款		7 500
④ 借：银行存款	450 000	
贷：固定资产清理		450 000
⑤ 借：固定资产清理	66 000	
贷：营业外收入		66 000
(3) 借：待处理财产损溢	250 000	
累计折旧	250 000	
贷：固定资产		500 000
(4) ① 借：固定资产清理	92 000	
累计折旧	108 000	
贷：固定资产		200 000
② 借：固定资产清理	8 000	
贷：银行存款		8 000
③ 借：银行存款	10 000	
贷：固定资产清理		10 000

④ 借：其他应收款 60 000

贷：固定资产清理 60 000

⑤ 借：营业外支出——非常损失 30 000

贷：固定资产清理 30 000

(5) 借：营业外支出 250 000

贷：待处理财产损溢 250 000

案　例

略。

第八章
无形资产以及投资性房地产

全章脉络

疑难解答
自我测试
自我测试答案
教材习题参考答案

疑难解答

一、无形资产的计价

无形资产会计处理的重点和难点是无形资产的计价。无形资产的来源和类型不同,其计价原则也不同:

1. 对于外购的无形资产,应按其取得时的不含增值税的原始成本入账。

2. 投资人投入的无形资产,应当按照投资合同或协议约定的价值确定;如果合同或协议约定价值不公允的,则应按无形资产的公允价值入账。

3. 自行开发的无形资产,其成本包括自满足无形资产确认条件以及开发支出资本化条件后至达到预定用途前所发生的支出总额,但是对于以前期间已经费用化的支出不再调整。

这其中尤其应关注企业自行开发的无形资产的会计处理问题。从理论上讲,企业自行开发的无形资产的入账价值应当包括研究开发过程中所发生的一切支出,但是,由于研究和开发活动的结果极不确定,往往不一定能够成功,因此,一般将企业内部研究开发项目的支出区分为研究阶段支出与开发阶段支出。开发阶段的支出应当于发生时直接计入当期损益;符合资本化条件的开发阶段支出,可以作为无形资产确认,否则仍应计入当期损益。无法区分研究阶段支出和开发阶段支出的,应当将其所发生的研发支出全部费用化,计入当期损益。

二、无形资产的摊销

按照现行制度规定,企业应当于取得无形资产时分析判断其使用寿命。使用寿命有限的无形资产应当摊销。无形资产的摊销方法有直线法、生产总量法等。企业一般要设置"累计摊销"账户,反映无形资产摊销情况。"累计摊销"账户是无形资产的备抵账户,其性质与固定资产的累计折旧基本相同。

三、无形资产的处置

无形资产的处置方式,有出售和出租两种。相关会计处理也由于两种处置方式的实质不同而有所区别。对于出租无形资产,其会计处理较简单,只需将租金收入计入其他业务收入,所发生的支出则计入其他业务成本,账面上的无形资产还按照正常程序进行摊销。而无形资产的出售,就意味着出让方不再拥有该项无形资产,因此,出让方应冲销该项无形资产的账面价值,并确认出售的损益。

四、投资性房地产

投资性房地产的计量模式有两种:成本模式和公允价值模式。按照成本模式计量的投资性房地产,其核算方法与固定资产或者无形资产的核算方法相似,都需要按期计提折旧或摊销,若出现减值迹象,则应当计提资产减值准备。按照公允价值模式计量的投资性房地产不需要计提折旧或者摊销,只需要在会计期末按照公允价值调整账面价值。公允价值与账面价值的差额,计入公允价值变动损益。

自 我 测 试

一、单项选择题

1. 为扩大其商标的知名度而发生的广告支出，应当计入(　　)。

A. 管理费用　　B. 销售费用　　C. 商标权　　D. 营业外支出

2. 出售无形资产的收入应该计入(　　)。

A. 主营业务收入　　B. 其他业务收入　　C. 营业外收入　　D. 投资收益

3. 甲公司 2017 年 1 月 10 日开始自行研究开发无形资产，12 月 31 日达到预定用途。其中，研究阶段发生职工薪酬 30 万元、计提专用设备折旧 40 万元；进入开发阶段后，相关支出符合资本化条件前发生职工薪酬 30 万元、计提专用设备折旧 30 万元，符合资本化条件后发生职工薪酬 100 万元、计提专用设备折旧 200 万元。假定不考虑其他因素，甲公司 2017 年对上述研发支出进行的下列会计处理中，正确的是(　　)。

A. 确认管理费用 70 万元，确认无形资产 360 万元

B. 确认管理费用 30 万元，确认无形资产 400 万元

C. 确认管理费用 130 万元，确认无形资产 300 万元

D. 确认管理费用 100 万元，确认无形资产 330 万元

4. 下列关于无形资产的会计处理中，正确的是(　　)。

A. 将出售的无形资产的账面价值转入其他业务成本

B. 将出租的无形资产的账面价值转入其他业务成本

C. 将预期不能为企业带来经济利益的无形资产的账面价值转销

D. 将研究开发支出全部确认为无形资产

5. 2017 年 6 月 1 日，某企业开始研究开发一项新技术，当月共发生研发支出 1 500 万元，其中费用化的金额 880 万元，符合资本化条件的金额 620 万元。6 月末，研发活动尚未发生。该企业 2017 年 6 月应计入当期利润总额的研发支出为(　　)万元。

A. 0　　B. 880　　C. 620　　D. 1 500

6. 出租的无形资产的摊销，应计入(　　)。

A. 其他业务成本　　B. 长期待摊费用　　C. 销售费用　　D. 营业外支出

7. 某企业的投资性房地产采用成本模式计量，按期计提折旧或进行摊销时应该借记的会计科目是(　　)。

A. “管理费用”　　B. “制造费用”　　C. “营业外支出”　　D. “其他业务成本”

8. 某上市公司拟增发新股，甲企业以一项账面原值为 55 万元、已摊销 10 万元的无形资产抵缴新购股款 35 万元。则该上市公司接受该项无形资产的入账价值为(　　)万元。

A. 55　　B. 45　　C. 35　　D. 65

9. 某企业投资性房地产采用公允价值模式计量，账面成本为 6 500 万元，2016 年 12 月 31 日该建筑物的公允价值为 6 800 万元，2017 年公允价值为 6 750 万元。2018 年 3 月，公司将该建筑物出售，售价为 6 900 万元。处置时，记入“其他业务成本”科目的金额是(　　)万元。

A. 6 750　　B. 6 500　　C. 6 800　　D. 6 900

10. D 公司 2016 年 1 月 1 日购入一项专利权，实际支付的买价及相关费用共计 48 万元。该专

利权的摊销年限为5年。2018年4月1日,该公司将该专利权的所有权对外转让,取得价款20万元。假定不考虑无形资产减值准备。转让该专利权形成的净损失是(　　)万元。

A. 8.2　　B. 7.4　　C. 7.2　　D. 6.4

二、多项选择题

1. 下列各项中,属于会计意义上的无形资产有(　　)。

A. 外购的专利权　　B. 企业自创的商誉

C. 通过行政划拨方式无偿取得的土地使用权　　D. 外购的非专利技术

2. 企业获得无形资产的途径主要有(　　)。

A. 购入　　B. 自创　　C. 投资人投入　　D. 接受捐赠

3. 下列各项支出中,应计入无形资产成本的有(　　)。

A. 购入专利权发生的支出

B. 购入非专利技术发生的支出

C. 研发新技术在研究阶段发生的支出

D. 购入商标权发生的支出

4. 决定各期无形资产摊销金额的因素主要是(　　)。

A. 无形资产的取得成本　　B. 无形资产的残值

C. 无形资产的摊销期限　　D. 无形资产的使用寿命

5. 无形资产的摊销可能涉及的会计科目有(　　)。

A. 其他业务成本　　B. 管理费用　　C. 制造费用　　D. 销售费用

6. 下列应当将该项无形资产的账面价值全部转入当期损益的是(　　)。

A. 某项无形资产已被其他新技术等所替代,并且该项无形资产已无使用价值和转让价值

B. 某项无形资产已超过法律保护期限,并且已不能为企业带来经济利益

C. 某项无形资产的市价在当期大幅下跌,在剩余摊销年限内预期不会恢复

D. 某项无形资产已被其他新技术等所替代,使其为企业创造经济利益的能力受到重大不利影响

7. 企业自行开发并取得的专利权发生的下列费用中,可能会计入专利权入账价值的有(　　)。

A. 开发阶段耗用的材料费　　B. 开发阶段人员的薪酬

C. 研究过程中发生的材料费　　D. 研究阶段发生的人工费

8. 无形资产确认的条件包括(　　)。

A. 符合无形资产的定义

B. 该资产的成本能够可靠计量

C. 该资产产生的未来经济利益很可能流入企业

D. 该资产必须可辨认

9. 可以纳入投资性房地产进行核算的项目有(　　)。

A. 房地产开发企业拥有的已出租的建筑物

B. 企业持有的准备建造房屋的土地使用权

C. 企业持有并准备增值后转让的建筑物

D. 企业持有并准备增值后转让的土地使用权

10. 下列有关无形资产的会计处理,正确的有(　　)。

A. 无形资产均应确定预计使用年限并分期摊销

B. 有偿取得的自用的土地使用权应确认为无形资产
C. 无形资产减值损失一经确认，在以后会计期间不得转回
D. 将预期不能为企业带来经济利益的无形资产的账面价值转销

三、判断题

1. 不存在实物形态是识别无形资产的唯一标志。　(　　)
2. 无形资产确认时的经济价值与以后实际的经济价值往往相差很大。　(　　)
3. 企业对于无法合理确定使用寿命的无形资产，应将其成本在不超过 10 年的期限内摊销。　(　　)
4. 企业拥有的土地使用权全部都能作为无形资产来核算。　(　　)
5. 企业持有的准备增值后转让的建筑物应作为投资性房地产来核算。　(　　)
6. 投资性房地产只能由成本模式转换为公允价值模式，不能由公允价值模式转为成本模式。　(　　)
7. 无形资产的后续支出应区分不同情况，在发生当期确认为资本化或计入当期损益。(　　)
8. 无形资产的摊销一定会影响当期损益。　(　　)
9. 企业对投资性房地产，无论采用何种模式计量，均应计提折旧或进行摊销。　(　　)
10. 投资性房地产是指为赚取租金或资本增值，或两者兼有而持有的房地产。　(　　)

四、简答题

1. 自行研发无形资产的支出在什么情况下可以资本化？
2. 何谓投资性房地产，其计量模式有哪两种？

五、计算分析题

1. 某企业购入一项专利权，价值 150 000 元，增值税为 9 000 元。该专利权的有效年限为 10 年。两年后，将该无形资产出租给甲企业，租期为两年，每年租金 30 000 元。4 年后，又将其所有权转让给乙企业，售价 110 000 元，增值税税率为 6%。

要求：根据上述资料，编制无形资产购入、摊销、出租和转让所有权的会计分录。

2. 山联公司 2017 年发生如下经济业务：

(1) 2 月 8 日，购入一项专利权，支付有关费用 240 000 元，该专利权估计有效年限为 8 年。

(2) 4 月 5 日，购入一项商标权，价值为 36 000 元，其法定有效年限为 10 年。

(3) 6 月 10 日，投资人投入一项专利权，双方约定价值为 48 000 元，合同规定的受益年限为 10 年。

(4) 10 月 10 日，该公司购得一项专营权，一次性支付专营权使用费 120 000 元，根据合同规定以后每年再按使用该专营权所带来收入的 1%支付使用费。当年此项收入为 100 000 元。合同规定的受益期为 6 年。

所有金额皆不含增值税，增值税税率为 6%。

要求：根据上述业务，编制有关无形资产取得和摊销的会计分录，并计算当年度无形资产摊销的总金额。

3. 林安公司 2017 年发生有关自创无形资产的业务如下：

(1) 3 月,公司董事会批准研发一项新技术。从 3 月到 6 月,该公司在研究开发过程中共发生材料费、人工费等共 194 000 元。7 月,该公司证实该项开发活动已经成功,并满足无形资产确认的条件,从 7 月到 10 月,又发生相关支出 120 000 元。10 月 30 日,该项新技术达到预定用途。

(2) 4 月 20 日,该公司注册一项商标权,发生有关费用 2 500 元。据悉,该商标是公司从 1 000 多个应征方案中选出来的,为此公司付给此商标的设计者 10 000 元奖金。

(3) 6 月 24 日,该公司支付下半年的广告费,共 5 000 000 元。

(4) 9 月 8 日,公司控告甲企业侵犯其注册的专利权取得胜诉,共发生诉讼费用 21 000 元。

要求:请分析上述支出中,哪些应该资本化,哪些应该直接计入当期损益?并编制有关的会计分录。

4. 东方公司近几年发生有关无形资产的增减业务如下:

(1) 2016 年 1 月,购入专利权,价值 84 000 元,有效使用年限为 10 年。2017 年 1 月,出租该专利权,当年租金收入 51 000 元,出租合同规定对方可使用 5 年。

(2) 2017 年 4 月,出售一项土地使用权,售价为 850 000 元,共补缴土地出让金 560 000 元。

(3) 2017 年 5 月,购入一项非专利技术,价值 246 000 元,合同规定的有效年限为 6 年。2 年后,将此项非专利技术出售给 A 公司,售价为 241 100 元,支付有关转让费用 8 900 元。

(注:所有金额皆不含增值税,土地使用权增值税税率为 11%,其余为 6%。)

要求:根据上述资料,编制有关会计分录。

5. 2016 年 12 月,成思公司购入一栋办公楼自用,价值 55 800 000 元,增值税为 6 138 000 元。估计使用年限为 20 年,无残值。自 2021 年 1 月起,公司将该办公楼转为出租,作为投资性房地产按成本模式计量,每月租金收入为 86 000 元,增值税税率为 11%。

要求:请为成思公司编制相关业务的会计分录。

6. 2017 年 5 月,大通公司购入一栋办公楼对外出租,价值 79 830 000 元,增值税为 8 781 300 元,按照公允价值模式进行后续计量。根据租赁合同,每月租金收入为 26 000 元。2017 年 12 月 31 日,该办公楼的公允价值为 78 000 000 元。2018 年 10 月,公司将该办公楼对外出售,售价 77 500 000 元。增值税税率为 11%。

要求:请为该公司编制相关业务的会计分录。

六、讨论题

有人说,对于现代的高科技企业,企业整体的市场价值远远高于其账面净资产的价值,因为这些企业拥有大量的无法在账面上反映的人力资源等无形资产。请分别访问纽约证券交易所的网站(WWW. NYSE. COM)和纳斯达克的网站(WWW. NASDAQ. COM),任意选择几个传统行业如通用电器(GE)、通用汽车(GM)等公司和高科技公司如微软(MICROSOFT)、思科(CISCO SYSTEM)等,试比较这些公司股票市值和每股账面价值的差异大小,并分析其原因。

自我测试答案

一、单项选择题

1. B	2. C	3. C	4. C	5. B	6. A
7. D	8. C	9. B	10. D		

二、多项选择题

1. AD	2. ABCD	3. ABD	4. ABC	5. ABCD	6. ABCD
7. AB	8. ABCD	9. ACD	10. BCD		

三、判断题

1. 错	2. 对	3. 错	4. 错	5. 错	6. 对
7. 对	8. 错	9. 错	10. 对		

四、简答题

1. 自行开发的无形资产，其成本包括自满足无形资产确认条件以及开发支出资本化条件后至达到预定用途前所发生的支出总额，但是对于以前期间已经费用化的支出不再调整。从理论上讲，企业自行开发的无形资产的入账价值应当包括研究开发过程中所发生的一切支出，如参与研究和开发活动人员的工资和其他有关费用、研究和开发活动消耗的材料、用于研究和开发活动的设备和设施的折旧费、与研究开发活动有关的间接费用和其他费用等。但是，由于研究和开发活动的结果极不确定，往往不一定能够成功，因此，一般将企业内部研究开发项目的支出区分为研究阶段的支出与开发阶段的支出。研究阶段的支出应当于发生时直接计入当期损益。当开发阶段的支出同时满足下列条件时，就可以作为无形资产确认，否则仍应计入当期损益：

(1) 完成该无形资产以使其能够使用或出售在技术上具有可行性；

(2) 具有完成该无形资产并使用或出售的意图；

(3) 无形资产产生经济利益的方式，包括能够证明运用该无形资产生产的产品存在市场或无形资产自身存在市场，无形资产将在内部使用的，应当证明其有用性；

(4) 有足够的技术、财务资源和其他资源支持，以完成该无形资产的开发，并有能力使用或出售该无形资产；

(5) 归属于该无形资产开发阶段的支出能够可靠地计量。

无法区分研究阶段支出和开发阶段支出的，应当将其所发生的研发支出全部费用化，计入当期损益。

2. 投资性房地产是指为赚取租金或资本增值，或者两者兼有而持有的房地产。投资性房地产的范围主要包括：已出租的土地使用权、持有并准备增值后转让的土地使用权、已出租的建筑物。投资性房地产应当按照成本进行初始计量。投资性房地产后续计量可以选择成本模式或公允价值模式，但同一企业只能采用一种模式对其所有投资性房地产进行后续计量，不得同时采用两种计量模式。采用成本模式进行后续计量的投资性房地产，应当按照固定资产、无形资产的规定，对投资性房地产进行计量，计提折旧或摊销；存在减值迹象的，应当按照有关资产减值的规定进行处理。投资性房地产采用公允价值模式进行后续计量的，不计提折旧或进行摊销，企业应当以资产负债表日的公允价值为基础，调整其账面余额。公允价值高于账面余额的差额，借记“投资性房地产——公允价值变动”科目，贷记“公允价值变动损益”科目；公允价值低于其账面余额的差额，做相反的会计分录。

五、计算分析题

1. 购入专利权时:

借: 无形资产	150 000	
应交税费——应交增值税(进项税额)	9 000	
贷: 银行存款		159 000

每年摊销时:

借: 管理费用	15 000	
贷: 累计摊销		15 000

每年收取租金时:

借: 银行存款	31 800	
贷: 其他业务收入		30 000
应交税费——应交增值税(销项税额)		1 800

出租后每年摊销时:

借: 其他业务成本	15 000	
贷: 累计摊销		15 000

转让所有权时:

借: 银行存款	116 600	
累计摊销	60 000	
贷: 无形资产		150 000
营业外收入		20 000
应交税费——应交增值税(销项税额)		6 600

2. (1) 2月8日:

借: 无形资产——专利权	240 000	
应交税费——应交增值税(进项税额)	14 400	
贷: 银行存款		254 400

每月摊销时:

借: 管理费用	2 500	
贷: 累计摊销		2 500

当年共摊销 $=11\times 2\ 500=27\ 500$(元)

(2)

借: 无形资产——商标权	36 000	
应交税费——应交增值税(进项税额)	2 160	
贷: 银行存款		38 160

每月摊销时:

借: 管理费用	300	
贷: 累计摊销		300

当年共摊销 $=300\times 9=2\ 700$(元)

(3) 6月10日:

借: 无形资产——专利权	48 000	
应交税费——应交增值税(进项税额)	2 880	
贷: 实收资本		50 880

每月摊销时：

借：管理费用　400

　　贷：累计摊销　400

当年共摊销时 $=400\times7=28\ 000$(元)

(4) 10 月 10 日：

借：无形资产——专营权　120 000

　　应交税费——应交增值税(进项税额)　7 200

　　贷：银行存款　127 200

借：管理费用　1 000

　　应交税费——应交增值税(进项税额)　60

　　贷：银行存款　1 060

每月摊销时：

借：管理费用　1 667

　　贷：累计摊销　1 667

当年共摊销 $=1\ 667\times3=5\ 001$(元)

3. (1) 3～6 月，归集研究开发阶段发生的支出时：

借：研发支出——费用化支出　194 000

　　贷：原材料等　194 000

7 月到 10 月，归集开发阶段发生的支出时：

借：研发支出——资本化支出　120 000

　　贷：应付职工薪酬等　120 000

10 月 30 日，该项新技术达到预定用途时：

借：无形资产　120 000

　　贷：研发支出——资本化支出　120 000

期末，将费用化的研发支出转入管理费用时：

借：管理费用　194 000

　　贷：研发支出——费用化支出　194 000

(2) 注册商标权发生的费用和设计费用较少，一般计入当期损益。

借：管理费用　12 500

　　贷：银行存款　12 500

(3) 支付的广告费应计入当期损益。

借：销售费用　5 000 000

　　贷：银行存款　5 000 000

(4) 有关的诉讼费用应计入当期管理费用。

借：管理费用　21 000

　　贷：银行存款　21 000

4. (1) 购入专利权时：

借：无形资产——专利权　84 000

　　应交税费——应交增值税(进项税额)　5 040

　　贷：银行存款　89 040

每年摊销时：

借：管理费用	8 400	
贷：累计摊销——专利权		8 400

2017 年出租专利权时：

借：银行存款	54 060	
贷：其他业务收入		51 000
应交税费——应交增值税(销项税额)		3 060

2017 年无形资产摊销时：

借：其他业务成本	8 400	
贷：累计摊销——专利权		8 400

(2) 补交土地出让金时：

借：无形资产——土地使用权	560 000	
应交税费——应交增值税(进项税额)	61 600	
贷：银行存款		621 600

转让土地使用权时：

借：银行存款	943 500	
贷：无形资产——土地使用权		560 000
营业外收入		290 000
应交税费——应交增值税(销项税额)		93 500

(3) 购入非专利技术时：

借：无形资产——专利权	246 000	
应交税费——应交增值税(进项税额)	14 760	
贷：银行存款		260 760

每年摊销时：

借：管理费用	41 000	
贷：累计摊销		41 000

出售非专利技术时：

借：银行存款	255 566	
累计摊销	82 000	
贷：营业外收入		77 100
无形资产		246 000
应交税费——应交增值税(销项税额)		14 466

5. 2016 年 12 月购入办公楼时：

借：固定资产	55 800 000	
应交税费——应交增值税(进项税额)	6 138 000	
贷：银行存款		61 938 000

2017 年至 2020 年每年计提折旧时：

借：管理费用	2 790 000	
贷：累计折旧		2 790 000

2021 年转为投资性房地产时：

借：投资性房地产	55 800 000	
累计折旧	11 160 000	
贷：固定资产		55 800 000
累计折旧——投资性房地产		11 160 000
2021 年折旧时：		
借：其他业务成本	2 790 000	
贷：累计折旧——投资性房地产		2 790 000
收到租金收入时：		
借：银行存款	95 460	
贷：其他业务收入		86 000
应交税费——应交增值税(销项税额)		9 460
6. 购入办公楼时：		
借：投资性房地产——成本	79 830 000	
应交税费——应交增值税(进项税额)	8 781 300	
贷：银行存款		88 611 300
收到租金收入时：		
借：银行存款	28 860	
贷：其他业务收入		26 000
应交税费——应交增值税(销项税额)		2 860
2017 年 12 月 31 日按公允价值调整时：		
借：公允价值变动损益	1 830 000	
贷：投资性房地产——公允价值变动		1 830 000
2018 年 10 月对外出售时：		
借：银行存款	86 025 000	
贷：其他业务收入		77 500 000
应交税费——应交增值税(销项税额)		8 525 000
借：其他业务成本	78 000 000	
投资性房地产——公允价值变动	1 830 000	
贷：投资性房地产——成本		79 830 000
借：其他业务成本	1 830 000	
贷：公允价值变动损益		1 830 000

教材习题参考答案

习　题　一

(1) 借：研发支出——资本化支出	350 000	
——费用化支出	446 000	
贷：原材料		500 000
应付职工薪酬		150 000
累计摊销		90 000
银行存款		56 000

借：无形资产	350 000	
贷：研发支出——资本化支出		350 000
借：管理费用	446 000	
贷：研发支出——费用化支出		446 000
(2) 借：无形资产	89 500	
应交税费——应交增值税(进项税额)	5 370	
贷：银行存款		94 870
(3) 借：无形资产	74 500	
应交税费——应交增值税(进项税额)	4 470	
贷：实收资本		78 970
(4) 借：无形资产	302 000	
应交税费——应交增值税(进项税额)	18 120	
贷：银行存款		320 120
借：管理费用	2 500	
应交税费——应交增值税(进项税额)	150	
贷：银行存款		2 650

习 题 二

(1) 购入时：

借：无形资产	200 000	
应交税费——应交增值税(进项税额)	12 000	
贷：银行存款		212 000

每年摊销时：

借：管理费用	20 000	
贷：累计摊销		20 000

出售时：

借：银行存款	185 500	
累计摊销	40 000	
贷：无形资产		200 000
营业外收入		15 000
应交税费——应交增值税(销项税额)		10 500

(2) 出租时：

借：银行存款	10 600	
贷：其他业务收入		10 000
应交税费——应交增值税(销项税额)		600

以后每年摊销时：

借：其他业务成本	20 000	
贷：累计摊销		20 000

习 题 三

2018 年 12 月 31 日资产负债表中包括：

无形资产	2 000 000	
研发支出——资本化支出	250 000	
累计摊销	470 000	

利润表中：

管理费用	580 000	

习　题　四

2016 年 12 月购入办公楼时：

借：投资性房地产	35 800 000	
应交税费——应交增值税(进项税额)	3 938 000	
贷：银行存款		39 738 000

2017 年起每年折旧时：

借：其他业务成本	1 790 000	
贷：累计折旧——投资性房地产		1 790 000

收到租金收入时：

借：银行存款	51 060	
贷：其他业务收入		46 000
应交税费——应交增值税(销项税额)		5 060

2022 年出售时：

借：银行存款	38 850 000	
贷：其他业务收入		35 000 000
应交税费——应交增值税(销项税额)		3 850 000
借：其他业务成本	25 060 000	
累计折旧——投资性房地产	10 740 000	
贷：投资性房地产		35 800 000

5. 购入土地使用权时：

借：投资性房地产——成本	59 230 000	
应交税费——应交增值税(进项税额)	6 515 300	
贷：银行存款		65 745 300

收到租金收入时：

借：银行存款	31 080	
贷：其他业务收入		28 000
应交税费——应交增值税(销项税额)		3 080

2016 年 12 月 31 日按公允价值调整时：

借：投资性房地产——公允价值变动	770 000	
贷：公允价值变动损益		770 000

2017 年 10 月对外出售时：

借：银行存款	67 155 000	
贷：其他业务收入		60 500 000
应交税费——应交增值税(销项税额)		6 655 000

借：其他业务成本	60 000 000	
贷：投资性房地产——成本		59 230 000
——公允价值变动		770 000
借：公允价值变动损益	770 000	
贷：其他业务成本		770 000

案　例

略。

第九章　负　债

全章脉络

疑难解答

自我测试

自我测试答案

教材习题参考答案

疑难解答

本章涵盖了各项流动负债和长期负债。

一、流动负债

流动负债主要包括短期借款、应付票据、应付账款、应交税费、应付职工薪酬等。其中,应付票据和应付账款的会计处理与应收票据和应收账款的会计处理相对应;应交税费主要讨论应交增值税的会计处理。对于应交增值税的会计处理,可以从两个环节入手:采购环节和销售环节。在采购应税物资时,根据增值税专用发票上注明的增值税金额,借记"应交税费——应交增值税(进项税额)"账户,会计分录为:

借:原材料等
　　应交税费——应交增值税(进项税额)
　　贷:银行存款等

在销售应税货物或提供应税劳务时,应按增值税专用发票上注明的金额,贷记"应交税费——应交增值税(销项税额)"账户。一般而言,所购物资的成本及销售收入为不含税收入,其会计分录如下:

借:银行存款等
　　贷:应交税费——应交增值税(销项税额)
　　　　主营业务收入

或有事项的重点为或有事项导致的预计负债的确认、计量和披露三个环节。或有事项的确认条件有三个:与或有事项相关的义务是企业承担的现时义务而非潜在的义务,该义务的履行很可能导致经济利益流出企业,该义务的金额能够可靠地计量。三个条件同时满足,企业才能确认该项义务所形成的预计负债。

二、长期负债

长期负债包括长期借款、应付债券和长期应付款。长期负债一般金额较大、期限较长,对企业财务状况的影响也较大,因此,应关注有关借款费用的会计处理。

应付债券的会计处理与长期债券投资的会计处理相对应。例如,2016 年 1 月 1 日,A 公司购入 B 公司发行的债券 100 张,该债券面值为 1 000 元,利率为 10%,期限为 3 年,每年 12 月 31 日付息,发行价为 1 000 元。则 A 公司和 B 公司的会计处理分别如下:

摘　要	A 公司	B 公司
2016 年 1 月 1 日	借:持有至到期投资——本金 100 000 　贷:银行存款 100 000	借:银行存款 100 000 　贷:应付债券——面值 100 000

（续表）

摘 要	A公司	B公司
2016年、2017年、2018年末计提利息、支付(或收到)利息时	借：应收利息 10 000 贷：投资收益 10 000 借：银行存款 10 000 贷：应收利息 10 000	借：财务费用 10 000 贷：应付利息 10 000 借：应付利息 10 000 贷：银行存款 10 000
债券到期时	借：银行存款 100 000 贷：持有至到期投资——本金 100 000	借：应付债券——债券面值 100 000 贷：银行存款 100 000

自我测试

一、单项选择题

1. 某企业为增值税一般纳税人，2017 年 5 月 1 日从甲公司购入一批产品并已验收入库。增值税专用发票上注明的价款为 200 万元，增值税为 34 万元。合同中规定的现金折扣条件为 2/10，1/20，*n*/30，假定计算现金折扣时不考虑增值税。该企业于 2017 年 5 月 10 日付清货款，企业的付款金额为（　　）万元。

A. 234　　B. 231.66　　C. 229.32　　D. 230

2. 2017 年 3 月 1 日，乙企业开出一张带息商业汇票一张，面值为 30 000 元，该票据票面利率为 2%，期限为 6 个月，用于购买原材料，企业按期计提该票据的利息。6 月 30 日，该应付票据的账面价值为（　　）元。

A. 30 000　　B. 30 600　　C. 30 200　　D. 30 300

3. 某一般纳税企业适用的增值税税率为 17%，本期收购免税农产品一批，购买时实际支付价款 200 000 元，假定农产品抵扣率为 13%，应记入“应交税费——应交增值税(进项税额)”账户借方的金额是（　　）元。

A. 34 000　　B. 26 000　　C. 170 940　　D. 166 000

4. 下列各项资产的购置成本中，包含增值税的有（　　）。

A. 一般纳税企业购入的原材料　　B. 一般纳税企业购入的库存商品
C. 小规模纳税企业购入的存货　　D. 一般纳税企业购入的固定资产

5. 外购机器设备应缴纳的增值税，应记入（　　）。

A. “应交税费——应交增值税”账户的贷方
B. “应交税费——应交增值税”账户的借方
C. “固定资产”账户的借方
D. “固定资产清理”账户的借方

6. 下列各项中，不纳入职工薪酬核算的是（　　）。

A. 社会保险费　　B. 工会经费
C. 职工出差报销的飞机票　　D. 职工工资、奖金和津贴

7. 下列事项中，属于或有事项的是（　　）。

A. 火灾后向保险公司提出索赔要求
B. 固定资产的折旧年限可能发生变动
C. 董事会提出利润分配方案等待股东大会通过
D. 可能因败诉支付赔款
8. 企业在无形资产研究阶段发生的职工薪酬,应当计入(　　)。
A. 无形资产成本　　B. 当期损益
C. 存货成本或劳务成本　　D. 在建工程
9. 在企业溢价发行债券的情况下,债券到期时的账面价值等于(　　)。
A. 债券面值加溢价　　B. 债券面值加应计利息
C. 债券面值减溢价　　D. 债券面值和利息的现值
10. 对于到期一次还本付息的债券,按照权责发生制在期末计提利息时,应贷记(　　)账户。
A. "应付利息"　　B. "预提费用"
C. "财务费用"　　D. "应付债券——应计利息"

二、多项选择题

1. 下列属于货币性负债的有(　　)。
A. 应付票据　　B. 短期借款　　C. 预收账款　　D. 预付账款
2. 负债的偿还方式有(　　)。
A. 支付货币资金　　B. 提供劳务
C. 转移其他非货币性资产　　D. 借新债抵旧债
3. 金额确定的流动负债有(　　)。
A. 短期借款　　B. 其他应付款　　C. 应交所得税　　D. 应付票据
4. 下列各项中,可以记入利润表"税金及附加"项目的有(　　)。
A. 增值税　　B. 所得税　　C. 消费税　　D. 房产税
5. 下列各项中,应纳入职工薪酬核算的有(　　)。
A. 工会经费　　B. 职工养老保险费
C. 职工住房公积金　　D. 辞退职工经济补偿
6. 下列各项中,应在报表附注中披露的或有负债有(　　)。
A. 产品质量担保负债　　B. 购货合同
C. 债务担保　　D. 未决诉讼
7. "应付债券"账户的贷方反映的内容有(　　)。
A. 债券发行时产生的债券折价
B. 债券发行时产生的债券溢价
C. 期末计提到期一次还本付息的债券的应计利息
D. 债券的面值
8. 下列各项中,应列入资产负债表中"应付利息"项目的有(　　)。
A. 计提的应付票据的利息
B. 计提的到期还本付息的债券利息
C. 计提的分期付息到期还本债券的利息
D. 计提的分期付息到期还本长期借款的利息

9. 企业发行债券时，可能存在溢价或者折价，下列表述正确的有(　　)。
A. 应付债券折价的摊销减少了财务费用
B. 应付债券折价的摊销增加了财务费用
C. 应付债券溢价的摊销减少了财务费用
D. 应付债券溢价的摊销增加了财务费用
10. 下列关于企业发行可转换公司债券会计处理的表述中，正确的是(　　)。
A. 将负债成分确认为应付债券
B. 将权益成分确认为资本公积
C. 按债券面值计量负债成分的初始确认金额
D. 按债券公允价值计量负债成分的初始确认金额

三、判断题

1. 如果或有负债很可能导致经济利益流出企业，就不需要在会计报表附注中披露。(　　)
2. 一般纳税企业购买各项资产所支付的增值税额，全部记入“应交税费——应交增值税(进项税额)”账户的借方，并从当期的销售税额中抵扣。(　　)
3. 职工薪酬是指为获得职工提供的服务而给予各种形式的报酬和其他相关支出，包括提供给职工的全部货币性薪酬和非货币性福利。(　　)
4. 负债就是企业所承担的、能以货币计量的、需以商品或劳务偿付的债务。(　　)
5. 企业借入的长期借款在偿还之前应当一直列示在资产负债表的“长期负债”项目下。(　　)
6. 若本期按债券票面利率计算的利息为 100 000 元，折价摊销的金额为 20 000 元，则本期应计入财务费用或在建工程的金额为 80 000 元。(　　)
7. 取得带息应收票据时，企业应于期末计算票据利息，并增加应收票据的账面价值，同时冲减管理费用。(　　)
8. 企业只有在对外销售应税消费品时，才应缴纳消费税。(　　)
9. 企业预收账款不多时，可以不设“预收账款”账户，将预收的款项直接记入“应付账款”账户的贷方。(　　)
10. 收到商业承兑汇票可能会形成或有负债。(　　)

四、简答题

1. 试比较举债经营和所有者追加投资这两种筹资方式的优缺点。
2. 预计负债和或有负债有什么不同?

五、计算分析题

1. 五洲公司为增值税一般纳税人，2017 年发生的有关流动负债部分的业务如下：
(1) 1 月 5 日，赊购原材料，发票价格为 17 000 元，增值税税率为 17%，运杂费为 1 000 元，原材料已验收入库。
(2) 1 月 6 日，向银行借入短期借款 200 000 元，年利率为 12%，期限为 6 个月。短期借款利息于支付时确认。

(3) 3 月 10 日,预收 A 公司购货款 50 000 元。

(4) 5 月 6 日,销售产品给 A 公司,发票价格为 50 000 元,增值税为 8 500 元,余款未收。

(5) 7 月 6 日,偿还短期借款的本金和利息。

(6) 8 月 31 日,结算当月的人工费用,其中在建工程人员的工资 16 000 元,生产车间工人的工资 60 000 元,车间管理人员的工资 18 700 元,行政管理人员的工资 43 600 元,销售人员的工资 85 800 元。按工资总额的 2%提取工会经费。

要求:根据上述资料,编制有关会计分录。

2. 新生公司为增值税一般纳税人,2017 年有关应付账款的业务如下(应付的增值税款不予折扣):

(1) 3 月 5 日,赊购原材料,发票价格为 65 000 元,增值税税率为 17%,付款条件为 5/10,2/20,n/30。

(2) 3 月 16 日,偿还上述货款。

(3) 4 月 8 日,赊购原材料,发票价格为 42 000 元,增值税税率为 17%,付款条件为 2/10,n/30。

(4) 4 月 16 日,偿还上述货款的一半。

(5) 4 月 30 日,偿还剩余货款的一半。

要求:请分别用总价法和净价法编制有关会计分录。

3. 立达公司为增值税一般纳税人,2017 年有关应付票据的经济业务如下:

(1) 1 月 1 日,开出一张带息的应付票据向银行借款。票据面值为 10 000 元,利率为 10%,期限为 6 个月。

(2) 2 月 9 日,赊购原材料,发票价格为 58 000 元,增值税税率为 17%,开给对方一张面值为 58 000 元的应付票据,利率为 6%,3 个月期,增值税用银行存款支付。

(3) 5 月 9 日,偿还 2 月 9 日的应付票据。

(4) 5 月 8 日,赊购原材料,发票价格为 70 000 元,增值税为 11 900 元,开给对方一张不带息票据,面值为 81 900 元,期限为 3 个月。

(5) 6 月 30 日,编制中期会计报表,计提有关应付票据的利息费用。

(6) 7 月 1 日,支付 1 月 1 日的票据的本息。

(7) 8 月 9 日,支付 5 月 8 日的应付票据。

要求:根据上述资料,编制有关会计分录。

4. 达生公司为增值税一般纳税人,增值税税率为 17%,应交消费税的产品的消费税税率为 10%。2017 年该公司发生如下经济业务;

(1) 购入 A 原材料,发票价格为 85 000 元,增值税为 14 000 元,款均未付。对方代垫运杂费 2 600 元。原材料验收入库。

(2) 销售 B 产品 200 吨,单位售价为每吨 2 000 元,单位成本每吨 1 500 元。该产品按规定需要缴纳增值税和消费税。货款尚未收到。

(3) 采购甲原材料,价值 63 500 元,增值税为 10 795,运杂费为 3 800 元,款项用银行存款支付。原材料已验收入库。

(4) 企业购入一台生产设备,发票上记载价格为 156 000 元,增值税为 26 520 元,用银行存款支付。另支付有关运杂费、保险费共计 18 900 元。

要求:根据上述资料,编制有关会计分录。

5. 利化公司为生产家用电器的企业。2012 年开始生产销售某型号的电冰箱,其保修期限为 3

年。根据以往经验,发生的修理费一般占销售收入的1%～2%之间。2014年底,该型号的电冰箱已停止生产和销售。如果2014年初"预计负债——产品质量保证"账户的余额为250 000元,2014年该型号电冰箱的销售收入为3 000 000元,2014年实际发生修理费用50 000元,2015年的修理费用为30 000元,2016年为25 000元,2017年为26 000元。

要求:根据上述资料,编制2014年12月31日至2017年12月31日有关"预计负债——产品质量保证"的会计分录。

6. 蓝图公司于2017年3月1日发行面值为1 000 000元、3年期的债券,票面利率为10%,发行时市场利率为8%,发行价格为1 052 100元。利息在每年的9月1日和3月1日支付。溢价的摊销采用实际利率法。

要求:根据上述资料,编制该公司2017年3月1日至2018年3月1日的有关会计分录。

7. 银河股份有限公司于2017年1月1日发行3年期可转换公司债券,债券面值为4 500 000元,票面利率为4%,发行价格为4 500 000元,每年12月31日付息。同期市场上没有附带转换权的债券的市场利率为6%,负债成分的公允价值为4 261 140元。合同规定发行1年后可以转换为该公司的股票,按债券面值,转股价格为每股10元,每股面值1元。2018年1月1日,有50%的债券转换为普通股。

要求:根据上述资料,编制有关债券发行、计息和转换的会计分录。

六、讨论题

有A公司对外发行债券,期限为5年。发行时市场利率为8%,票面利率为10%,由于公司管理层觉察到市场利率将会上涨,因此,该债券采用溢价方式发行。第三年时,市场利率已经上涨至11%。在这种情况下,你认为A公司应当在账面上反映此时的实际利率以及由于公司的正确决策而带来的利益吗?为什么?如果你认为应当反映,应该如何反映?

自我测试答案

一、单项选择题

1. D	2. C	3. B	4. C	5. B	6. C
7. D	8. B	9. B	10. D		

二、多项选择题

1. AB	2. ABCD	3. ABD	4. CD	5. ABCD	6. ACD
7. BCD	8. ACD	9. BC	10. ABD		

三、判断题

1. 对	2. 错	3. 对	4. 错	5. 错	6. 错
7. 错	8. 错	9. 错	10. 对		

四、简答题

1. 企业为扩大经营规模,添置各种长期耐用的固定资产,往往需要大量资金。为筹措这些长期资金,主要有两种方法:一是投资者追加投入的资本;二是举借长期债务,即举债经营。当预计的投资利润率高于长期债务的固定利率时,企业通常会选择举债经营。这是因为:

(1) 若是通过投资者追加投资来筹资,则需要变更注册资本,另外还有可能削弱现有投资者对企业的控制权限和能力。而举债经营不会影响企业的投入资本,有利于保持投资者的投资比例。

(2) 举债经营能为企业所有者带来较大的经济利益,因为债权人只能按固定利率获得利息,投资利润率超过债务利率的这部分盈余,全部归企业的所有者,与债权人无关。

(3) 举债经营,债务的利息可以在税前利润中扣除,起到了抵减所得税的作用,而支付给投资者的利润或股利只能从税后利润中扣除,不得抵减所得税。

虽说有以上这些优点,举债经营也有其弊端。首先,企业必须定期支付长期债务的利息,到期偿还本金,缺乏财务上的灵活性;其次,举债经营财务风险较大,一旦企业无法偿还到期债务,就有可能被迫破产清算;第三,举债经营也会降低企业未来的借债能力。因此,究竟是选择举债经营还是增资来筹集长期资本,需视企业的具体情况而定。

2. 预计负债和或有负债都是因或有事项引起的。当与或有事项有关的义务符合确认为负债的条件时,应当将其确认为预计负债:(1) 该义务是企业承担的现时义务而非潜在的义务;(2) 该义务的金额能够可靠地计量;(3) 该义务的履行很可能导致经济利益流出企业。

或有负债是指过去的交易或事项形成的潜在义务,其存在须通过未来不确定事项的发生或不发生予以证实;或过去的交易或事项形成的现时义务,履行该义务不是很可能导致经济利益流出企业或该义务的金额不能可靠地计量。由于或有负债不满足有关负债的定义,因此不需要确认,在符合一定条件时应当在会计报表附注中披露。

五、计算分析题

1. (1) 1月5日:

借:原材料	18 000	
应交税费——应交增值税(进项税额)	2 890	
贷:应付账款		20 890

(2) 1月6日:

借:银行存款	200 000	
贷:短期借款		200 000

(3) 3月10日:

借:银行存款	50 000	
贷:预收账款		50 000

(4) 5月6日:

借:预收账款	50 000	
应收账款	8 500	
贷:主营业务收入		50 000
应交税费——应交增值税(销项税额)		8 500

(5) 7 月 6 日：

借：短期借款　　200 000

　　财务费用　　12 000

　　贷：银行存款　　212 000

(6) 8 月 31 日：

借：在建工程　　16 320

　　生产成本　　61 200

　　制造费用　　19 074

　　管理费用　　44 472

　　销售费用　　87 516

　　贷：应付职工薪酬——工资　　224 100

　　　　　　　　　——工会经费　　4 482

2.

总价法	净价法
3 月 5 日： 借：原材料　65 000 　应交税费——应交增值税　11 050 　贷：应付账款　76 050	借：原材料　61 750 　应交税费——应交增值税　11 050 　贷：应付账款　72 800
3 月 16 日： 借：应付账款　76 050 　贷：银行存款　74 750 　　财务费用　1 300	借：应付账款　72 800 　财务费用　1 950 　贷：银行存款　74 750
4 月 8 日： 借：原材料　42 000 　应交税费——应交增值税　7 140 　贷：应付账款　49 140	借：原材料　41 160 　应交税费——应交增值税　7 140 　贷：应付账款　48 300
4 月 16 日： 借：应付账款　24 570 　贷：银行存款　24 150 　　财务费用　420	借：应付账款　24 150 　贷：银行存款　24 150
4 月 30 日： 借：应付账款　24 570 　贷：银行存款　24 570	借：应付账款　24 150 　财务费用　420 　贷：银行存款　24 570

3. (1) 1 月 10 日：

借：银行存款　　10 000

　　贷：应付票据　　10 000

(2) 2 月 9 日：

借：原材料　　58 000

　　应交税费——应交增值税(进项税额)　　9 860

　　贷：应付票据　　58 000

　　　　银行存款　　9 860

(3) 5月9日：		
借：应付票据	58 000	
财务费用	870	
贷：银行存款		58 870
(4) 5月8日：		
借：原材料	70 000	
应交税费——应交增值税(进项税额)	11 900	
贷：应付票据		81 900
(5) 6月30日：		
借：财务费用	500	
贷：应付票据		500
(6) 7月10日：		
借：应付票据	10 500	
贷：银行存款		10 500
(7) 8月9日：		
借：应付票据	81 900	
贷：银行存款		81 900
4. (1) 借：原材料	87 600	
应交税费——应交增值税(进项税额)	14 000	
贷：应付账款		101 600
(2) 借：应收账款	468 000	
贷：主营业务收入		400 000
应交税费——应交增值税(销项税额)		68 000
借：主营业务成本	300 000	
贷：库存商品		300 000
借：税金及附加	40 000	
贷：应交税费——应交消费税		40 000
(3) 借：原材料	67 300	
应交税费——应交增值税(进项税额)	10 795	
贷：银行存款		78 095
(4) 借：固定资产	174 900	
应交税费——应交增值税(进项税额)	26 520	
贷：银行存款		201 420

5. 2014年底，计提有关质量保证费用时：

借：销售费用	45 000	
贷：预计负债		45 000

2014年实际发生修理支出时：

借：预计负债	50 000	
贷：银行存款等		50 000

2015～2017年发生修理费时的会计分录如下：

	2015 年	2016 年	2017 年
借：预计负债	30 000	25 000	26 000
贷：银行存款等	30 000	25 000	26 000

2017 年底，冲销预计负债的余额时：

借：预计负债　　164 000

　　贷：销售费用　　164 000

说明：250 000＋45 000－50 000－30 000－25 000－26 000＝164 000(元)

6. 债券发行日：

借：银行存款　　1 052 100

　　贷：应付债券——债券面值　　1 000 000

　　　　　　　　——利息调整　　52 100

2017 年 9 月 1 日：

借：财务费用　　42 084

　　应付债券——利息调整　　7 916

　　贷：应付利息　　50 000

借：应付利息　　50 000

　　贷：银行存款　　50 000

2017 年 12 月 31 日：

借：财务费用　　27 845

　　应付债券——利息调整　　5 488

　　贷：应付利息　　33 333

2018 年 3 月 1 日：

借：财务费用　　13 849

　　应付债券——利息调整　　2 818

　　贷：应付利息　　16 667

借：应付利息　　50 000

　　贷：银行存款　　50 000

单位：元

	实际利息	票面利息	摊　销	账面价值
2017 年 3 月 1 日				1 052 100
2017 年 9 月 1 日	42 084	50 000	7 916	1 044 184
2017 年 12 月 31 日	27 845	33 333	5 488	1 038 696
2018 年 3 月 1 日	13 849	16 667	2 818	1 035 878

7. (1) 2017 年 1 月 1 日，收到发行收入时：

借：银行存款　　4 500 000

　　应付债券——利息调整　　238 860

　　贷：应付债券——总值　　4 500 000

　　　　资本公积——其他资本公积（股份转换权）　　238 860

(2) 2017 年 12 月 31 日，支付利息时：

借：财务费用	255 668	
贷：应付利息		180 000
应付债券——利息调整		75 668
借：应付利息	180 000	
贷：银行存款		180 000

(3) 2018 年 1 月 1 日，50%债券持有者将债券转换为股票时：

转换的股票数＝4 500 000÷2÷10＝225 000(股)

借：应付债券——总值	2 250 000	
贷：应付债券——利息调整		81 596
股本		225 000
资本公积——股本溢价		1 943 404
借：资本公积——其他资本公积(股份转换权)	119 430	
贷：资本公积——股本溢价		119 430

教材习题参考答案

习　题　一

1. 票据为带息票据，利率为 6%。

(1) 借：原材料	35 500	
应交税费——应交增值税(进项税额)	6 035	
贷：银行存款		11 535
应付票据		30 000

(2) 计提利息＝30 000×6%×2/12＝300(元)

借：财务费用	300	
贷：应付票据		300

(3) 票据到期时：

借：财务费用	150	
应付票据	30 300	
贷：银行存款		30 450

2. 票据为不带息票据。

(1) 借：原材料	35 500	
应交税费——应交增值税(进项税额)	6 035	
贷：银行存款		11 535
应付票据		30 000

(2) 票据到期时：

借：应付票据	30 000	
贷：银行存款		30 000

习 题 二

日 期	总 价 法	净 价 法
9月1日	借：原材料 30 000 应交税费——应交增值税(进项税额) 5 100 贷：应付账款 35 100	借：原材料 29 400 应交税费——应交增值税(进项税额) 5 100 贷：应付账款 34 500
9月6日	借：原材料 56 000 应交税费——应交增值税(进项税额) 9 520 贷：应付账款 65 520	借：原材料 53 200 应交税费——应交增值税(进项税额) 9 520 贷：应付账款 62 720
9月9日	借：应付账款 35 100 贷：银行存款 34 500 财务费用 600	借：应付账款 34 500 贷：银行存款 34 500
9月12日	借：应付账款 32 760 贷：银行存款 31 360 财务费用 1 400	借：应付账款 31 360 贷：银行存款 31 360
9月25日	借：应付账款 32 760 贷：银行存款 32 200 财务费用 560	借：应付账款 31 360 财务费用 840 贷：银行存款 32 200
9月28日	借：应付账款 40 000 贷：应付票据 40 000	借：应付账款 39 200 财务费用 800 贷：应付票据 40 000

习 题 三

(1) 借：原材料 80 000
　　应交税费——应交增值税(进项税额) 13 600
　　贷：应付账款 93 600

(2) 借：原材料 100 000
　　应交税费——应交增值税(进项税额) 17 000
　　贷：应付票据 117 000

(3) 借：固定资产 501 800
　　应交税费——应交增值税(进项税额) 85 000
　　贷：银行存款 586 800

(4) 借：应收账款 234 000
　　贷：主营业务收入 200 000
　　　　应交税费——应交增值税(销项税额) 34 000
　借：主营业务成本 150 000
　　贷：库存商品 150 000
　借：税金及附加 20 000
　　贷：应交税费——应交消费税 20 000

(5) 进项税额＝22 000×13％＝2 860(元)

借：原材料	19 140	
应交税费——应交增值税(进项税额)	2 860	
贷：银行存款		22 000

习　题　四

(1) 借：管理费用	15 000	
贷：应付职工薪酬——工资		15 000
(2) 借：制造费用	28 000	
贷：应付职工薪酬——工资		28 000
(3) 借：生产成本	1 822 500	
制造费用	668 250	
管理费用	595 350	
销售费用	315 900	
贷：应付职工薪酬——工资		2 800 000
——医疗保险费		280 000
——住房公积金		224 000
——工会经费		56 000
——职工教育经费		42 000

习　题　五

如果公司败诉的可能性为70％,则应预计可能的损失：

借：管理费用	50 000	
营业外支出	325 000	
贷：预计负债		375 000

如果公司败诉的可能性为40％,则可以不确认可能的损失,只需要在会计报表附注中披露该或有事项。

习　题　六

2017年5月1日：

借：银行存款	3 000	
贷：长期借款		3 000

2017年12月31日：

借：财务费用	120	
贷：应付利息		120

支付利息时：

借：应付利息	120	
贷：银行存款		120

2018年12月31日：

借：财务费用	180	

贷：应付利息		180
支付利息时：		
借：应付利息	180	
贷：银行存款		180
2019 年 12 月 31 日：		
借：财务费用	180	
贷：应付利息		180
支付利息时：		
借：应付利息	180	
贷：银行存款		180
2020 年 4 月 30 日：		
借：财务费用	60	
长期借款	3 000	
贷：银行存款		3 060

习　题　七

1. 债券发行日的市场利率为 6%。

(1) 发行债券时：		
借：银行存款	1 000 000	
贷：应付债券——债券面值		1 000 000
(2) 每次支付利息时：		
借：财务费用	60 000	
贷：银行存款		60 000
(3) 债券到期时：		
借：应付债券——债券面值	1 000 000	
贷：银行存款		1 000 000

2. 债券发行日的市场利率为 7%。

(1) 发行债券时：		
借：银行存款	959 000	
应付债券——利息调整	41 000	
贷：应付债券——债券面值		1 000 000
(2) 第一年支付利息时：		
借：财务费用	67 130	
贷：银行存款		60 000
应付债券——利息调整		7 130
(3) 债券到期时：		
借：应付债券——债券面值	1 000 000	
贷：银行存款		1 000 000

债券折价摊销一览表

单位：元

计息日期	应付利息	利息费用	摊销的利息调整	未摊销的利息调整	债券的摊余成本
	(1)＝面值×票面利率	(2)＝上一期(5)×实际利率	(3)＝(1)－(2)	(4)＝上一期(4)－(3)	(5)＝上一期(5)＋(3)
2017年1月1日				41 000	959 000
2017年12月31日	60 000	67 130	7 130	33 870	966 130
2018年12月31日	60 000	67 629	7 629	26 241	973 759
2019年12月31日	60 000	68 163	8 163	18 078	981 922
2020年12月31日	60 000	68 735	8 735	9 343	990 657
2021年12月31日	60 000	69 343	9 343	0	1 000 000
合　计	300 000	341 000	41 000	—	—

3. 债券发行日的市场利率为5%。

(1) 发行债券时：

借：银行存款　　1 043 740

　　贷：应付债券——利息调整　　43 740

　　　　　　　　——债券面值　　1 000 000

(2) 第一年支付利息时：

借：财务费用　　52 187

　　应付债券——利息调整　　7 813

　　贷：银行存款　　60 000

(3) 债券到期时：

借：应付债券——债券面值　　1 000 000

　　贷：银行存款　　1 000 000

债券溢价摊销一览表

单位：元

计息日期	应付利息	利息费用	摊销的利息调整	未摊销的利息调整	债券的摊余成本
	(1)＝面值×票面利率	(2)＝上一期(5)×实际利率	(3)＝(1)－(2)	(4)＝上一期(4)－(3)	(5)＝上一期(5)－(3)
2017年1月1日				43 740	1 043 740
2017年12月31日	60 000	52 187	7 813	35 927	1 035 927
2018年12月31日	60 000	51 796	8 204	27 723	1 027 723
2019年12月31日	60 000	51 386	8 614	19 109	1 019 109
2020年12月31日	60 000	50 955	9 045	10 064	1 010 064
2021年12月31日	60 000	49 936	10 064	0	1 000 000
合　计	300 000	256 260	43 740	—	—

习 题 八

可转换公司债券权益成分的公允价值=3 000 000－2 840 760＝159 240(元)

应编制会计分录如下:

(1) 收到发行收入时:

借:银行存款	3 000 000	
应付债券——利息调整	159 240	
贷:应付债券——总值		3 000 000
资本公积——其他资本公积(股份转换权)		159 240

(2) 第一年计提利息时:

借:财务费用	170 446	
贷:应付债券——利息调整		50 446
应付利息		120 000
借:应付利息	120 000	
贷:银行存款		120 000

(3) 第二年计提利息时:

借:财务费用	173 472	
贷:应付债券——利息调整		53 472
应付利息		120 000
借:应付利息	120 000	
贷:银行存款		120 000

(4) 两年后,债券持有者全部将债券转换为股票时:

转换的股票数＝3 000 000÷10＝300 000(股)

借:应付债券——总值	3 000 000	
贷:应付债券——利息调整		55 322
股本		300 000
资本公积——股本溢价		2 644 678
借:资本公积——其他资本公积(股份转换权)	159 240	
贷:资本公积——股本溢价		159 240

案 例

略。

第十章　所有者权益

全章脉络

疑难解答
自我测试
自我测试答案
教材习题参考答案

疑难解答

一、所有者权益的性质和分类

1. 所有者权益的性质

所有者权益亦称净权益，是指企业所有者对企业净资产的要求权，是企业全部资产减去负债后的余额，它包括投入资本以及留存收益等。

2. 所有者权益的分类

所有者权益按形成的来源分
- 投入资本
  - 实收资本(股本)
  - 资本公积
- 留存利润
  - 盈余公积
  - 未分配利润

注意点：

从会计上讲	在会计实务中
资本公积是投入资本的一部分，与实收资本并无区分的必要，但从法律上讲，实收资本(法定资本或股本)不得任意减少，而资本公积则为可能减少的资本，所以两者必须区别处理。	将所有者权益分为实收资本(或股本)、资本公积、盈余公积及未分配利润四个部分，分别设置总账账户(或明细账户)进行核算。

二、投入资本

1. 我国目前实行的是注册资本认缴制。

2. 股份有限公司。

股份有限公司的设立方式不同，会计处理方法也不同。

项目	发起式	募集式
特点	公司的股份全部由发起人认购。	公司股份除发起人认购外，还可以采用向其他法人或自然人发行股票方式进行募集。
筹集资本的费用处理不同	筹集费用较低，可直接计入公司开办费或管理费用。	发行费用一般较高，在会计上应进行特别处理。采用溢价发行股票，其应付证券商的费用可以从溢价收入中支付。
筹集资本的风险不同	筹资风险小。	筹资风险大，发行失败的损失由发起人承担。

我国不允许企业折价发行股票。无论发行价格与面值是否一致，记入“股本”账户的金额总是股票面值。

3. 库存股。

如果公司购回本公司已发行的股票而不注销,则产生库存股。库存股不是公司的资产,而是所有者权益的减少。凡涉及库存股的业务,只可能引起所有者权益有关项目的增减变动,而不影响企业的损益。

库存股业务的会计处理有两种方法,即成本法和面值法。我国目前规定采用成本法,即以取得成本记录库存股。若以后按高于收回价再发行,其差额记入"资本公积——库存股"账户;若以后按低于收回价再发行,其差额冲减的顺序是"资本公积——库存股""盈余公积""利润分配——未分配利润"等账户。

三、留存利润

留存利润
- 盈余公积(指定用途)
  - 法定盈余公积(按净利润的10%提取)
  - 任意盈余公积(由企业自行决定提取)
  - 用途:1. 扩大生产经营 2. 弥补亏损 3. 转增资本
- 未分配利润(未指定用途)

提取盈余公积并不是单独将这部分资金从企业资金周转过程中抽出,留置起来。实际上,盈余公积的结存数只表现企业所有者权益的组成部分,表明企业生产经营资金的一个来源而已,其形成资金可能表现为一定的货币资金,也可能表现为一定的实物资产,随同企业的其他来源所形成的资金循环周转。

注意点:

用盈余公积弥补亏损、用盈余公积转增资本——不会引起所有者权益总额发生变动

四、现金股利与股票股利的区别

项 目	现 金 股 利	股 票 股 利
(1) 董事会提请批准利润分配方案时	借:利润分配——应付股利 ××× 贷:应付股利——现金股利 ×××	借:利润分配——应付股利 ××× 贷:应付股利——股票股利 ×××
(2) 实际发放股利时	借:应付股利——现金股利 ××× 贷:银行存款 ×××	借:应付股利——股票股利 ××× 贷:股本 ×××

五、股票股利与股票分割的异同点

1. 相同点

股票股利与股票分割都可以增加公司流通在外的股票数,都可以使股东所持有的股票数量增加,同时两者均不改变投资者所拥有股票的总成本。

2. 不同点

股票股利	股票分割
股票股利将留存利润的金额转移到投入资本之中，但每股面值不变。	股票分割并不影响所有者权益的结构和总额，故不需记账，只需以备忘录的形式记录即可，但改变了每股面值，同时也增加了相应的股数。

六、弥补亏损

1. 弥补亏损的渠道主要有以下三条：
(1) 用以后年度税前利润弥补，弥补期限不得超过5年。
(2) 用以后年度税后利润弥补。
(3) 用盈余公积弥补亏损。
2. 以当年实现利润弥补以前年度结转的未弥补亏损时，不需要进行专门的账务处理。
企业本年发生亏损时：
借：利润分配——未分配利润
　　贷：本年利润
企业以后年度实现利润时：　　　　自然抵补
借：本年利润
　　贷：利润分配——未分配利润
3. 无论是以税前利润还是以税后利润弥补亏损，其会计处理方法相同。

自我测试

一、单项选择题

1. 下列会引起"资本公积"账户借方发生变动的事项是(　　)。
A. 接受政府捐赠　　B. 资本公积转增资本
C. 购回本公司已发行的股票(成本法)　　D. 溢价发行股票
2. 当股票按溢价发行时，其发行手续费应记入(　　)账户。
A. "管理费用"　　B. "资本公积"　　C. "长期待摊费用"　　D. "财务费用"
3. 企业本年实现利润10 000元，可用于弥补上年度发生的亏损50 000元，应做的处理是(　　)。
A. 借：利润分配——弥补上年亏损　　10 000
　　贷：利润分配——未分配利润　　10 000
B. 借：盈余公积——弥补亏损　　10 000
　　贷：利润分配——未分配利润　　10 000
C. 借：利润分配——未分配利润　　10 000
　　贷：本年利润　　10 000
D. 不需要进行专门的账务处理

4. 某上市公司宣告本年分配股票股利 600 000 元,应编制会计分录如下:(　　)。

A. 借:利润分配——应付股利　　600 000
　　贷:应付股利——股票股利　　600 000

B. 借:利润分配——应付股利　　600 000
　　贷:股本　　600 000

C. 借:应付股利——股票股利　　600 000
　　贷:股本　　600 000

D. 不需要进行账务处理

5. 以下事项中,会引起所有者权益发生增减变化的有(　　)。

A. 分配现金股利　B. 以盈余公积弥补亏损
C. 用资本公积转增资本　D. 用盈余公积转增资本

6. 某企业年初未分配利润贷方余额为 200 万元,本年利润总额为 1 000 万元,该企业适用的所得税税率为 25%,按净利润的 10%提取法定盈余公积,提取任意盈余公积 50 万元,向投资者分配利润 100 万元。该企业年末未分配利润贷方余额为(　　)万元。

A. 875　B. 870　C. 725　D. 700

7. 下列事项中的(　　)不会引起留存利润发生增减变化。

A. 将资本公积转增资本　B. 发放现金股利
C. 发放股票股利　D. 将盈余公积转增资本

8. 会影响负债与所有者权益比例的事项有(　　)。

A. 收回应收账款　B. 宣告分配现金股利
C. 用资本公积转增资本　D. 计提盈余公积

9. 公司可以发行股票方式筹集资金,在我国不允许企业采用(　　)方式发行股票。

A. 溢价　B. 面值
C. 低于面值　D. 高于面值

10. 某企业 2011 年发生亏损 720 000 元,2012～2017 年该企业每年均实现利润 120 000 元,适用的所得税税率为 25%(假定该企业 2012～2016 年享受 5 年补亏期所得税政策)。该企业 2017 年“利润分配——未分配利润”账户的期末余额为(　　)。

A. 借方余额 30 000 元　B. 0
C. 借方余额 237 600 元　D. 借方余额 90 000 元

二、多项选择题

1. 在会计实务中,将所有者权益具体分为(　　)。

A. 实收资本　B. 资本公积　C. 盈余公积　D. 收入

2. 股份有限公司的特征有(　　)。

A. 全部资本划分等额股份　B. 股东人数 50 人以下
C. 以发行股票的方式筹集资本　D. 股东的出资可以随意转让

3. 以下可以增加公司流通在外的股票数,可以使股东所持有的股票数量增加,不改变投资者所拥有股票的总成本的项目是(　　)。

A. 发放股票股利　B. 股票分割
C. 发放现金股利　D. 股东追加投资

4. 公司的盈余公积，其用途主要有（　　）。
A. 扩大生产经营　　B. 弥补亏损
C. 转增资本　　D. 分配现金股利
5. 企业弥补亏损的渠道有（　　）。
A. 用实收资本(股本)补亏　　B. 用资本公积补亏
C. 用以后年度的税前利润补亏　　D. 用以后年度的税后利润补亏
6. 以下事项中，不会引起所有者权益发生增减变化的有（　　）。
A. 分配现金股利　　B. 以盈余公积弥补亏损
C. 用资本公积转增资本　　D. 用盈余公积转增资本
7. 库存股业务的会计处理方法有（　　）。
A. 成本法　　B. 权益法　　C. 面值法　　D. 市价法
8. 盈余公积按其提取的依据不同，可分为（　　）。
A. 法定盈余公积　　B. 任意盈余公积　　C. 法定资本　　D. 任意资本公积
9. 未分配利润的含义包括（　　）。
A. 这部分税后利润没有分配给企业投资者
B. 这部分税后利润可留待以后年度进行分配
C. 这部分税后利润未指定特定用途
D. 这部分税后利润已指定特定用途
10. 用盈余公积转增资本时，必须注意（　　）。
A. 经股东大会或类似机构决议批准
B. 办理增资手续
C. 按股东原有持股比例结转
D. 转增后留存的盈余公积数额不得少于注册资本的25%

三、判断题

1. 所有者权益是指企业所有者对企业资产的要求权。（　　）
2. “库存股”账户有借方余额，因此，库存股是资产账户。（　　）
3. 无论是以税前利润还是以税后利润弥补亏损，其对所有者权益的影响额均相同。（　　）
4. 以当年实现的利润弥补以前年度结转的未弥补亏损时，不需要进行专门的账户处理。（　　）
5. 股票股利并不影响所有者权益的结构和总额，故不需记账，只需以备忘录的形式记录即可。（　　）
6. 只要企业的亏损还没有弥补完，其实现的利润就不需要缴纳所得税。（　　）
7. 库存股的业务，可能引起所有者权益有关项目发生变化，也可能影响企业损益发生变化。（　　）
8. 提取盈余公积，实际上是对企业向投资者分配利润的一种限制，因此，需要单独将这部分资金从企业资金周转过程中抽出并留置起来。（　　）
9. 法定盈余公积和任意盈余公积的区别在于其各自计提的依据不同。（　　）
10. 采用成本法处理库存股业务，若以后按低于收回价再发行，其差额冲减的顺序是“资本公积——库存股”“盈余公积”“利润分配——未分配利润”等账户。（　　）

四、简答题

1. 什么是库存股？公司为何要从股东手中购回本公司的股票？
2. 简述利润分配的顺序。

五、计算分析题

1. 华虹公司由A、B、C三位投资者投资建立，A的投入资本占注册资本的比例为25%，B的投入资本占注册资本的比例为50%，C的投入资本占注册资本的比例为25%，资本总额为128万元。甲公司是华虹公司的全资子公司。2017年，华虹公司发生下列经济业务：

(1) 华虹公司新吸收投资者D，D以40万元的现金投资，取得华虹公司32万元的注册资本。

(2) 华虹公司收到政府捐赠的一台需要安装的新设备，该设备的市场价格为15万元，华虹公司另以银行存款支付相关费用1.2万元，支付安装调试费2.4万元，该设备已安装完毕(假定不考虑所得税)。

(3) 华虹公司用法定盈余公积弥补亏损12万元。

(4) 华虹公司2017年度又发生亏损40万元。

(5) 甲公司2017年实现净利润20万元。

要求：根据上述经济业务，为华虹公司编制会计分录。

2. 达能有限公司是由甲公司和乙公司于2016年初共同投资组建的。根据投资合同规定，达能公司注册资本为1 800万元。甲公司投入厂房一幢，该厂房原值为2 070万元，累计折旧为1 170万元，双方协商按净值确认；另投入现金180万元。乙公司投入无形资产一项，双方协商作价为144万元；另投入现金576万元。达能公司已将甲公司和乙公司投入的实物和货币资金按确认数作为实收资本入账。该公司适用的所得税税率为25%，享受经营前5年补亏优惠政策。

2016年至2017年，达能公司有关情况如下：

(1) 2016年发生亏损25.2万元；

(2) 2017年当年实现利润162万元。

要求：根据上述资料，为达能公司编制有关的会计分录。

3. 以下是三星公司从2010年至2017年的获利(或亏损)情况：

单位：元

年度	2010	2011	2012	2013	2014	2015	2016	2017
利润(亏损)	－100	10	20	20	0	10	18	20

要求：假定三星公司的所得税税率为25%，计算各年弥补亏损的金额及应缴纳的所得税额。

4. 衫衫股份有限公司截至2017年12月31日共发行股票10 000万股，每股面值为1元。其他所有者权益项目如下：

资本公积——库存股	2 500万元
盈余公积	1 500万元
未分配利润	100万元

经股东大会批准，该公司以现金回购本公司股票1 500万股并注销。

要求：

(1) 假定每股回购价为 0.9 元,编制回购股票和注销股票的会计分录。
(2) 假定每股回购价为 3.7 元,编制回购股票和注销股票的会计分录。

六、讨论及网络题

大升石油公司是一家独立石油生产商,公司用募集的资金去勘探油田。1 月,公司的勘探人员发现了一个油田,该油田的储量是公司已探明储量的 4 倍。在向公众披露这一信息之前,该公司的高级管理人员和公司的其他一些知情人悄悄地购买了大量的本公司股票。信息公告后,该公司股票的市价由每股 15 元涨到 60 元。

请问:上述该公司的高级管理人员和公司的其他一些知情人的行为是否合理?请说明理由。

自我测试答案

一、单项选择题

1. B	2. B	3. D	4. A	5. A	6. C
7. A	8. B	9. C	10. A		

二、多项选择题

1. ABC	2. ACD	3. AB	4. ABC	5. CD	6. BCD
7. AC	8. AB	9. ABC	10. ABCD		

三、判断题

1. 错	2. 错	3. 错	4. 对	5. 错	6. 错
7. 错	8. 错	9. 对	10. 对		

四、简答题

1. 如果公司购回本公司已发行的股票而不注销,则产生库存股。
公司可能会由于以下原因而从股东手中购回股票:
(1) 为减少注册资本而收购本公司股份;
(2) 为奖励本公司职工而收购本公司股份;
(3) 股东因对股东大会作出的公司合并、分立决议持有异议而要求公司收购本公司股份;
(4) 通过回购以减少股票的供应量,从而保持或提升其市价;
(5) 试图通过低价时回购、高价时再发行以调度资金;
(6) 减少发行在外可供购买的股票数量,以防止公司被外部收购。
2. 根据有关法规的规定,企业当年实现的利润,一般应当按照以下顺序进行分配:
(1) 弥补以前年度亏损(在不超过税法规定的弥补期限之内)。

(2) 缴纳所得税。

(3) 弥补企业在税前利润弥补亏损之后仍存在的亏损。

(4) 提取法定盈余公积。法定盈余公积按照税后利润(减弥补亏损)的10%提取。当盈余公积累计额已达公司注册资本的50%时,可不再提取。

(5) 提取任意盈余公积。公司制形式的企业在提取法定盈余公积后,按照公司章程规定或股东会决议,可以提取任意盈余公积。

(6) 向投资者分配利润或股利。企业弥补亏损和提取盈余公积后的剩余利润,有限责任公司按照股东的出资比例向股东分配利润,股份有限公司按照股东持有股份比例分配股利。

五、计算分析题

1. 会计分录如下(单位:万元):

(1) 借:银行存款	40	
贷:实收资本——D		32
资本公积——资本溢价		8
(2) 借:在建工程	18.6	
贷:递延收益		15
银行存款		3.6
借:固定资产	18.6	
贷:在建工程		18.6
(3) 借:盈余公积	12	
贷:利润分配——盈余公积补亏		12
借:利润分配——盈余公积补亏	12	
贷:利润分配——未分配利润		12
(4) 借:利润分配——未分配利润	40	
贷:本年利润		40

2. 会计分录如下(单位:万元):

2016年:

(1) 借:固定资产	900	
贷:实收资本——甲		900
(2) 借:银行存款	180	
贷:实收资本——甲		180
(3) 借:无形资产	144	
贷:实收资本——乙		144
(4) 借:银行存款	576	
贷:实收资本——乙		576
(5) 借:利润分配——未分配利润	25.2	
贷:本年利润		25.2

2017年:

(6) 借:所得税费用	34.2	
贷:应交税费——应交所得税		34.2

借：本年利润　　34.2
　　贷：所得税费用　　34.2
（7）借：本年利润　　127.8
　　贷：利润分配——未分配利润　　127.8

3. 计算如下：

单位：万元

年　度	2010	2011	2012	2013	2014	2015	2016	2017
弥补亏损金额	—	10	20	20	—	10	13.50	15
缴纳所得税额	—	—	—	—	—	—	4.50	5

4. 会计分录如下(单位：万元)：

（1）回购时：
借：库存股　　1 350
　　贷：银行存款　　1 350
注销时：
借：股本　　1 500
　　贷：库存股　　1 350
　　　　资本公积——库存股　　150
（2）回购时：
借：库存股　　5 550
　　贷：银行存款　　5 550
注销时：
借：股本　　1 500
　　资本公积——库存股　　2 500
　　盈余公积　　1 500
　　利润分配——未分配利润　　50
　　贷：库存股　　5 550

六、讨论及网络题

略。

教材习题参考答案

习　题　一

（1）借：银行存款　　29 100 000
　　贷：股本——普通股　　20 000 000
　　　　资本公积——股票溢价　　9 100 000

(2) ① 借：银行存款	2 000 000	
贷：实收资本		2 000 000
② 借：无形资产	400 000	
银行存款	600 000	
贷：实收资本		1 000 000
③ 借：固定资产	2 000 000	
贷：实收资本		2 000 000
④ 借：固定资产	3 600 000	
贷：实收资本		3 600 000

习 题 二

(1) 借：银行存款	3 104 000	
长期待摊费用	96 000	
贷：股本		3 200 000
(2) 借：银行存款	31 040 000	
贷：股本		3 200 000
资本公积		27 840 000

习 题 三

(1) 9 月 12 日：		
借：库存股	60 000	
贷：银行存款		60 000
(2) 10 月 25 日：		
借：银行存款	50 000	
贷：库存股		37 500
资本公积——库存股		12 500
(3) 12 月 21 日：		
借：银行存款	20 000	
资本公积——库存股	2 500	
贷：库存股		22 500

习 题 四

(单位：万元)

(1) ① 回购时：		
借：库存股	3 600	
贷：银行存款		3 600
② 注销时：		
借：股本	4 500	
贷：库存股		3 600
资本公积——库存股		900

(2) ① 回购时：

借：库存股　　9 000

　　贷：银行存款　　9 000

② 注销时：

借：股本　　4 500

　　资本公积——库存股　　4 500

　　贷：库存股　　9 000

(3) ① 回购时：

借：库存股　　13 500

　　贷：银行存款　　13 500

② 注销时：

借：股本　　4 500

　　资本公积——库存股　　7 500

　　盈余公积　　1 500

　　贷：库存股　　13 500

习　题　五

(1) 2011 年末：

借：利润分配——未分配利润　　40 000

　　贷：本年利润　　40 000

	2012 年末	2013 年末	2014 年末	2015 年末
(2) 借：本年利润	10 000	2 000	2 000	5 000
贷：利润分配——未分配利润	10 000	2 000	2 000	5 000

2016 年末：

借：本年利润　　5 000

　　贷：利润分配——未分配利润　　5 000

(3) 2017 年末：

借：所得税费用　　5 000

　　贷：应交税费——应交所得税　　5 000

借：本年利润　　5 000

　　贷：所得税费用　　5 000

借：本年利润　　15 000

　　贷：利润分配——未分配利润　　15 000

利润分配——未分配利润

2011 年末	40 000	2012 年末	10 000
		2013 年末	2 000
		2014 年末	2 000
		2015 年末	5 000
		2016 年末	5 000
		2017 年末	15 000
余	1 000(亏)		

习 题 六

(1) 提取盈余公积时：

借：利润分配——提取法定盈余公积	480 000	
——提取任意盈余公积	240 000	
贷：盈余公积——法定盈余公积		480 000
——任意盈余公积		240 000

(2) 分配现金股利时：

借：利润分配——应付股利	1 000 000	
贷：应付股利——现金股利		1 000 000

(3) 年末结转时：

借：利润分配——未分配利润	1 720 000	
贷：利润分配——提取法定盈余公积		480 000
——提取任意盈余公积		240 000
——应付股利		1 000 000

(4) 股利发放时：

借：应付股利——现金股利	1 000 000	
贷：银行存款		1 000 000

习 题 七

(1)

借：本年利润	288 000	
贷：利润分配——未分配利润		288 000

(2)、(3)

借：利润分配——提取法定盈余公积	26 400	
——提取任意盈余公积	40 000	
贷：盈余公积——法定盈余公积		26 400
——任意盈余公积		40 000

(4) 宣告时：

借：利润分配——应付股利	110 000	
贷：应付股利——现金股利		70 000
——股票股利		40 000

(5) 发放时：

借：应付股利——股票股利	40 000	
贷：股本		40 000
借：应付股利 ——现金股利	70 000	
贷：银行存款		70 000

(6) 结转各明细账时：

借：利润分配——未分配利润	176 400	
贷：利润分配——提取法定盈余公积		26 400
——提取任意盈余公积		40 000
——应付股利		110 000

习 题 八

(1) 借：银行存款	200 000	
贷：实收资本		200 000
(2) 借：固定资产	40 000	
贷：实收资本		40 000
(3) 借：无形资产	72 000	
贷：实收资本		72 000
(4) 借：银行存款	100 000	
固定资产	80 000	
原材料	200 000	
贷：实收资本		380 000
(5) 借：本年利润	400 000	
贷：利润分配——未分配利润		400 000
借：利润分配——提取法定盈余公积	40 000	
贷：盈余公积——法定盈余公积		40 000
借：利润分配——未分配利润	40 000	
贷：利润分配——提取法定盈余公积		40 000
(6) 借：资本公积	50 000	
贷：实收资本		50 000
(7) 借：盈余公积	30 000	
贷：实收资本		30 000

习 题 九

(1) 借：原材料	100 000	
贷：实收资本		100 000
(2) 借：固定资产	70 000	
贷：实收资本		70 000
(3) 借：银行存款	21 825 000	
贷：股本		15 000 000
资本公积		6 825 000
(4) 借：资本公积	30 000	
盈余公积	20 000	
贷：股本		50 000
(5) 借：本年利润	600 000	
贷：利润分配——未分配利润		600 000

习 题 十

(1) 甲骨文公司有关业务的会计分录如下(单位：万元)：

① 结转 2016 年实现净利时：

借：本年利润　300
　　贷：利润分配——未分配利润　300

② 提取盈余公积时：

借：利润分配——提取法定盈余公积　30
　　贷：盈余公积——法定盈余公积　30

③ 宣告分配股利时：

借：利润分配——应付股利　450
　　贷：应付股利——现金股利　225
　　　　　　　　——股票股利　225

④ 支付现金股利时：

借：应付股利——现金股利　225
　　贷：银行存款　225

⑤ 发放股票股利时：

借：应付股利——股票股利　225
　　贷：股本　225

⑥ 结转利润分配各明细账时：

借：利润分配——未分配利润　480
　　贷：利润分配——提取法定盈余公积　30
　　　　　　　　——应付股利　450

⑦ 结转 2017 年发生的亏损时：

借：利润分配——未分配利润　70
　　贷：本年利润　70

(2) 甲骨文公司 2017 年 12 月 31 日所有者权益的余额＝股本 2 475 万元＋资本公积 150 万元＋盈余公积 180 万元＋未分配利润 200 万元＝3 005 万元

案　例

略。

第三篇

收入成本篇

本篇脉络

第十一章　损益计量与核算

全章脉络

疑难解答
自我测试
自我测试答案
教材习题参考答案

疑难解答

一、营业收入的特点

(1) 营业收入从企业的日常生产经营活动中产生,而不是从偶发的交易或事项中产生,如出售固定资产取得的收益则不能作为营业收入核算。

(2) 营业收入可能表现为企业资产的增加,也可能表现为企业负债的减少,或者二者兼而有之。

(3) 营业收入能导致企业所有者权益的增加。但是,收入扣除相关成本费用后的净额,则可能增加所有者权益,也可能减少所有者权益。

(4) 营业收入只包括本企业经济利益的流入,不包括为第三方或客户代收的款项。

二、确认营业收入的原则

(一) 营业收入实现原则

2017 年修订的收入准则以基于合同的控制权转移作为收入确认的判断标准,收入金额的计量应当反映销售方因交付商品或服务而预期有权获得的金额。

在客户取得相关商品控制权时,同时满足下列条件时,企业可以确认收入:

(1) 合同各方已批准该合同并承诺将履行各自义务;

(2) 该合同明确了合同各方与所转让商品或劳务的相关权利和义务;

(3) 该合同有明确的与所转让商品相关的支付条款;

(4) 该合同具有商业实质,即履行该合同将改变企业未来现金流量的风险、时间分布或金额;

(5) 企业因向客户转让商品而有权取得的对价很可能收回。

(二) 营业收入的确认步骤

收入确认的核心原则为"企业应当在履行了合同中的履约义务,即在客户取得相关商品或服务的控制权时确认收入"。

收入确认分五步:一是识别客户合同,二是识别合同中包含的各单项履约义务,三是确定交易价格,四是把交易价格分摊至各单项履约义务,五是根据各单项履约义务的履行确认收入。

三、销售折让与销售退回

(一) 销售折让

在销售过程中,企业售出的商品可能会因质量不合格等原因需要在售价上给予购买方一定的减让,这种情况即为销售折让。

(1) 通常情况下,销售折让发生在企业确认收入之后,因此,销售折让发生时,应直接冲减当期的商品销售收入,如果按规定允许冲减当期销项税额的,还要同时冲减相应税项。

(2) 如果销售折让属于资产负债表日后事项,则按《企业会计准则第 29 号——资产负债表日后事项》的相关规定进行处理。

(二) 销售退回

企业出售的商品，由于质量、品种不符合要求等原因而发生退货，这种情况称为销售退回。

(1) 如果销售退回发生在收入确认之后，企业一般应在发生时冲减当期商品销售收入以及相关的商品销售成本，如果按规定允许冲减当期销项税额，还要同时冲减相应税项。

(2) 如果已确认收入的售出商品发生的销售退回属于资产负债表日后事项，则按《企业会计准则第 29 号——资产负债表日后事项》的相关规定进行处理。

四、成本计算程序

(1) 账户设置。
(2) 材料费用汇总计入生产成本的程序。
(3) 工资费用汇总计入生产成本的程序。
(4) 制造费用汇总计入生产成本的程序。
(5) 完工产品成本的结转。

五、应纳税所得额与税前会计利润的差别

应纳税所得额或应税利润——依据有关的税收法规确定的应纳税所得额；
税前会计利润或会计利润——利润表中遵循会计准则产生的利润总额。
应纳税所得额与税前会计利润之间的差异分为永久性差异和暂时性差异两类。

六、所得税的会计处理方法及其应用对象

表 11-1

差　异	应记录的科目	对所得税费用的影响
永久性差异	借：所得税费用 　　贷：应交税费——应交所得税	所得税与应交税费金额一致
暂时性差异	借：所得税费用 借或贷："递延所得税资产"或"递延所得税负债" 　　贷：应交税费——应交所得税	所得税与应交税费金额不一致，其差异为递延税款

采用债务法核算所得税时，须确认暂时性差异对未来所得税的影响，并将其金额反映在资产负债表的递延所得税资产或负债中。

七、"递延税款"账户核算的内容

递延税款包括递延所得税资产和递延所得税负债，核算企业由于暂时性差异产生的影响所得税的金额，以及以后各期转回的金额。

递 延 税 款

会计利润<应税利润： 本期产生的暂时性差异对所得税的影响，即未来可抵减的所得税额 记为：递延所得税资产	会计利润>应税利润： 本期产生的暂时性差异对所得税的影响，即未来应交的所得税额 记为：递延所得税负债
本期转销原记为递延所得税负债的数额	本期转销原记为递延所得税资产的数额

八、永久性差异及其内容

永久性差异是指某一会计期间，由于会计准则和税法在计算收益、费用或损失时的口径不一致，所产生的税前会计利润与应税所得之间的差异。具体如下：

表 11-2

永久性差异的种类	国库券利息收入
	股息、红利等权益性投资收益
	超标准的公益性捐赠，以及非公益性捐赠
	违法经营罚款和被没收财物的损失，以及各项税收滞纳金等
	超标准的业务招待费支出
	超标准的广告费
	各种赞助支出
	超标准的利息支出
	超标准的工资支出
	不符合独立交易原则的关联方支出

九、暂时性差异及其内容

资产或负债的账面价值与税法计税基础的差异为暂时性差异。暂时性差异必须按债务法核算确认递延所得税资产或递延所得税负债。递延所得税资产是暂时性差异引起的未来可抵减额。递延所得税负债是暂时性差异引起的未来税金负债，它们产生于某一会计期，均会在以后期转回。

表 11-3　　暂时性差异的主要类别

(1) 会计准则与税法在收益确定上的不一致	例如，交易性金融资产按公允价值确认的收益。
(2) 会计准则与税法在费用、损失确定上的不一致	例如，按照应计制原则计提的产品保修费用；又如，因固定资产折旧产生的暂时性差异。

十、债务法

债务法，是将本期由于暂时性差异产生的影响所得税金额，递延和分配到以后期，并同时转回已确认的暂时性差异对所得税的影响金额。

假定只存在暂时性差异，采用债务法处理暂时性差异的要点如下：

表 11-4

(1) 确认当期暂时性差异：	
借：所得税费用 借或贷：递延税款 贷：应交税费——应交所得税	(会计利润×现行所得税税率) (暂时性差异×现行所得税税率)或轧差 (会计利润±暂时性差异)×现行所得税税率
(2) 税率变动和开征新税时，调整"递延税款"账户：	
借：递延税款 贷：所得税费用	以前年度暂时性差异×(现行税率－以前年度的税率) 以前年度暂时性差异×(现行税率－以前年度的税率)
或：	
借：所得税费用 贷：递延税款	以前年度暂时性差异×(现行税率－以前年度的税率) 以前年度暂时性差异×(现行税率－以前年度的税率)
(3) 转销当年确认的暂时性差异：	
借：所得税费用 借或贷：递延税款 贷：应交税费——应交所得税	当年确认的所得税费用 (暂时性差异×现行所得税税率) (会计利润±暂时性差异)×现行所得税税率

自 我 测 试

一、单项选择题

1. 确认营业收入必须遵循(　　)原则。

A. 配比　　B. 收入实现　　C. 谨慎性　　D. 可比性

2. 企业代第三方收取的款项以及企业预期将退还给客户的款项，应当作为(　　)入账。

A. "其他业务收入"　　B. "主营业务收入"

C. "其他应收款"　　D. "负债"

3. 确认营业收入的标准是(　　)。

A. 基于合同的控制权转移　　B. 产品的风险和报酬转移

C. 所有权转移　　D. 客户收取相关商品

4. 如果已确认收入的售出商品发生销售退回，且不属于资产负债表日后事项的，应(　　)。

A. 冲减当期发出商品的数量

B. 作为以前年度损益调整处理

C. 改动以前的账目

D. 冲减当期的商品销售收入和相关的商品销售成本

5. 某企业于 7 月 4 日采用现金折扣方式销售商品一批，价格为 60 000 元(不考虑增值税)，商品已发出，付款条件为"2/10,1/20,n/30"，购货方于 7 月 24 日付清全部货款，可享受(　　)元的现金折扣。

A. 1 200　　B. 0　　C. 702　　D. 600

6. 为生产过程提供服务的勤杂人员的报酬应计入(　　)。

A. 管理费用　　B. 销售费用　　C. 制造费用　　D. 生产成本

7. 下列各项中,属于产品成本项目的有(　　)。

A. 管理费用　　B. 销售费用　　C. 直接人工成本　　D. 财务费用

8. 构成产品主要实体的各种原材料和外购半成品,应记入(　　)账户。

A. "生产成本"　　B. "制造费用"　　C. "管理费用"　　D. "销售费用"

9. 甲公司用银行存款支付产品广告费,应记入(　　)账户。

A. "销售费用"　　B. "管理费用"　　C. "财务费用"　　D. "制造费用"

10. 下列项目中,不属于永久性差异的是(　　)。

A. 企业的各种非广告性赞助　　B. 企业产品质量担保费用

C. 企业购买的国债利息收入　　D. 违法的罚款支出

11. 所得税跨期分摊时,下列差异中的(　　)所产生的未来所得税影响数分别确认为负债或资产。

A. 暂时性差异　　B. 永久性差异

C. 税前会计利润与应税所得额的差异　　D. 暂时性差异和永久性差异

12. 采用债务法对永久性差异进行核算时,其永久性差异对所得税的影响可能是(　　)。

A. 所得税费用与应交所得税金额是一致的

B. 所得税费用大于应交所得税金额

C. 所得税费用小于应交所得税金额

D. 所得税费用与应交所得税金额的不一致计入递延税款

13. 产生未来应交税款的暂时性差异有(　　)。

A. 因为交易性金融资产公允价值大于账面价值的未实现损失

B. 因为交易性金融资产公允价值大于账面价值的未实现收益

C. 本期利润表中确认的应收账款对所得税的影响

D. 本期利润表中确认的未决诉讼引起的或有负债对所得税的影响

14. 若本期所得税与应纳所得税发生不一致,其引起的原因可能是(　　)。

A. 永久性差异　　B. 暂时性差异

C. 永久性差异和暂时性差异　　D. 利息费用

二、多项选择题

1. 营业收入包括(　　)。

A. 商品销售收入　　B. 劳务收入

C. 材料销售收入　　D. 出售固定资产的收入

2. 下列交易和事项中,应记入制造企业"其他业务收入"账户核算的有(　　)。

A. 出售固定资产　　B. 销售材料

C. 出租无形资产　　D. 提供产品修理服务

3. 营业收入的实现会引起(　　)。

A. 资产的增加　　B. 所有者权益的增加

C. 负债的减少　　D. 负债的增加

4. 下列项目中，属于其他业务支出的有(　　)。

A. 已销售材料的成本　　B. 滞纳金

C. 其他业务应计的税金　　D. 出租无形资产的摊销额

5. 下列项目中，在"主营业务收入"账户借方反映的有(　　)。

A. 销售退回　　B. 增值税　　C. 销售折让　　D. 商业折扣

6. 不通过"税金及附加"账户核算的税金是(　　)。

A. 增值税　　B. 所得税　　C. 消费税　　D. 个人所得税

7. 下列项目中，属于期间费用范围的是(　　)。

A. 财务费用　　B. 制造费用　　C. 管理费用　　D. 销售费用

8. 如果某企业只存在暂时性差异，则企业在进行所得税会计核算时，现行会计准则不允许采用的方法是(　　)。

A. 应付税款法　　B. 纳税影响会计法　　C. 递延法　　D. 债务法

9. 永久性差异将会使(　　)。

A. 税前会计利润小于应税所得　　B. 税前会计利润大于应税所得

C. 税后会计利润大于应税所得　　D. 税后会计利润小于应税所得

10. 采用债务法时，增加本期所得税费用的项目有(　　)。

A. 本期应交所得税

B. 本期发生的暂时性差异所产生的递延所得税资产金额

C. 本期发生的暂时性差异所产生的递延所得税负债金额

D. 本期转回的原确认的递延所得税资产金额

11. 以下事项中的(　　)会造成当期产生暂时性差异对所得税的影响(假定母公司和子公司的所得税税率一致)。

A. 本期计提质量担保费用　　B. 按权益法核算的投资收益

C. 本期支付并确认的罚款支出　　D. 本期实际发生的广告费用

12. 以下哪些步骤________是收入确认时需要考虑的。

A. 根据各单项履约义务的履行确认收入

B. 识别合同中包含的各单项履约义务

C. 确定交易价格

D. 把交易价格分摊至各单项履约义务

三、判断题

1. 如果成本不能可靠地计量，即使其他条件均已满足，相关的收入也不能确认。(　　)

2. 只要这些合同是基于同一商业目的，或一份合同的金额取决于其他合同的定价或履行情况，就应当合并为一份合同的收入进行会计处理。(　　)

3. 判断一项商品所有权上的主要风险和报酬是否转移，需要关注每项交易的实质而不只是形式。(　　)

4. 增值税是企业销售收入的抵减项目。(　　)

5. "制造费用"账户期末结转前是没有余额的。(　　)

6. "生产成本"账户的期末余额表示尚未加工完成的在产品成本，期末应在资产负债表中的"存货"项目内列示。(　　)

7. 企业发生的销售费用、财务费用和管理费用，直接计入当期损益。（　）

8. 本期发生或转回的暂时性差异对所得税的影响，应采用应付税款法加以核算。（　）

9. 应纳税所得额是按税法要求确定的，而会计核算和编报是在会计准则基础上进行的。（　）

10. 递延所得税资产余额和递延所得税负债余额应该分别列示在资产负债表的资产和负债项下。（　）

11. 在债务法下，暂时性差异产生的影响所得税额的金额，既要在资产负债表中列示，也要在会计报表附注中详细列示缘由和金额。（　）

12. 固定资产折旧所产生的暂时性差异一般记录在“递延所得税资产”账户的借方，并于以后期在贷方转回。（　）

四、简答题

1. 什么是销售折扣、销售退回与折让？销售退回与折让在会计上应如何处理？
2. 简要说明收入确认的五个步骤。
3. 营业利润的确定与产品成本计算有何关系？
4. 请说明应纳税所得和税前会计利润的差异的种类及其内容。

五、计算分析题

1. 华虹公司于2017年1月1日开始营业。2017年12月，该公司发生以下业务：

(1) 12月1日，赊销A产品1 000件，每件售价270元，增值税税率为17%，每件成本180元，现金折扣为“2/10,1/20,*n*/30”(总价法)。

(2) 12月5日，采用分期收款方式销售B产品一件，合同约定售价16万元(不含增值税，增值税税率为17%)，分5年等额收取。在现销方式下，该产品的售价为14.4万元，成本为9万元。

(3) 12月8日，委托东方公司销售A产品2 000件，每件售价270元，增值税税率为17%，每件成本180元(采用收取手续费方式)。

(4) 12月9日，收到12月1日赊销A产品的货款。

(5) 12月10日，销售材料200千克，每千克售价50元，增值税税率为17%，每千克成本40元，货款已存入银行。

(6) 12月15日，上月销售并已收款的A产品有100件本月退回，售价和成本与本月相同。

(7) 12月20日，开出支票1万元支付广告费。

(8) 12月21日，以现金支付行政管理部门差旅费2 000元。

(9) 12月25日，收到东方公司的代销清单，委托销售的A产品已全部售出，扣除手续费(按销售收入的5%)，其余货款已存入银行。

(10) 12月31日，月末结转销售成本。

(11) 12月31日，计算本月应纳所得税费用，该公司所得税税率为30%。月末结转损益类账户。

(12) 结转本月利润。

(13) 该公司分别按照净利润的10%和5%计提法定盈余公积和任意盈余公积。

(14) 经股东大会决议，该公司宣告分派现金股利1万元。

要求：根据以上业务，编制必要的会计分录。

2. 星辰公司是一家从事设备安装的企业，采用投入法确认履约比例。2017 年 9 月初接受一项设备安装任务，为日月公司安装甲设备，安装期为 8 个月，预计 2018 年 4 月底完工，合同总收入 640 000 元，估计总成本 480 000 元，至年底已预收 300 000 元，实际发生成本 192 000 元(假定均为安装人员的工资)。

要求：

(1) 计算星辰公司 2017 年度应确认的收入及应结转的成本。

(2) 为星辰公司编制 2017 年度有关的会计分录。

3. 嘉欣公司 2007 年和 2008 年的会计利润均为 100 000 元。2007 年适用的所得税税率为 33%，2008 年起改按 25%交税。2007 年交易性金融资产产生的公允价值变动收益为 90 000 元，应计负债当期增加 20 000 元。2008 年未发生相关的暂时性差异数据变动。

要求：编制 2007 年、2008 年所得税会计分录。

4. 某企业 2016 年 1 月 1 日开始对一套生产线计提折旧，其实际成本为 100 万元，企业会计政策规定使用 2 年，税法规定按 4 年计提折旧。公司适用的所得税税率为 25%。其他有关资料如表 11 - 5 所示。

表 11 - 5 单位：万元

年　度	税前会计利润	永久性差异
2016	100	业务招待费超支 2
2017	120	实发工资超支 20
2018	100	—
2019	130	利息超支 10

要求：根据以上资料计算各年的应纳所得税，采用债务法编制相应的会计分录。

5. 专业词汇回顾

请将以下左边的会计名词与右边的解释相匹配，并将字母填入横线中。

(1) 递延所得税资产 ____ A. 应交所得税加上递延所得税资产、负债净变化数
(2) 所得税 ____ B. 用于计算应交所得税的基数
(3) 永久性差异 ____ C. 会增加本期应税利润的暂时性差异
(4) 资产准备计提数 ____ D. 会造成应交所得税减少的项目
(5) 暂时性差异 ____ E. 会在以后期转回的会计利润与应税利润间的差异
(6) 应税利润 ____ F. 具有借方余额的递延税款
(7) 递延所得税负债 ____ G. 会计利润与应税利润之间的差异，这种差异本期产生后，不会在以后期转回

6. 假定 S 公司除了以下数据外没有别的暂时性差异，其连续 2 年的利润和税率列示如下：

表 11 - 6

	2016 年	2017 年
税前会计利润(元)	200 000	220 000
应税利润(元)	220 000	200 000
所得税税率	25%	25%

要求：

(1) 编制每年与所得税相关的会计分录。

(2) 编制部分利润表和资产负债表，列出与所得税相关的账户和数据。

7. 通过以下数据分析递延所得税负债，操练分录的编制和年报的列示。

斯达克公司经营固定资产，其成本为 120 000 元，估计使用年限为 4 年。该资产在纳税申报单上的折旧额分别为 48 000 元(2015 年)、36 000 元(2016 年)、24 000 元(2017 年)、12 000 元(2018 年)。但是，在编制财务报告时，各年计提的折旧分别为每年 30 000 元。假定该公司适用的所得税税率为 30%，则各年税前会计利润如表 11－7 所示。

表 11－7 单位：元

年　份	2015	2016	2017	2018
利润总额	30 000	50 000	40 000	40 000

要求：

(1) 分析这是否属于暂时性差异，并说明理由。

(2) 将会计利润调整为应税利润，计算应交所得税。计算递延所得税负债余额，并编制年末与所得税相关的会计分录。

(3) 在资产负债表上列出各年递延所得税负债额。

六、讨论及网络题

申花公司以起运点交货的方式出售其 A 产品。公司通常在接到订单后一个星期向客户发货。对于 12 月份接到的订单，该公司有关管理人员可决定何时发货。如果该公司本年的利润比较理想，他们就决定到次年 1 月份发货；否则，就决定在当年 12 月份发货。

要求：

(1) 根据上述销售方式，该公司应在何时确认销售实现?

(2) 你认为申花公司的这种做法是否合理？请说明理由。

自我测试答案

一、单项选择题

1. B　　2. D　　3. A　　4. D　　5. D　　6. C
7. C　　8. A　　9. A　　10. B　　11. A　　12. A
13. B　　14. B

二、多项选择题

1. ABCE　　2. BCD　　3. ABC　　4. ACD　　5. AC　　6. ABD
7. ACD　　8. ABC　　9. AB　　10. ACD　　11. AB　　12. ABCD

三、判断题

1. 对	2. 对	3. 对	4. 错	5. 错	6. 对
7. 对	8. 错	9. 对	10. 对	11. 对	12. 错

四、简答题

1. 销售折扣包括商业折扣和现金折扣。商业折扣是指企业在销售时，根据实际市场供需情况或者不同顾客等原因，在规定的价目表报价中给予一个折扣，按打了折扣以后的金额作为发票价格。现金折扣是指销售企业为了鼓励顾客在规定的期限内尽可能提前还款而向顾客提供的发票价格的折扣。

在销售过程中，企业售出的商品可能会因质量不合格等原因需要在售价上给予购买方一定的减让，这种情况即为销售折让。通常情况下，销售折让发生在企业确认收入之后，因此，销售折让发生时应直接冲减当期的商品销售收入；如果销售折让属于资产负债表日后事项，则应按《企业会计准则第 29 号——资产负债表日后事项》的相关规定进行处理。

企业出售的商品，由于质量、品种不符合要求等原因而发生退货，称为销售退回。如果销售退回发生在收入确认之前，应减少发生商品的数量，收入的确认额为销售价款中扣除了退回货物价值的金额。如果销售退回发生在收入确认之后，企业一般应在发生时冲减当期商品销售收入，以及相关的商品销售成本。如果已确认收入的售出商品发生的销售退回属于资产负债表日后事项，则应按《企业会计准则第 29 号——资产负债表日后事项》的相关规定进行处理。

2. 收入确认分五个步骤：一是识别客户合同，二是识别合同中包含的各单项履约义务，三是确定交易价格，四是把交易价格分摊至各单项履约义务，五是根据各单项履约义务的履行确认收入。

3. 企业的营业利润是取得营业收入与为取得这些收入而发生的各种费用相互配合比较的结果。

费用包括营业成本和各种期间费用。其中，营业成本对于商业企业是指由外购商品成本（进货成本）转化而来的商品销售成本，对于工业企业是指由产品生产成本转化而来的产品销售成本。而工业企业产品生产成本是在生产过程中逐步形成的，在经过一系列归集分配程序后，才能计算求得。

4. 会计利润与应税利润之间的差异有两类：永久性差异和暂时性差异。

永久性差异是指某一会计期间，由于会计准则和税法在计算收入、费用或损失时的口径不一致，所产生的税前会计利润与应税所得之间的差异。这种差异在本期发生，不在以后期间转回。具体包括：

(1) 超标准利息支出；

(2) 超标准工资支出；

(3) 超标准的公益性捐赠，以及非公益性捐赠；

(4) 违法经营罚款和被没收财物的损失，以及各项税收滞纳金等；

(5) 超标准业务招待费、广告费；

(6) 各种赞助支出和不公允的关联支出；

(7) 免税收入等。

暂时性差异是指计税资产或负债的账面价值与税法的计税基础不一致而产生的差额。这种差异发生于某一会计期,会在以后期间转回。具体包括:

(1) 应计项目,如计提的产品保修费用;

(2) 固定资产折旧费用;

(3) 计提的资产准备;

(4) 计提的或有负债等。

五、计算分析题

1. (1) 借:应收账款	315 900	
贷:主营业务收入		270 000
应交税费——应交增值税(销项税额)		45 900
(2) 借:长期应收款	160 000	
贷:主营业务收入		144 000
未实现融资收益		16 000
(3) 借:发出商品	360 000	
贷:库存商品		360 000
(4) 借:银行存款	310 500	
财务费用	5 400	
贷:应收账款		315 900
(5) 借:银行存款	11 700	
贷:其他业务收入		10 000
应交税费——应交增值税(销项税额)		1 700
(6) 借:主营业务收入	27 000	
应交税费——应交增值税(销项税额)	4 590	
贷:银行存款		31 590
(7) 借:销售费用	10 000	
贷:银行存款		10 000
(8) 借:管理费用	2 000	
贷:库存现金		2 000
(9) 借:银行存款	604 800	
销售费用	27 000	
贷:主营业务收入		540 000
应交税费——应交增值税(销项税额)		91 800
(10) 借:主营业务成本	252 000	
贷:库存商品		252 000
借:其他业务成本	8 000	
贷:原材料		8 000
借:主营业务成本	360 000	
贷:发出商品		360 000

(11) 借：主营业务收入　927 000
　　其他业务收入　10 000
　　贷：主营业务成本　612 000
　　　　其他业务成本　8 000
　　　　财务费用　5 400
　　　　销售费用　37 000
　　　　管理费用　2 000
　　　　本年利润　272 600
借：所得税费用　81 780
　　贷：应交税费——应交所得税　81 780
借：本年利润　81 780
　　贷：所得税费用　81 780
(12) 借：本年利润　190 820
　　贷：利润分配——未分配利润　190 820
(13) 借：利润分配——提取法定盈余公积　19 082
　　　　　　——提取任意盈余公积　9 541
　　贷：盈余公积——法定盈余公积　19 082
　　　　　　——任意盈余公积　9 541
(14) 借：利润分配——分配现金股利　10 000
　　贷：应付股利　10 000
借：利润分配——未分配利润　38 623
　　贷：利润分配——提取法定盈余公积　19 082
　　　　　　——提取任意盈余公积　9 541
　　　　　　——分配现金股利　10 000

2. (1) 星辰公司 2017 年度应确认的劳务收入＝192 000/480 000×640 000＝256 000(元)
星辰公司 2017 年度应结转的劳务成本＝192 000(元)
(2) 借：主营业务成本　192 000
　　贷：应付职工薪酬　192 000
借：银行存款　300 000
　　贷：预收账款　300 000
借：预收账款　256 000
　　贷：主营业务收入　256 000

3.

表 11-8　嘉欣公司与所得税相关的财务数据变动　单位：元

账　户	增加(减少)额	差异类别
交易性金融资产	90 000	未来应税额
应计负债	20 000	未来可抵减额

2007年、2008年应交税费和递延税款计算如表11-7所示。

表11-9 应交税费、递延税款余额对未来收益的影响 单位：元

	当期(2007年)	
税前会计利润	100 000	
暂时性差异：		
交易性金融资产	(90 000)	未来应税额
质量担保费用	20 000	未来可抵减额
应税利润	30 000	

2007年有关所得税的会计分录如下：

借：所得税费用 22 000

递延所得税资产(20 000×25%) 5 000

贷：应交税费——应交所得税(30 000×15%) 4 500

递延所得税负债(90 000×25%) 22 500

4. 每年折旧

表11-10 单位：万元

	2016年	2017年	2018年	2019年
会计角度(100/2)	50	50	—	—
税法角度(100/4)	25	25	25	25
暂时性差异	25	25	−25	−25
会计利润	102	140	100	140
应税利润	127	165	75	115

表11-11 单位：万元

2016年	借：所得税费用(102×25%)	25.5	
	递延所得税资产	6.25	
	贷：应交税费——应交所得税(127×25%)		31.75
2017年	借：所得税费用[(120+20)×25%]	35	
	递延所得税资产	6.25	
	贷：应交税费——应交所得税[(120+20+25)×25%]		41.25
2018年	借：所得税费用	25	
	贷：递延所得税资产		6.25
	应交税费——应交所得税[(100−25)×25%)]		18.75
2019年	借：所得税费用	35	
	贷：递延所得税资产		6.25
	应交税费——应交所得税[(130+10−25)×25%]		28.75

5. (1) 递延所得税资产 F　A. 应交所得税加上递延所得税资产、负债净变化数
(2) 所得税 A　B. 用于计算应交所得税的基数
(3) 永久性差异 G　C. 会增加本期应税利润的暂时性差异
(4) 资产准备计提数 C　D. 会造成应交所得税减少的项目
(5) 暂时性差异 E　E. 会在以后期转回的会计利润与应税利润间的差异
(6) 应税利润 B　F. 具有借方余额的递延税款
(7) 递延所得税负债 D　G. 会计利润与应税利润之间的差异，这种差异本期产生后，不会在以后期转回

6. (1) 2016 年 12 月 31 日(产生差异的分录)：
借：所得税费用(200 000×25%)　50 000
　递延所得税资产[(220 000－200 000)×25%]　5 000
　贷：应交税费——应交所得税(220 000×25%)　55 000
2017 年 12 月 31 日(转回差异的分录)：
借：所得税费用(220 000×25%)　55 000
　贷：递延所得税资产[(220 000－200 000)×25%]　5 000
　　应交税费——应交所得税(200 000×25%)　50 000
(2)

表 11－12　单位：元

利润表(部分)		
	2016 年	2017 年
所得税	50 000	55 000
资产负债表(部分)		
流动资产：		
递延所得税资产	5 000*	
流动负债：		
应交税费——应交所得税	55 000	50 000

注：* 该资产之所以在账面确认，是因为按照税法它在 2016 年尚未实现，该数字将在 2017 年纳税时被确认。

7. (1) 这是会计利润和应税利润之间的暂时性差异，它产生后会在以后期转回。第一年末该差异的未来应税额为 18 000 元。

(2) 暂时性差异列表，见表 11－13。

表 11－13　单位：元

	2015 年	2016 年	2017 年	2018 年
账面折旧	30 000	30 000	30 000	30 000
税法折旧	48 000	36 000	24 000	12 000
产生(转回)的未来应税额	－18 000	－6 000	6 000	18 000
递延所得税负债(30%)	－5 400	－1 800	1 800	5 400
将会计利润调整为应税利润				

(续表)

	2015年	2016年	2017年	2018年
产生(转回)的未来应税额	−18 000	−6 000	6 000	18 000
会计利润	30 000	50 000	40 000	40 000
应税利润	12 000	44 000	46 000	58 000
应交税费(30%)	3 600	13 200	13 800	17 400

各年分录如表11-14所示。

表11-14

	2015年	2016年
借:所得税费用	9 000	15 000
贷:应交税费——应交所得税	3 600	13 200
递延所得税负债	5 400	1 800
	2017年	**2018年**
借:所得税费用	12 000	12 000
递延所得税负债	1 800	5 400
贷:应交税费——应交所得税	13 800	17 400

(3) 递延税款的列示,见表11-15。

表11-15　资产负债表(部分)

	2015年	2016年	2017年	2018年
递延所得税负债:	5 400	7 200	5 400	0
流动		1 800	5 400	
非流动	5 400	5 400		

六、讨论及网络题

略。

教材习题参考答案

习　题　一

(1) 借:银行存款　540 000
　　贷:预收账款　540 000
　借:预收账款　540 000
　　银行存款　513 000
　　贷:主营业务收入　900 000
　　　应交税费——应交增值税(销项税额)　153 000

借：主营业务成本	630 000	
贷：库存商品		630 000
(2) 借：银行存款	23 400	
贷：主营业务收入		20 000
应交税费——应交增值税(销项税额)		3 400
借：主营业务成本	12 000	
贷：库存商品		12 000

(3) 不能确认为收入，因为销售公司无法估计退货的可能性，这表明产品所有权上的主要风险和报酬并未随实物的交付而发生转移。

习 题 二

(1) 12 月 3 日：

借：应收账款	585 000	
贷：主营业务收入		500 000
应交税费——应交增值税(销项税额)		85 000
借：主营业务成本	250 000	
贷：库存商品		250 000

(2) 12 月 15 日：

借：主营业务收入	200 000	
应交税费——应交增值税(销项税额)	34 000	
贷：应收账款		234 000
借：库存商品	100 000	
贷：主营业务成本		100 000

(3) 12 月 20 日：

借：主营业务收入	30 000	
应交税费——应交增值税(销项税额)	5 100	
贷：应收账款		35 100

习 题 三

(1) 编制有关会计分录如下：

① 借：库存商品	600 000	
应交税费——应交增值税(进项税额)	102 000	
贷：银行存款		702 000
② 借：应收账款	526 500	
贷：主营业务收入		450 000
应交税费——应交增值税(销项税额)		76 500
借：主营业务成本	300 000	
贷：库存商品		300 000
③ 借：销售费用	45 000	
贷：银行存款		45 000

④ 借：管理费用　　7 500
　　贷：银行存款　　7 500
⑤ 借：所得税费用　　24 375
　　贷：应交税费——应交所得税　　24 375
⑥ 借：主营业务收入　　450 000
　　贷：主营业务成本　　300 000
　　　　销售费用　　45 000
　　　　管理费用　　7 500
　　　　本年利润　　97 500
　借：本年利润　　24 375
　　贷：所得税费用　　24 375
⑦ 借：本年利润　　73 125
　　贷：利润分配——未分配利润　　73 125

(2) 本期应交增值税额＝销项税额 76 500－进项税额 102 000＝－25 500(元)

习　题　四

(1) 履约进度＝252 000/(252 000＋108 000)×100%＝70%

(2) 2017 年 12 月 31 日应确认的劳务收入＝540 000×70%－0＝378 000(元)

2017 年 12 月 31 日应结转的劳务成本＝(252 000＋108 000)×70%－0＝252 000(元)

(3) 编制有关会计分录如下：

① 实际发生安装费时：
借：劳务成本　　252 000
　贷：应付职工薪酬　　252 000
② 预收安装费时：
借：银行存款　　396 000
　贷：预收账款　　396 000
③ 确认劳务收入并结转劳务成本时：
借：预收账款　　378 000
　贷：主营业务收入　　378 000
借：主营业务成本　　252 000
　贷：劳务成本　　252 000

习　题　五

(1) 编制有关会计分录如下：

① 借：原材料　　24 800
　　贷：应付账款　　24 800
② 借：生产成本　　33 600
　　贷：原材料　　33 600
③ 借：生产成本　　32 000
　　贷：应付职工薪酬　　32 000
④ 借：制造费用　　10 400
　　贷：银行存款　　10 400

借：生产成本	10 400	
贷：制造费用		10 400
⑤ 借：库存商品	79 200	
贷：生产成本		79 200
⑥ 借：银行存款	137 600	
贷：主营业务收入		137 600
⑦ 借：主营业务成本	73 120	
贷：库存商品		73 120

(2) 略。

(3) 2017 年 1 月末存货项目的余额＝7 200＋10 400＋14 880＝32 480(元)

习 题 六

(1) 编制有关会计分录如下：

① 借：原材料	40 000	
应交税费——应交增值税(进项税额)	6 800	
贷：应付账款		46 800
② 借：生产成本——A	17 600	
——B	8 000	
制造费用	8 000	
贷：原材料		33 600
③ 借：生产成本——A	7 200	
——B	8 800	
制造费用	4 000	
贷：应付职工薪酬		20 000
④ 借：制造费用	2 400	
贷：银行存款		2 400
⑤ 借：生产成本——A	6 480	
——B	7 920	
贷：制造费用		14 400
⑥ 借：库存商品	31 280	
贷：生产成本——A		31 280
⑦ 借：应收账款	56 160	
贷：主营业务收入		48 000
应交税费——增值税(销项税额)		8 160
⑧ 借：主营业务成本	31 280	
贷：库存商品		31 280

(2)

生产成本——A

	17 600	结转	31 280
	7 200		
	6 480		
余	0		

生产成本——B

	8 000	
	8 800	
	7 920	
余	24 720	

制造费用

	8 000	分配	14 400
	4 000		
	2 400		
余	0		

习 题 七

(1) 借：销售费用——广告费　　40 000
　　贷：银行存款　　40 000
(2) 借：管理费用——差旅费　　30 200
　　贷：其他应收款　　30 000
　　　　库存现金　　200
(3) 借：财务费用——利息费用　　4 400
　　贷：应付利息　　4 400

习 题 八

(1) 确定 2017 年、2018 年的应税利润、所得税和应交税费——应交所得税。

表 11－16

	2017 年	2018 年
会计利润	40 000	40 000
应税利润	20 000 (40 0 000－20 000)	60 000(40 000＋20 000)
所得税	10 000(40 000×25%)	10 000(40 000×25%)
应交所得税	5 000(20 000×25%)	15 000(60 000×25%)

根据以上计算结果，编制 2017 年的会计分录如下：
① 2017 年：
借：所得税费用　　10 000
　　贷：递延所得税负债　　5 000
　　　　应交税费——应交所得税　　5 000
② 2018 年：
借：所得税费用　　10 000
　　递延所得税负债　　5 000
　　贷：应交税费——应交所得税　　15 000

(2) 在2017年底的资产负债表上，该公司应在流动负债项下列示递延所得税负债5 000元。

(3) 编制2017年和2018年的利润表。

表 11-17　　利润表(简表)　　单位：元

项　　目	2017年	2018年
营业收入	100 000	100 000
费用	60 000	60 000
利润总额	40 000	40 000
所得税	10 000	10 000
净利润	30 000	30 000

习　题　九

(1) 永久性差异＝888 000＋467 000＋300 000＋25 200－136 000－990 000＝554 200(元)

暂时性差异＝(858 000÷3)－(858 000÷5)＝114 400(元)

(2) 采用债务法的会计处理如下：

2017年应交所得税＝(3 890 000＋554 200＋114 400)×25%＝1 139 650(元)

2017年所得税费用＝(3 890 000＋554 200)×25%＝1 111 050(元)

递延税款资产＝114 400×25%＝28 600(元)

或＝1 139 650－1 111 050＝28 600(元)

借：所得税费用　　1 111 050

　　递延所得税资产　　28 600

　　贷：应交税费——应交所得税　　1 139 650

习　题　十

表 11-18　　按债务法确定历年的"递延税款"账户的发生额　　单位：元

年　数	会计折旧	税法折旧	暂时性差额	递延税款账户发生额
1	200	100	＋100	33
2	200	100	＋100	33
3	200	100	＋100	9
4	200	100	＋100	25
5	200	100	＋100	25
6	0	100	－100	－25
7	0	100	－100	－25
8	0	100	－100	－25
9	0	100	－100	－25
10	0	100	－100	－25

习 题 十 一

1. 递延所得税负债　2. 递延所得税资产　3. 递延所得税负债　4. 递延所得税负债　5. 递延所得税资产　6. 递延所得税资产

习 题 十 二

(1) ① 将会计利润调整为应税利润：

20 000－5 000＝15 000(元)

② 应交税费＝(20 000－5 000)×25%＝3 750(元)

③ 暂时性差异＝5 000(元)

暂时性差异的纳税影响额＝5 000×25%＝1 250(元)(未来应纳税额)

(2) 编制会计分录如下：

借：所得税　5 000

　　贷：应交税费——应交所得税　3 750

　　　　递延所得税负债　1 250

(3)

表 11-19　　单位：元

资产负债表(部分)	
流动负债：	
应交税费——应交所得税	3 750
非流动负债	
递延所得税负债	1 250
利润表(部分)	
利润总额	20 000
所得税	5 000
净利润	15 000

案 例

略。

第十二章
会计变更与资产负债表日后事项

全章脉络

疑 难 解 答

一、会计变更及会计变更时会计处理方法选择

会计变更是指对以前期间选用的会计政策、作出的会计估计以及报告主体所进行的改变。会计变更主要包括会计政策变更、会计估计变更以及会计主体变更。

其中,会计政策变更,是指企业对不同时期发生的相同或者相似的交易或者事项,采用另一种会计政策的行为;会计估计变更,是指由于资产和负债的当期状况及预期经济利益和义务发生了变化,从而对资产或负债的账面价值或者资产的定期消耗金额进行的调整。

对会计政策变更,除会计政策累积影响不重要以及计算不切实可行外,应当采用追溯调整法进行处理,重新编制以前年度的财务报表。

对会计估计变更,应当采用未来适用法进行会计处理,不调整以前年度的财务报表。

二、资产负债表日后事项、涵盖期间、类型以及会计处理方法

资产负债表日后事项,是指资产负债表日至财务报告批准报出日之间发生的有利或不利事项。此概念中涉及资产负债表日、财务报告批准报出日、有利事项与不利事项等。

资产负债表日后事项的涵盖期间自资产负债表日次日起至财务报告批准报出日,如在批准报出日和公布日之间还发生了资产负债表日存在的有利与不利事项,应截至再次批准报出日。

资产负债表日后事项分为调整事项和非调整事项。

其中,资产负债表日后调整事项应当采用追溯调整法进行会计处理,调整报告年度的财务报表;非调整事项应当在财务报表附注中予以恰当的披露。

自 我 测 试

一、单项选择题

1. 下列各项,属于会计政策的是(　　)。

A. 存货期末计价方法　　　　B. 无形资产的受益期限

C. 坏账计提比例　　　　D. 固定资产预计使用年限

2. 下列各项,属于会计政策变更的是(　　)。

A. 将一项固定资产的净残值从 50 万元变更为 80 万元

B. 将产品保修费用的计提比例由销售收入的 3%提高为 5%

C. 将一台固定资产的折旧方法从加速折旧法改为年限平均法

D. 将存货计价方法从后进先出法改为先进先出法

3. 会计政策变更的累积影响数是指(　　)。

A. 会计政策变更对当期税后净利润的影响数

B. 会计政策变更对当期投资收益、累计折旧等相关项目的影响数

C. 会计政策变更对以前各期追溯计算的变更年度期初留存收益应有金额与原有金额之间的差额

D. 会计政策变更对以前各期追溯计算后各有关项目的调整数

4. 甲公司董事会决定的下列事项中，属于会计政策变更的是(　　)。

A. 将自行开发无形资产的摊销年限由 5 年调整为 4 年

B. 将以成本计量的投资性房地产改为以公允价值计量

C. 将不能长期持有至到期投资重分类为可供出售金融资产

D. 将应收账款坏账计提比例从 5%提高至 8%

5. 下列各项，属于会计估计的是(　　)。

A. 借款费用是资本化还是费用化　　B. 坏账损失的核算方法

C. 公允价值计量　　D. 固定资产的耐用年限和净残值

6. 2014 年 12 月 31 日，甲公司购入一台专用设备，原价 100 000 元，估计净残值为 10 000 元，估计使用年限为 10 年，并采用双倍余额递减法计提折旧。因技术进步，2019 年 1 月 1 日开始，将尚余的使用年限调整为 4 年，估计净残值保持不变，并采用直线法计提折旧。变更折旧方法后，2019 年，该项固定资产应计提的折旧额为(　　)元。

A. 12 800　　B. 13 500　　C. 15 000　　D. 16 000

7. A 上市公司 2017 年度财务报告于 2018 年 2 月 9 日编制完成，注册会计师完成整个年度审计工作并签署审计报告的日期为 2018 年 3 月 15 日，经董事会批准，财务报告可以对外公布的日期为 2018 年 3 月 16 日，财务报告实际对外公布日期为 2018 年 3 月 19 日，股东大会召开日期为 2018 年 4 月 1 日。但 A 公司在 3 月 16 日至 19 日之间发生了重大事项，按照企业会计准则规定需要调整财务报表相关项目的数字或需要在财务报表附注中披露，经调整或说明后的财务报告再经董事会批准的报出日期为 2018 年 3 月 28 日，实际对外公布的日期为 2018 年 3 月 29 日。A 公司资产负债表日后事项涵盖的期间应为(　　)。

A. 2017 年 12 月 31 日至 2018 年 2 月 9 日

B. 2018 年 1 月 1 日至 2018 年 2 月 9 日

C. 2018 年 1 月 1 日至 2018 年 3 月 19 日

D. 2018 年 1 月 1 日至 2018 年 3 月 28 日

8. 甲公司为上市公司，2016 年度财务报告于 2017 年 3 月 1 日批准对外报出。该公司在 2016 年 12 月 31 日有一项未决诉讼，经咨询律师，估计很可能败诉，为此，甲公司预计了 880 万元的负债(包括很可能发生的诉讼费用)。2017 年 1 月 30 日，法院最终判决甲公司败诉，共需赔偿 1 200 万元，同时承担诉讼费用 10 万元。上述事项对甲公司 2017 年度利润总额的影响金额为(　　)万元。

A. −320　　B. −880　　C. −1 200　　D. −1 210

9. 财务报告批准报出日，是指(　　)。

A. 资产负债表日　　B. 注册会计师出具审计报告的日期

C. 董事会批准财务报告的报出日　　D. 股东大会审议批准日

10. 甲公司 2016 年度的财务报告于 2017 年 4 月 8 日批准对外报出，适用的所得税税率为 25%。2017 年 2 月 17 日，甲公司 2016 年 11 月 5 日销售给乙公司的一批商品因质量问题而退货。该批商品的售价为 100 万元，增值税税额为 17 万元，成本为 80 万元，乙公司货款尚未支付。甲公司同意并收到退货。甲公司对该项应收账款计提了 5 万元的坏账准备。假定甲公司于 2017 年 4 月 25 日完成所得税的汇算清缴，则上述调整事项使甲公司的净利润减少(　　)万元。

A. 11.25　　B. 15　　C. 19　　D. 20

二、多项选择题

1. 下列各项,属于会计政策的有(　　)。
A. 存货期末计价方法
B. 借款费用的资本化
C. 坏账计提比例
D. 长期股权投资后续计量的权益法
2. 下列各项,属于会计政策变更的有(　　)。
A. 将成本模式计量的投资性房地产变更为以公允价值模式计量
B. 将自用办公大楼变更为以公允价值模式计量的投资性房地产
C. 将存货计价方法从后进先出法改为先进先出法
D. 将一台固定资产的折旧方法从加速折旧法改为年限平均法
3. 会计政策变更采用追溯调整法时,属于追溯调整的内容包括(　　)。
A. 计算会计政策变更的累积影响数
B. 调整变更当期的期初留存收益
C. 将"以前年度损益调整"账户结平至未分配利润
D. 重新编制以前年度的财务报表
4. 有关会计政策变更的会计处理方法,下列说法中正确的有(　　)。
A. 会计政策变更一定要采用追溯调整法进行会计处理
B. 会计政策变更一定要采用追溯重述法进行会计处理
C. 企业根据法律、行政法规或者国家统一会计制度等要求变更会计政策的,应当按照相关会计规定进行会计处理
D. 在当期期初确定会计政策变更对以前各期累积影响数不切实可行时,应当采用未来适用法进行会计处理
5. 下列各项,应当采用未来适用法进行会计处理的有(　　)。
A. 会计政策变更与会计估计难以区分的
B. 当期期初确定会计政策变更对以前各期的累积影响数不切实可行的
C. 固定资产折旧从加速折旧法变更为直线折旧法
D. 投资性房地产从成本模式变更为公允价值模式计量
6. 有关会计政策变更,企业应当在财务报表附注中披露的有(　　)。
A. 重要的会计政策
B. 会计政策变更的内容
C. 会计政策变更的性质
D. 无法进行追溯调整的,说明该事实和原因以及开始应用变更后的会计政策的时点、具体应用情况
7. 下列各项资产负债表日后事项,属于调整事项的有(　　)。
A. 资产负债表日后诉讼案件结案,法院判决证实了企业在资产负债表日已经存在现时义务,需要调整原先确认的与该诉讼案件相关的预计负债,或确认一项新的负债
B. 资产负债表日后取得确凿证据,表明某项资产在资产负债表日发生了减值或者需要调整该项资产原先确认的减值金额

C. 资产负债表日后进一步确定了资产负债表日前购入资产的成本或售出资产的收入

D. 资产负债表日后发现了财务舞弊或差错

8. 甲公司2017年度财务报告批准报出日期为2018年3月15日，注册会计师出具审计意见的日期为3月12日，对外公布的日期为3月17日，股东大会审议财务报告的日期为3月31日。2018年发生的下列各项事项中，属于甲公司资产负债表日后事项调整事项的有(　　)。

A. 2月24日，一项涉及2017年度的诉讼案件结案，甲公司需赔付20万元。该事项在2017年度是一项潜在义务

B. 3月13日，一项涉及2015年度销售的退回，甲企业确认并收回退货

C. 3月16日，一项涉及2016年度销售的退回，甲企业确认并收回退货

D. 2017年度，对乙公司的应收账款计提了40万元的坏账准备，2月17日，根据清算结果，对乙公司的应收账款共有100万元不能收回

9. 下列各项资产负债表日后事项，属于调整事项的有(　　)。

A. 诉讼案件结案，法院判决100万元，企业在资产负债表日预计了40万元负债

B. 资产负债表日存在的存货因火灾而毁损

C. 发现前期重大财务舞弊

D. 税收政策发生重大变化

10. 甲公司2017年度财务报告于2018年3月10日批准报出。2月17日，发生了2016年的销售退货，收入100万元，成本40万元。甲公司的下列会计处理中，正确的有(　　)。

A. 冲减2018年的营业收入100万元、营业成本40万元

B. 冲减2017年的营业收入100万元、营业成本40万元

C. 冲减2016年的营业收入100万元、营业成本40万元

D. 调整2018年期初留存收益

三、判断题

1. 当会计政策变更与会计估计变更难以区分时，应按会计估计变更处理。(　　)

2. 在追溯调整法下，会计政策变更的累积影响数应当调整当期损益。(　　)

3. 企业在估计某项固定资产的预计使用寿命时，多估计或少估计预计使用年限，属于会计差错。(　　)

4. 本期发生的交易或事项与以前相比具有本质差别而采用新的会计政策，也属于会计政策变更。(　　)

5. 如果会计政策变更的累积影响数不能合理确定，企业应当采用未来适用法进行会计处理。(　　)

6. 对会计估计变更，企业应当采用未来适用法进行会计处理，即在会计估计变更当期及以后期间，采用新会计估计，不改变以前期间的会计估计，也不调整以前期间财务报表的结果。(　　)

7. 对会计估计变更，企业应当采用未来适用法进行会计处理，即在会计估计变更当期及以后期间，采用新会计估计，不改变以前期间的会计估计，不调整以前期间的财务报表的结果，也不需要披露对当期及以后期间损益的影响。(　　)

8. 企业在资产负债表日后至财务报告批准报出日之间发生的利润分配事项，属于资产负债表日后调整事项。(　　)

9. 对于资产负债表日后调整事项，应调整资产负债表日资产负债表相关项目的数字。(　　)

10. 如果会计政策变更的累积影响数能够合理确定,无论属于什么情况,均采用追溯调整法进行会计处理。 ( )

四、简答题

1. 什么是会计政策? 会计政策变更的类型有哪些? 对会计政策变更,有哪些会计处理方法可以选择? 请说明各种会计处理方法的适用条件。

2. 什么是资产负债表日后事项? 资产负债表日后调整事项有哪些类型? 应当如何进行会计处理?

五、计算分析题

1. 2015 年 3 月 6 日,甲公司以 2 000 万元购入 A 公司发行在外的股票,确认为短期投资并以成本计价。2017 年 1 月 1 日,甲公司拟从原来的《小企业会计准则》改按《企业会计准则》核算,根据会计准则规定,原短期投资应确认为交易性金融资产,并按公允价值计量。

甲公司持有 A 公司的股票,2015 年及 2016 年年末的公允价值分别为 2 400 万元和 2 500 万元。

要求:

(1) 甲公司的所得税税率为 25%,计算会计政策变更的累积影响数(完成表 12-1)。

表 12-1 会计政策变更的累积影响数计算表 单位:万元

年 份	公允价值	成 本	税前差异	所得税影响	税后影响
2015					
2016					
合计					

(2) 编制有关项目的调整分录(单位以万元表示)。

(3) 甲企业 2017 年编制的财务报表包括了 2016 年度比较财务报表,调整财务报表相关项目。

2. 甲公司系上市公司,为增值税一般纳税企业,适用的增值税税率为 17%,所得税税率为 25%,所得税采用资产负债表债务法核算;除特别说明外,不考虑除增值税、所得税以外的其他相关税费;所售资产均未计提减值准备,也未计提坏账准备。

甲公司 2017 年度所得税汇算清缴于 2018 年 3 月 5 日完成。甲公司 2017 年度财务会计报告经董事会批准于 2018 年 4 月 20 日对外报出,实际对外公布日为 2018 年 4 月 22 日。

在汇算清缴前,甲公司财务负责人在对 2017 年度财务会计报告进行复核时,对 2017 年度的以下交易或事项的会计处理有疑问:

(1) 6 月 28 日,甲公司与乙公司签订合同,向乙公司销售一批 A 产品。合同约定,该批 A 产品的销售价格为 400 万元(不含增值税),包括增值税在内的 A 产品货款分两次等额收取;第一笔货款于合同签订当日收取,第二笔货款于交货时收取。

6 月 28 日,甲公司收到第一笔货款 234 万元,并存入银行;甲公司尚未开出增值税专用发票。该批 A 产品的成本估计为 200 万元。至 12 月 31 日,甲公司已经开始生产 A 产品但尚未完工,也未收到第二笔货款。

甲公司的会计处理如下(单位：万元)：

借：银行存款　　234

　　贷：主营业务收入　　200

　　　　应交税费——应交增值税(销项税额)　　34

借：主营业务成本　　100

　　贷：库存商品　　100

(2) 11 月 18 日，甲公司向丙公司销售一批 B 商品，开出的增值税专用发票上注明的销售价格为 100 万元，增值税税额为 17 万元。为及时收回货款，甲公司给予丙公司的现金折扣条件为"2/10,1/20,n/30"(假定现金折扣按销售价格计算)。该批 B 商品的实际成本为 80 万元。至 12 月 31 日，甲公司尚未收到销售给丙公司的 B 商品货款 117 万元。

甲公司的会计处理如下(单位：万元)：

借：应收账款　　117

　　贷：主营业务收入　　100

　　　　应交税费——应交增值税(销项税额)　　17

借：主营业务成本　　80

　　贷：库存商品　　80

(3) 12 月 2 日，甲公司与丁公司签订销售合同，向丁公司销售一批 C 商品。合同规定，C 商品的销售价格为 500 万元(包括安装费用)；甲公司负责 C 商品的安装工作，且安装工作是销售合同的重要组成部分。

12 月 8 日，甲公司发出 C 商品，开出的增值税专用发票上注明的 C 商品销售价格为 500 万元，增值税税额为 85 万元，款项已收到并存入银行。该批 C 商品的实际成本为 350 万元。至 12 月 31 日，甲公司的安装工作尚未完成，按税法规定，当年已确认应税收入。

甲公司的会计处理如下(单位：万元)：

借：银行存款　　585

　　贷：主营业务收入　　500

　　　　应交税费——应交增值税(销项税额)　　85

借：主营业务成本　　350

　　贷：库存商品　　350

(4) 12 月 1 日，甲公司与戊公司签订销售合同，向戊公司销售一批 D 商品。合同规定，D 商品的销售价格为 500 万元。甲公司于 2018 年 12 月 1 日以 600 万元的价格购回该批 D 商品。

12 月 31 日，甲公司根据销售合同发出 D 商品，开出的增值税专用发票上注明的 D 商品销售价格为 500 万元，增值税税额为 85 万元；款项已收到并存入银行；该批 D 商品的实际成本为 400 万元。

甲公司的会计处理如下(单位：万元)：

借：银行存款　　585

　　贷：主营业务收入　　500

　　　　应交税费——应交增值税(销项税额)　　85

借：主营业务成本　　400

　　贷：库存商品　　400

要求：

(1) 逐项判断上述交易或事项的会计处理是否正确(分别注明其序号即可)。

(2)对于其会计处理判断为不正确的,编制相应的调整会计分录(涉及“利润分配——未分配利润”“盈余公积——法定盈余公积”“应交税费——应交所得税”的调整会计分录可合并编制)。

(“应交税费”账户要求写出明细账户及专栏名称;答案中的金额单位用万元表示)

六、讨论及网络题

年关将至,作为上市公司情急之下扮靓业绩的一大“法宝”,会计政策变更频繁登场。最新案例是,或有“披星戴帽”之忧的匹凸匹(600696)因采用公允价值法的公告中多处存疑,在第一时间即引起监管关注。由于该公司计划对入账至今仅一个多月的投资性房地产进行会计政策变更,且未明确这一变更对今年净利润的具体影响,上交所特下发问询函。据公告,公司需对问询内容进行回复,今起继续停牌。

匹凸匹在16日即已停牌,是因其15日晚间提交的《关于变更会计政策的公告》(于17日发布)。该公告中,公司称拟对近期购买的投资性房地产的适用会计政策进行调整,由成本法计量改为公允价值模式计量。公司此次会计政策调整涉及的投资性房地产位于上海浦东新区世纪大道1500号4楼,万隆(上海)资产评估有限公司于2016年7月28日出具的评估报告显示,其评估值为7 867万元。9月19日,匹凸匹董事会审议通过了以8 200万元购买该项商业物业的议案,并于11月10日完成了上述房产的过户手续。这意味着,公司此次对该物业进行会计政策变更,距该项房产初始入账仅一个多月。

同时,公告并未明确此举对本年度业绩的具体影响金额。公告仅称:“公司将在会计年度结束时聘请评估机构对所拥有的投资性房地产在相关资产负债表日(应指12月31日)的公允价值进行评估,投资性房地产公允价值变动对公司2016年度利润的影响尚无法确定,具体影响数字将以审计数字为准。”

匹凸匹此举在第一时间即引起监管部门的关注。12月16日,匹凸匹全天停牌,据公司披露,当日上交所向公司发出问询函,要求公司说明该项投资性房地产初始确认的会计处理、对其采用成本计量模式的依据和主要原因。对于公司短期内进行会计政策变更,上交所一方面要求公司对照会计准则相应条款具体说明此次会计政策变更的合规性,一方面要求公司说明在不到两个月的时间内变更会计政策的考虑及依据。

上交所还关注到,匹凸匹2015年度净利润为-1.02亿元,2016年前三季度净利润为-0.42亿元,且预计2016全年累计净利润为负。若2016年度公司继续亏损,将被实施退市风险警示(*ST)。虽然匹凸匹在公告中称投资性房地产公允价值变动对其2016年度利润的影响尚无法确定,但却有进行盈余管理之嫌。为此,上交所要求公司预计相关会计政策变更对公司本年度盈利情况的确切影响,并由会计师事务所发表意见。

根据匹凸匹17日公告,公司称需就问询函中相关事项进行核实并向上交所进行回复。目前,公司董事会正会同会计师事务所就上述事项进行核实、论证。

记者关注到,为扭亏、保壳,2016年11月以来,仅沪市就有40余家上市公司通过高溢价处置资产、转让债权、核销债务、变更会计政策或会计估计等方式进行盈余管理。此类运作方式游走在规则的灰色地带,虽无法判定其明显违规,但严重扭曲了信息披露的真实性和完整性,不利于发挥上市公司正常信息披露的风险揭示与价值发现功能,也不利于丧失持续盈利能力公司的出清。为此,上交所先后发函近30份,问询相关事项的意图和商业实质,包括交易定价的合理性、变更会计处理的依据及对公司的影响,同时要求年审会计师就相关会计处理发表专业意见。通过问询和监管公开,产生了一定监管效果,有公司已终止相关事项。

资料来源：《上交所追问匹凸匹会计政策变更是否意在账面扭亏》，作者：赵一蕙，《上海证券报》，2016 年 12 月 16 日。

要求：根据以上资料，回答下列问题：

(1) 你认为匹凸匹公司此项会计政策变更的理由是否恰当？

(2) 你认为匹凸匹公司进行此项会计政策变更的目的是否就是文章中所言的？

(3) 如果你是监管层，你认为应当如何规范此类行为？

自我测试答案

一、单项选择题

1. A	2. D	3. D	4. B	5. D	6. B
7. D	8. D	9. C	10. A		

二、多项选择题

1. ABD	2. ABC	3. ABD	4. CD	5. ABC	6. BCD
7. ABCD	8. BD	9. AC	10. CD		

三、判断题

1. 对	2. 错	3. 错	4. 错	5. 对	6. 对
7. 错	8. 错	9. 对	10. 错		

四、简答题

1. 会计政策是指企业在会计确认、计量和报告中所采用的原则、基础和会计处理方法的总称。

会计政策变更有强制变更和自愿变更两种形式。

会计政策变更应当采用追溯调整法进行会计处理，当累积影响切实不可追溯或影响较小时，应当采用未来适用法进行会计处理。

2. 资产负债表日后事项，是指资产负债表日至财务报告批准报出日之间发生的有利或不利事项。

资产负债表日后调整事项(以下简称调整事项)，是指对资产负债表日已经存在的情况提供了新的或更进一步证据的事项。

企业发生的调整事项通常包括下列各项：(1) 资产负债表日后诉讼案件结案，法院判决证实了企业在资产负债表日已经存在现时义务，需要调整原先确认的与该诉讼案件相关的预计负债，或确认一项新的负债。(2) 资产负债表日后取得确凿证据，表明某项资产在资产负债表日发生了减值或者需要调整该项资产原先确认的减值金额。(3) 资产负债表日后进一步确定了资产负债表日前购入资产的成本或售出资产的收入。(4) 资产负债表日后发现了财务舞弊或差错。

对资产负债表日后事项中的调整事项，应当采用追溯重述法进行会计处理。

五、计算分析题

1. (1) 计算会计政策变更的累积影响数(完成表 12-2)。

表 12-2　　会计政策变更的累积影响数计算表　　单位：万元

年　份	公允价值	成　本	税前差异	所得税影响	税后影响
2015	2 400	2 000	400	100	300
2016	2 500	2 000	100	25	75
合　计	4 900	4 000	500	125	375

(2) 借：交易性金融资产——成本　　2 000
　　　　　　　　　——公允价值变动　　500
　　贷：短期投资——成本　　2 000
　　　　递延所得税负债　　125
　　　　盈余公积　　37.5
　　　　利润分配——未分配利润　　337.5

(3) 2017 年资产负债表期初数：交易性金融资产项目调增 500 万元，递延所得税负债项目调增 125 万元，盈余公积项目调增 37.5 万元，未分配利润项目调增 337.5 万元。

2016 年资产负债表期初数：交易性金融资产项目调增 400 万元，递延所得税负债项目调增 100 万元，盈余公积项目调增 30 万元，未分配利润项目调增 270 万元。

2016 年度利润表：公允价值变动项目调增 100 万元，所得税费用项目调增 25 万元，净利润项目调增 75 万元。

2. (1) 调整事项有：(1)、(3)、(4)、(5)。

(2) 事项(1)不应确认收入，其调整分录为：

借：以前年度损益调整　　200
　　应交税费——应交增值税(销项税额)　　34
　　贷：应收账款　　234

借：库存商品　　100
　　贷：以前年度损益调整　　100

借：应交税费——应交所得税　　25
　　贷：以前年度损益调整　　25

借：利润分配——未分配利润　　75
　　贷：以前年度损益调整　　75

借：盈余公积　　7.5
　　贷：利润分配——未分配利润　　7.5

事项(3)的调整分录为：

借：以前年度损益调整　　500
　　应交税费——应交增值税(销项税额)　　85
　　贷：应收账款　　585

借：库存商品　350
　　贷：以前年度损益调整　350
借：应交税费——应交所得税　37.5
　　贷：以前年度损益调整　37.5
借：利润分配——未分配利润　262.5
　　贷：以前年度损益调整　262.5
借：盈余公积　26.25
　　贷：利润分配——未分配利润　26.25

事项(4)应作为融资业务，不确认收入，其调整分录为：

借：以前年度损益调整　100
　　贷：其他应付款　100

注：事项(4)中的业务，正确的会计分录应当是：

借：银行存款　585
　　贷：库存商品　400
　　　　应交税费——应交增值税(销项税额)　85
　　　　其他应付款　100

教材习题参考答案

习　题　一

(1) 编制2013年12月31日将自用房地产转换为投资性房地产(成本模式计量)的会计分录(金额单位以万元表示)。

借：投资性房地产——成本　800
　　累计折旧　200
　　贷：固定资产　1 000

(2) 计算2014～2016年该投资性房地产每年计提的折旧额(金额单位以万元表示)。

2014～2016年该投资性房地产每年计提的折旧额＝800÷20＝40(万元)

(3) 编制2017年年初投资性房地产计量模式变更的会计分录(金额单位以万元表示)。

借：投资性房地产——成本　1 680
　　累计折旧　120
　　贷：投资性房地产——成本　800
　　　　递延所得税负债　250①
　　　　盈余公积　75②
　　　　利润分配——未分配利润　675③

注：① 250＝[1 680－(800－120)]×25%＝1 000×25%

② 75＝(1 000－250)×10%＝750×10%

③ 675＝1 000－250－75

习　题　二

(1) 编制处置30%长期股权投资时的会计分录(单位：万元)。

借：银行存款　3 600
　贷：长期股权投资　3 000
　　投资收益　600

(2) 计算剩余30%长期股权投资的账面价值,并编制相关会计分录(单位：万元)。

借：长期股权投资[(2 000−1 000)×30%]　300
　贷：盈余公积　30
　　利润分配——未分配利润　270

剩余投资的相关价值＝(6 000－3 000)＋300＝3 300(万元)

习　题　三

(1) 、(2)、(3)为会计政策变更,(4)为会计估计变更。

习　题　四

(1) 指出上述事项哪些属于调整事项。

(1)、(3)、(4)为调整事项,(2)、(5)、(6)为非调整事项。

(2) 对于调整事项,编制相关调整分录(单位：万元)。

对业务(1)的调整分录如下：

借：以前年度损益调整　200
　应交税费——应交增值税(销项税额)　34
　贷：应收账款　234

借：库存商品　100
　贷：以前年度损益调整　100

借：应交税费——应交所得税　25
　贷：以前年度损益调整　25

借：坏账准备　10
　贷：以前年度损益调整　10

借：以前年度损益调整　2.5
　贷：递延所得税资产　2.5

借：利润分配——未分配利润　67.5
　贷：以前年度损益调整　67.5

借：盈余公积　6.75
　贷：利润分配——未分配利润　6.75

对业务(3)的调整分录如下：

借：以前年度损益调整　40
　贷：坏账准备　40

借：递延所得税资产　10
　贷：以前年度损益调整　10

借：利润分配——未分配利润　30
　贷：以前年度损益调整　30

借：盈余公积　3
　贷：利润分配——未分配利润　3

对业务(4)的调整分录如下：

借：以前年度损益调整	100	
贷：累计折旧		100
借：应交税费——应交所得税	25	
贷：以前年度损益调整		25
借：利润分配——未分配利润	75	
贷：以前年度损益调整		75
借：盈余公积	7.5	
贷：利润分配——未分配利润		7.5

习 题 五

(1) 为甲公司编制收到法院判决时的会计分录(单位：万元)。

借：预计负债	400	
贷：其他应付款		200
以前年度损益调整		200
借：以前年度损益调整	200	
应交税费——应交所得税	50	
贷：递延所得税资产		100
利润分配——未分配利润		150
借：利润分配——未分配利润	15	
贷：盈余公积		15

(2) 为乙公司编制收到法院判决时的会计分录(单位：万元)。

借：其他应收款	200	
贷：以前年度损益调整		200
借：以前年度损益调整	50	
贷：应交税费——应交所得税		50
借：以前年度损益调整	150	
贷：利润分配——未分配利润		150
借：利润分配——未分配利润	15	
贷：盈余公积		15

案 例

略。

第四篇

财 务 报 告 篇

本篇脉络

第十三章　财务报表列报
第十四章　企业合并和合并财务报表
第十五章　公开发行证券公司的信息披露

第十三章　财务报表列报

全章脉络

疑难解答

一、财务报表列报原则

(一) 持续经营与一致性
(二) 重要性的原则与应计制

二、财务报告的构成

财务报告是综合反映企业一定时期财务状况、经营成果以及现金流量情况的书面文件,主要由"四表一注"构成——"四表"为利润表、所有者权益变动表、资产负债表和现金流量表,"一注"为财务报表注释。

三、利润表基本格式

表 13-1 利 润 表 单位:万元

项 目	金 额
一、营业收入	
减:营业成本	
税金及附加	
销售费用	
管理费用	
财务费用	
资产减值损失	
加:公允价值变动收益	
投资收益	
二、营业利润	
加:营业外收入	
减:营业外支出	
三、利润总额	
减:所得税	
四、净利润	20
五、其他综合收益	100
六、综合收益	120

四、资产负债表基本格式和编制注意点

（一）基本格式

表 13-2　　单位：万元

资　产	年初数	年末数	负债及所有者权益	年初数	年末数
流动资产	…	…	流动负债		
货币资金	3	5	短期借款	…	…
交易性金融资产	…		应付账款	…	…
应收票据	…	…	应付职工薪酬	…	…
可供出售金融资产	100	200			
应收账款	…	…	应交税费	…	…
存货	…	…	应付利息	…	…
递延所得税资产	…	…	递延所得税负债	0	25
其他流动资产	…	…	流动负债合计	200	250
流动资产合计	400	450	非流动负债		
			长期借款		55
非流动资产			负债合计	200	305
长期股权投资	…	…	所有者权益		
投资性房地产	…	…	股本	370	370
固定资产	…	…	资本公积	30	30
在建工程	…	…	其他综合收益	0	75
非流动资产合计	400	550	盈余公积	100	102
			未分配利润	100	118
			所有者权益合计	600	695
资产总计	800	1 000	负债及所有者权益合计	800	1 000

说明：按净利润的10%计提盈余公积，可供出售金融资产账浮盈100万元。

（二）编制注意点

表 13-3

分　类	举　例
（1）根据有关总账科目余额合计数填列	如“货币资金”和“存货”等账户
（2）根据明细科目余额计算填列	如根据“应付债券——面值”和“应付债券——利息调整”计算填列“应付债券”

(续表)

分　类	举　例
(3) 年内到期转列为流动项目	长期投资账户余额中包含年内到期的部分转列为流动资产,长期负债中的年内到期债务须转列为流动负债
(4) 负数的填列	如“应交税费”“未分配利润”等账户出现借方余额时,以负数列示 “固定资产清理”账户出现贷方余额时,以负数列示
(5) 其余项目以总账科目期末余额填列	如“应收票据”“短期借款”“实收资本”等账户

五、现金流量表格式

表 13-4　　现金流量表主表简明格式

项　目	行　次	金额(万元)
经营活动产生的现金流量	1	20
流入	2	50
流出	3	30
投资活动产生的现金流量	4	−22
流入	5	8
流出	6	30
筹资活动产生的现金流量	7	4
流入	8	5
流出	9	1
现金及现金等价物的净增加额	10＝1＋4＋7	2
加:期初现金及现金等价物	11	3
期末现金及现金等价物	12＝11＋10	5

六、现金、现金等价物及现金流量

现金流量表中的“现金”,包括库存现金、可随时支用的银行存款、其他货币资金和现金等价物。

现金等价物是指企业持有的期限短、流动性强、易于转换为已知金额现金,价值变动风险很小的投资。

现金流量是指一定时间内企业现金流入和现金流出的数量。

七、现金流量表的分类

(一) 经营活动产生的现金流量

表 13-5　　经营活动产生的现金流量

经营活动的现金流入	经营活动的现金流出
(1) 销售商品或提供劳务收到的现金	(1) 购买货物、接受劳务支付的现金
	(2) 制造产品支付的现金
(2) 税费返还收到的现金	(3) 广告宣传、推销产品支付的现金
	(4) 缴纳税款等支付的现金

(二) 投资活动产生的现金流量

表 13-6　　投资活动产生的现金流量

投资活动的现金流入	投资活动的现金流出
(1) 收回投资收到的现金	(1) 购建固定资产、无形资产和其他长期资产支付的现金
(2) 分得股利、利润或取得债券利息收入收到的现金	
(3) 处置固定资产、无形资产和其他长期资产收到的现金等	(2) 权益性或债权性投资等支付的现金

(三) 筹资活动产生的现金流量

表 13-7　　筹资活动产生的现金流量

筹资活动的现金流入	筹资活动的现金流出
(1) 吸收权益性投资收到的现金	(1) 偿还债务或减少注册资本支付的现金
(2) 发行债券收到的现金	(2) 分配股利、利润或偿付利息支付的现金
(3) 借款收到的现金等	(3) 融资租赁支付的现金等

自 我 测 试

一、单项选择题

1. 下列报表中,(　　)是反映企业一定时期经营成果的报表。

A. 利润分配表　　B. 资产负债表　　C. 现金流量表　　D. 利润表

2.“应收账款”科目所属明细账科目中出现贷方余额,应在(　　)项目中列示。
A. 应付账款　B. 预付账款　C. 预收账款　D. 其他应收款
3. 下列交易中的(　　)会影响企业的现金流量。
A. 将现金存入银行　B. 以存货、固定资产对外投资
C. 收回应收账款　D. 赊销商品
4. 现金流量表的编制基础是(　　)。
A. 库存现金　B. 营运资金
C. 库存现金和银行存款　D. 现金及现金等价物
5. 引起现金流量净额变动的项目有(　　)。
A. 将现金存入银行　B. 用现金购入1个月到期的债券
C. 用现金支付材料购买款　D. 用一台设备清偿30万元的债务
6. 处置固定资产的净损益应归为(　　)。
A. 投资活动　B. 筹资活动
C. 经营活动　D. 经营活动或投资活动
7. 筹资活动现金流出的形式有(　　)。
A. 分配现金股利　B. 发行债券　C. 购买债券　D. 增加权益性投资
8. 固定资产的支付款应作为(　　)现金流量列示。
A. 经营活动　B. 筹资活动
C. 投资活动　D. 投资活动或筹资活动
9. 在现金流量表中,“分配股利或利润支付的现金”项目的正确公式为(　　)。
A. 本期宣告发放的现金股利+应付股利期初余额-应付股利期末余额
B. 本期宣告发放的现金股利+应付股利期末余额-应付股利期初余额
C. 应付股利期末余额-本期宣告发放的现金股利-应付股利期初余额
D. 应付股利期初余额-应付股利期末余额-本期宣告发放的现金股利
10. 以间接法计算经营活动现金流量时,以下项目中的(　　)在净利润调整时不需要考虑。
A. 财务费用　B. 备抵法下计提的坏账损失
C. 销售成本　D. 存货期末比期初减少
11. 重要性应当根据企业所处的具体环境,从项目的(　　)予以判断。
A. 性质　B. 金额　C. 性质和金额　D. 经济后果
12. 企业应当按照应计制(权责发生制)原则核算经济业务,但是(　　)是按照现金制(收付实现制)原则编制的。
A. 资产负债表　B. 利润表
C. 所有者权益变动表　D. 现金流量表

二、多项选择题

1. 资产负债表可以提供以下信息中的(　　)。
A. 偿债能力信息　B. 资本结构信息
C. 财务弹性信息　D. 资本保值增值信息
2. 以下项目中的(　　)为货币性流动资产。
A. 固定资产　B. 货币资金　C. 存货　D. 应收账款

3. 利润表各项目是根据(　　)填制的。

A. 收入类账户本期发生额分析　　B. 收入类账户本期期末贷方余额

C. 费用损失类账户本期发生额分析　　D. 费用损失类账户本期期末借方余额

4. “税金及附加”账户反映企业销售商品、提供劳务所负担的(　　)。

A. 消费税　　B. 增值税　　C. 所得税　　D. 城市维护建设税

5. 现金等价物应具备的特点包括(　　)。

A. 期限短　　B. 流动性强

C. 价值变动风险小　　D. 易于转换为已知金额的现金

6. 所有者权益变动表至少应当单独列示的信息是(　　)。

A. 包括净利润　　B. 直接计入所有者权益的利得和损失

C. 所有者投入资本和利润分配　　D. 提取的盈余公积

7. 投资活动现金流入主要是由(　　)引起的。

A. 处置固定资产　　B. 收到股利和利息

C. 出售固定资产　　D. 增加长期投资

8. 销售商品、提供劳务收到的现金包括(　　)。

A. 本期销售商品、提供劳务收取的现金　　B. 前期销售商品、提供劳务收取的现金

C. 本期预收款　　D. 本期销售材料收取的现金

9. 在经营活动现金流量中,“支付的税费”包括(　　)。

A. 本期发生的所得税　　B. 本期支付的消费税

C. 本期支付的增值税进项税额　　D. 本期支付的增值税销项税额

10. 采用间接法计算经营活动现金流量时,以净利润为起算点,并调整以下项目中的(　　)。

A. 固定资产折旧　　B. 本期计提的资产减值损失

C. 处置固定资产的收入　　D. 投资收益

11. 判断项目性质的重要性,应当考虑(　　)。

A. 该项目在性质上是否属于企业日常活动　　B. 是否显著影响企业的财务状况

C. 是否显著影响企业的经营成果　　D. 该项目是否影响现金流量

12. 为了保证会计信息的可靠、可比，财务报表项目的列报和使用的会计政策应当在各个会计期间保持一致,不得随意变更,但下列情况除外:(　　)。

A. 会计准则要求改变会计政策或报表列报

B. 企业经营业务、交易发生重大变化,变更政策或列报能够提供更可靠、更相关的会计信息

C. 按重要性原则,本期对财务状况没有重大影响的项目可以简化列报

D. 改变会计估计有助于实现盈余管理的目标

三、判断题

1. 所有者权益变动表以利润表为编制基础,以反映企业已实现利润及其实际利润分配情况的报表。(　　)

2. 在利润表中,资产减值损失项目反映企业实际转销的跌价或减值损失。(　　)

3. 资产负债表中各个项目均可以根据会计科目余额直接或通过计算分析填列。(　　)

4. 财务报表列报必须遵循持续经营、重要性、一致性等原则。(　　)

5. 非现金项目间的交易不会影响现金流量,故编制现金流量表时可不在主表中列示。(　　)

6. 长期负债增加或长期资产减少一定会增加企业的现金流量。 (　　)

7. 吸收权益性投资以及发行债券所收到的现金，属于筹资活动的现金。 (　　)

8. 现金及现金等价物的期末与期初余额之差，即为经营活动、投资活动和筹资活动产生的现金流量净额之和。 (　　)

9. 已经支付的企业职工工资一律作为经营活动现金流出列示。 (　　)

10. 以直接法计算经营活动现金流量，其特点是以本期营业收入为起算点，调整与经营活动有关的流动资产和流动负债的增减变化，以计算收付实现制基础上的收入和费用。 (　　)

11. 综合收益总额是利润表中净利润和计入所有者权益的利得和损失的合计额；还应该在合并所有者权益表中列示归属于母公司所有者的综合收益总额和归属于少数股东的综合收益总额。 (　　)

12. 资产减值准备的计提，本身不影响现金流量，因此，不需要在现金流量表的主表或附表中予以体现。 (　　)

四、简答题

1. 简单介绍如何采用直接法和间接法来计算经营活动现金流量。

2. 为什么财务报表列报要遵循一致性原则？何种情况下允许企业变更财务报表项目的列报和使用的会计政策？

五、计算分析题

1. 捷克公司 2017 年 12 月 31 日有关账户余额见表 13－8。

表 13－8 单位：元

应付账款	80 000	应收账款	138 000
累计折旧	43 000	库存现金	4 000
坏账准备	20 000	应付股利	43 000
股本	330 000	应付债券——面值	100 000
交易性金融资产	56 000	长期股权投资	87 000
应交税费	16 000	盈余公积	28 000
未分配利润	17 000	资本公积	133 000
库存商品	106 000	固定资产	300 000
应付债券——债券折价	8 000	应收票据	46 000
银行存款	70 000	应付票据	32 000
短期借款	29 000	无形资产——土地使用权	56 000

要求：根据上述资料，编制报告式资产负债表。

2. 某工业企业为增值税一般纳税人，增值税税率为 17%，该企业 B 材料的月初余额为 343 976 元。该企业本月发生以下业务：

(1) 8 日，从外地采购 A 材料 16 000 千克，增值税专用发票上注明的材料价款为 1 690 000 元，销售方代垫运杂费 2 000 元，材料尚未运到。根据货款、增值税额和代垫运杂费的金额，签发为期 3 个月的商业承兑汇票一张。

(2) 16 日，本月 8 日从外地购入的 A 材料已经运到，并验收入库。

(3) 18 日，从本市购入库存商品 8 080 千克，增值税专用发票上注明的材料价款为 646 400 元，企业已用银行存款支付价款和增值税，库存商品已经验收入库。

(4) 20 日，从外地购入 A 材料 2 500 千克，增值税专用发票上注明的材料价款为 220 000 元，企业已用银行存款支付材料价款和增值税，材料尚未运到。

(5) 25 日，从外地购入 A 材料 500 千克，材料已经验收入库，但发票等单据尚未收到。

(6) 31 日，本月 25 日购入并已验收入库的 A 材料估计每千克价格 100 元。发票等单据尚未收到。

(7) 本月基本生产车间生产产品耗用 A 材料 1 428 000 元，车间一般耗用库存商品 17 340 元，管理部门耗用 B 材料 69 360 元。

要求：

(1) 根据上述资料，编制有关的会计分录(“应交税费”账户应列出明细账户)

(2) 计算期末资产负债表中“存货”项目中的金额。

3. 友谊公司 2017 年度发生的有关交易或事项如下：

(1) 出售固定资产收到现金净额 60 万元。该固定资产的成本为 90 万元，累计折旧为 80 万元。

(2) 以现金 200 万元购入一项无形资产，本年度摊销 60 万元，其中，40 万元计入当期损益，20 万元计入在建工程的成本。

(3) 以现金 2 500 万元购入一项固定资产，本年度计提折旧 500 万元，全部计入当期损益。

(4) 存货跌价准备期初余额为零，本年度计提存货跌价准备 920 万元。

(5) 递延所得税资产期初余额为零，本年因计提存货跌价准备确认递延所得税资产 230 万元。

(6) 出售本年购入的交易性金融资产，收到现金 200 万元。该交易性金融资产的成本为 100 万元，持有期间公允价值变动收益为 50 万元。

(7) 期初应收账款为 1 000 万元，本年度销售产品实现营业收入 6 700 万元，本年度因销售商品收到现金 5 200 万元，期末应收账款为 2 500 万元。甲公司 2017 年度实现净利润 6 500 万元。

要求：根据上述资料，不考虑增值税和其他因素，回答下列问题：

(1) 友谊公司在编制 2017 年度现金流量表的补充资料时，需要调整固定资产折旧、资产减值准备、应收账款变化额、处置固定资产的损益、递延所得税资产(负债)的变化、财务费用、投资收益等，你认为以上业务在本题中需要调整的项目有哪些？请填列表 13-9。

表 13-9　将净利润调节为经营活动的现金流量

项　目	本例中需要调整的请打“√”	调整符号及金额
净利润		
加：计提的资产准备		
固定资产折旧		
处置固定资产的损失(减：收益)		
公允价值变动损失(减：收益)		
财务费用		

(续表)

项　　目	本例中需要调整的请打"√"	调整符号及金额
投资损失(减：收益)		
递延所得税负债(减：资产)		
存货的减少(减：增加)		
应收账款的减少(减：增加)		
应付账款的增加(减：减少)		
经营活动产生的现金流量净额		

(2) 根据以上资料,计算投资活动现金流入、经营活动现金流入、投资活动现金流出、经营活动现金流量净额。

4. 某公司 2017 年利润表数据如表 13-10 所示。

表 13-10　　单位：元

营业收入	7 500 000
营业成本	4 000 000
销售费用(付现)	2 000 000
折旧与摊销费用	500 000
出售设备利益	300 000
净利润	1 300 000

补充资料如下：

(1) 2017 年,应收账款增加 250 000 元。

(2) 2017 年,存货减少 130 000 元。

(3) 出售设备得到现金 65 000 元。

(4) 2017 年,应付账款减少 280 000 元。

(5) 宣布现金股利 45 000 元,已支付股利 40 000 元。

(6) 发行普通股 420 000 元,换回厂房一幢。

(7) 发行债券,取得现金 750 000 元。

要求：计算 2017 年该公司经营活动的净现金流入(流出)。

5. 某公司正在编制现金流量表。分析下列各项目对现金流量的影响,用增(+)、减(-)完成表 13-11 的填列。

表 13-11

项　　目	金　　额
本期净利润 45 000 元	
调节项目：	
折旧费用 6 000 元	

（续表）

项　目	金　额
应收账款余额减少 2 000 元	
应付工资余额减少 1 000 元	
无形资产摊销 500 元	
存货余额增加 4 000 元	
应付账款余额减少 1 500 元	
经营活动现金净流入（流出）	

6. 黄山公司的有关财务资料如表 13－12、表 13－13 所示。

表 13－12

黄 山 公 司

比较资产负债表

2016 年 12 月 31 日和 2017 年 12 月 31 日

单位：元

	2016 年	2017 年
资产：		
库存现金	500	1 000
银行存款	69 500	98 000
应收账款（净值）	150 000	171 000
存货	280 000	390 000
预付账款	40 000	20 000
固定资产	750 000	1 000 000
累计折旧	（210 000）	（300 000）
资产总计	1 080 000	1 380 000
权益：		
应付账款	90 000	54 100
应交税费	3 000	1 900
应付债券——面值	200 000	200 000
应付债券——利息调整	（7 250）	（5 800）
股本	400 000	700 000
资本公积	80 000	80 000
盈余公积	144 250	149 800
未分配利润	170 000	200 000
权益总计	1 080 000	1 380 000

表 13-13

黄 山 公 司
利 润 表
2017 年度

单位：元

营业收入	2 720 000
减：营业成本	1 660 000
税金及附加	140 000
销售费用	225 000
资产减值损失——坏账	9 000
管理费用——折旧费用	116 000
管理费用——其他费用	284 550
财务费用——债券利息费用	20 000
财务费用——债券折价摊销	1 450
营业利润	264 000
加：营业外收入	2 000
税前利润	266 000
减：所得税费用	51 900
税后利润	214 100

其他补充资料如下：

(1) 应收账款因销售产品而产生；

(2) 存货及应付账款因购货而产生；

(3) 预付账款因营业活动而产生；

(4) 售出一台已折旧完毕的设备，得款 2 000 元，该设备原始成本为 26 000 元，固定资产及累计折旧年度内其余的增减数即为新购入和计列折旧而产生的；

(5) 宣告并支付现金股利 178 550 元；

(6) 发行的普通股中，除了以面值 200 000 元换取全新的一幢房屋外，其余皆收到现金；

(7) 当年债券利息全部付清。

要求：采用间接法编制该公司 2017 年度的现金流量表。

六、讨论及网络题

请上网选取一家利息费用较高的或者你感兴趣的公司年报，了解以下信息：

(1) 该公司利息费用是否如你预料的那样高？为什么？该公司负债情况如何？

(2) 说明利息与股利在会计处理中的差别及其对税赋和筹资成本的影响。

(3) 你认为目标公司的盈利是否在行业处于前三甲？未来盈利前景如何？

(4) 该公司是否存在递延税款金额？其产生的原因是什么？

自我测试答案

一、单项选择题

1. D　2. C　3. C　4. D　5. C　6. A
7. A　8. C　9. A　10. C　11. C　12. D

二、多项选择题

1. ABC　2. BD　3. AC　4. AD　5. ABCD　6. ABCD
7. ABC　8. AD　9. AB　10. ABD　11. ABCD　12. AB

三、判断题

1. 错　2. 错　3. 对　4. 对　5. 对　6. 错
7. 对　8. 对　9. 错　10. 对　11. 对　12. 错

四、简答题

1. 以直接法计算经营活动现金流量，其特点是以本期营业收入为起算点，调整与经营活动相关的流动资产和流动负债的增减变化，将利润表中以权责发生制为基础计算的收入与费用项目，转换为以收付实现制为基础计算的收现的收入与付现的费用。

间接法以净利润为起算点，通过对不涉及现金的经营性费用与收入项目、不属于经营活动的损益项目和非现金流动项目的调整，计算产生经营活动的现金流量。

2. 遵循一致性原则是为了保证会计信息的可靠、可比，财务报表项目的列报和使用的会计政策应当在各个会计期间保持一致，不得随意变更，但下列情况除外：

(1) 会计准则要求改变会计政策或报表列报。

(2) 企业经营业务、交易发生重大变化，变更政策或列报能够提供更可靠、更相关的会计信息。

五、计算分析题

1. 捷克公司资产负债表见表 13－14。

表 13－14

捷克公司
资产负债表
2017 年 12 月 31 日

单位：元

资　产		
流动资产		
库存现金		4 000

(续表)

银行存款		70 000
交易性金融资产		56 000
应收票据		46 000
应收账款	138 000	
减：坏账准备	—20 000	118 000
存货		106 000
流动资产合计		400 000
非流动资产		
长期股权投资		87 000
固定资产		
固定资产原价	300 000	
减：累计折旧	—43 000	
固定资产净值		257 000
无形资产		56 000
非流动资产合计		400 000
资产总计		800 000
负债与所有者权益		
负债		
流动负债		
短期借款		29 000
应付票据		32 000
应付账款		80 000
应交税费		16 000
应付股利		43 000
流动负债合计		200 000
非流动负债		
应付债券		92 000
长期负债合计		92 000
负债合计		292 000
所有者权益		

（续表）

股本		330 000
资本公积		133 000
盈余公积		28 000
未分配利润		17 000
所有者权益合计		508 000
负债与所有者权益合计		800 000

2. 编制会计分录如下：

(1) 借：在途物资——A材料　1 692 000
　　应交税费——应交增值税（进项税额）　287 300
　　贷：应付票据　1 979 300
(2) 借：原材料——A材料　1 692 000
　　贷：在途物资——A材料　1 692 000
(3) 借：库存商品　646 400
　　应交税费——应交增值税（进项税额）　109 888
　　贷：银行存款　756 288
(4) 借：在途物资——A材料　220 000
　　应交税费——应交增值税（进项税额）　37 400
　　贷：银行存款　257 400
(5) 暂不做分录。
(6) 借：原材料——A材料　50 000
　　贷：应付账款　50 000
(7) 借：生产成本　1 428 000
　　制造费用　17 340
　　管理费用　69 360
　　贷：原材料——A材料　1 428 000
　　　　　　——B材料　69 360
　　　库存商品　17 340

期末资产负债表上记入"存货"项目的金额＝2 883 016（元）

月初	343 976
2日	1 692 000
3日	646 400
4日	220 000
6日	50 000
7日	1 428 000
7日	17 340
7日	－1 514 700
月末	2 883 016

3. (1) 将表 13-15 中净利润调节为经营活动的现金流量。

表 13-15 单位：元

项　　目	本例中需要调整的请打“√”	调整符号及金额
净利润		6 500
加：计提的资产准备	√	920
固定资产折旧	√	500
处置固定资产的损失(减：收益)	√	－50
公允价值变动损失(减：收益)	√	
财务费用		
投资损失(减：收益)		
递延所得税负债(减：资产)	√	－230
存货的减少(减：增加)		
应收账款的减少(减：增加)	√	－1 500
应付账款的增加(减：减少)		
经营活动产生的现金流量净额		6 140

(2) ① 投资活动现金流入 260 万元(200＋60)[参见资料(6)、资料(1)]。

② 经营活动现金流入 5 200 万元(1 000＋6 700－2 500)[参见资料(7)]。

③ 投资活动现金流出 2 500 万元(2 500＋200)[参见资料(3)、资料(2)]。

④ 经营活动现金流量净额 6 140 万元 (参见上表)。

4.

表 13-16 单位：元

净利润	1 300 000
加：折旧和摊销	500 000
存货减少	130 000
减：出售设备利益	(300 000)
应收账款增加	(250 000)
应付账款减少	(280 000)
经营活动现金净流量	1 100 000

5.

表 13-17 单位：元

项　　目	金　　额
本期净利润 45 000 元	45 000
调节项目：	

（续表）

项目	金额
折旧费用 6 000 元	+6 000
应收账款余额减少 2 000 元	+2 000
应付工资余额减少 1 000 元	−1 000
无形资产摊销 500 元	+500
存货余额增加 4 000 元	−4 000
应付账款余额减少 1 500 元	−1 500
经营活动现金净流入(流出)	47 000

6.

表 13－18　　黄山公司现金流量表

（间 接 法）

2017 年度　　单位：元

经营活动现金流量		
净利润		214 100
加：折旧	116 000	
折价摊销	1 450	
预付账款减少	20 000	
利息费用	20 000	
减：出售固定资产收益	−2 000	
应收账款增加	−21 000	
存货增加	−110 000	
应付账款减少	−35 900	
应交税费减少	−1 100	
经营活动净现金流量		201 550
投资活动现金流量		
出售固定资产	2 000	
购入固定资产	−76 000	
投资活动现金净流量		−74 000
筹资活动现金流量		
发行股票	100 000	
支付现金股利	−178 550	
支付利息费用	−20 000	

(续表)

筹资活动现金净流量		−98 550
本期现金净增加数		29 000
期末现金	99 000	
期初现金	70 000	
附：不涉及现金的投资和筹资活动：发行股票换取固定资产 200 000 元		

六、讨论及网络题

略。

教材习题参考答案

习 题 一

(1) 编制相关会计分录如下：

① 借：库存商品　　540 000
　　应交税费——应交增值税(进项税额)　　91 800
　　贷：应付账款　　631 800

② 借：应收账款　　938 000
　　贷：主营业务收入　　800 000
　　　　应交税费——应交增值税(销项税额)　　136 000
　　　　银行存款　　2 000

③ 借：银行存款　　200 000
　　累计摊销　　150 000
　　贷：无形资产——专利权　　300 000
　　　　应交税费——应交增值税(销项税额)　　12 000
　　　　营业外收入　　38 000

④ 借：销售费用　　50 000
　　贷：银行存款　　50 000

⑤ 本月主营业务成本＝450×1 000＝450 000(元)

借：主营业务成本　　450 000
　　贷：库存商品　　450 000

(2) 计算利润表中的有关指标。

营业收入＝800 000(元)

营业成本＝450 000(元)

表 13-19

利 润 表

2017 年 12 月

单位：元

项 目	金 额
一、营业收入	800 000
减：营业成本	450 000
销售费用	50 000
管理费用	45 000
财务费用	55 000
投资收益	90 000
二、营业利润	290 000
加：营业外收入	89 000
减：营业外支出	60 000
三、利润总额	319 000
减：所得税	77 000
四、净利润	242 000

(3) 应交所得税＝(319 000－50 000＋14 000＋25 000－20 000)×25%＝72 000(元)

所得税费用＝(319 000－50 000＋14 000＋25 000)×25%＝77 000(元)

递延所得税负债＝20 000×25%＝5 000(元)

借：所得税费用　　77 000

　贷：应交税费——应交所得税　　72 000

　　递延所得税负债　　5 000

习 题 二

(1) 编制有关会计分录如下：

① 借：原材料　　50 000

　　应交税费——应交增值税(进项税额)　　8 500

　　贷：银行存款　　58 500

② 借：生产成本　　23 000

　　贷：原材料　　23 000

③ 借：应收账款　　351 000

　　贷：主营业务收入　　300 000

　　　应交税费——应交增值税(销项税额)　　51 000

④ 借：主营业务成本　　210 000

　　贷：库存商品　　210 000

⑤ A) 借：固定资产清理　　3 000

　　　累计折旧　　5 000

　　　贷：固定资产　　8 000

B) 借：银行存款　　5 000
　　贷：固定资产清理　　5 000
C) 借：固定资产清理　　500
　　贷：银行存款　　500
D) 借：固定资产清理　　1 500
　　贷：营业外收入　　1 500
⑥ 借：销售费用　　4 000
　　贷：银行存款　　4 000
⑦ 借：管理费用　　10 000
　　贷：银行存款　　10 000
　借：资产减值损失　　5 130
　　贷：存货跌价准备　　5 130
⑧ 借：在建工程　　10 000
　　贷：长期借款　　10 000
　借：财务费用　　2 000
　　贷：银行存款　　2 000
⑨ 借：生产成本　　4 000
　　管理费用　　6 000
　　贷：应付职工薪酬——工资　　10 000
　借：应付职工薪酬——工资　　10 000
　　贷：银行存款　　10 000
⑩ 借：营业外支出　　1 700
　　贷：银行存款　　1 700
⑪ 借：银行存款　　52 000
　　贷：持有至到期投资——面值　　40 000
　　　　——应计利息　　11 000
　　　投资收益　　1 000
⑫ 借：营业外支出　　2 000
　　贷：银行存款　　2 000
⑬ 本期缴纳增值税＝51 000－25 800－8 500＝16 700(元)
借：应交税费——应交增值税(已交税金)　　16 700
　贷：银行存款　　16 700
⑭ A) 借：税金及附加　　1 670
　　　贷：应交税费——应交教育费附加　　501
　　　　——应交城市维护建设税　　1 169
B) 借：应交税费——应交教育费附加　　501
　　——应交城市维护建设税　　1 169
　　贷：银行存款　　1 670
⑮ A) 所得税＝(会计利润 60 000－全年的国债利息 12 000＋滞纳金 2 000)×25%
　　＝12 500(元)
　递延所得税资产＝存货跌价损失 5 130×25%＝1 282.5(元)
借：所得税费用　　12 500
　递延所得税资产　　1 282.5

贷：应交税费——应交所得税　　13 782.5

B) 借：应交税费——应交所得税　　23 782.5

贷：银行存款　　23 782.5

(2) 编制利润表。

表 13 - 20 **利 润 表**

编制单位：三丰公司　　2017 年 12 月　　单位：元

项　　目	本 月 数	本年累计数
一、营业收入	300 000	3 300 000
减：营业成本	210 000	2 510 000
税金及附加	1 670	20 040
销售费用	4 000	36 000
管理费用	16 000	248 430
财务费用	2 000	24 000
资产减值损失	5 130	
加：公允价值变动收益		
投资收益	1 000	12 000
二、营业利润	62 200	473 530
加：营业外收入	1 500	13 500
减：营业外支出	3 700	20 700
三、利润总额	60 000	466 330
减：所得税	12 500	112 500
四、净利润	47 500	353 830

习 题 三

(1) 编制会计分录如下：

① 借：在途物资　　20 000

应交税费——应交增值税(进项税额)　　3 400

贷：预付账款　　10 000

应付账款　　13 400

② 借：原材料　　20 000

贷：在途物资　　20 000

③ 借：应收账款　　3 000

贷：坏账准备　　3 000

借：银行存款　　3 000

贷：应收账款　　3 000

④ 借：管理费用　　15 000

贷：累计折旧　　15 000

⑤ 借：银行存款　117 000
　　贷：主营业务收入　100 000
　　　　应交税费——应交增值税(销项税额)　17 000
　借：主营业务成本　70 000
　　贷：库存商品　70 000
⑥ 借：其他应付款　10 000
　　贷：银行存款　10 000
⑦ 借：长期借款　70 000
　　贷：银行存款　70 000
⑧ 借：所得税费用　10 000
　　贷：应交税费——应交所得税　10 000
　借：应交税费——应交所得税　10 000
　　贷：银行存款　10 000

(2) 编制资产负债表。

表 13-21　**资产负债表**

编制单位：五丰公司　2018年1月31日　单位：元

资　产	年初数	年末数	负债及所有者权益	年初数	年末数
流动资产			流动负债		
货币资金	18 300	48 300	短期借款	100 000	100 000
交易性金融资产			应付票据		
应收票据			应付账款	65 000	78 400
应收账款	59 700	56 700	应交税费		13 600
预付账款	10 000		其他应付款	10 000	
其他应收款	6 000	6 000	一年内到期的长期负债		40 000
存货	170 000	120 000	流动负债合计	175 000	232 000
			非流动负债：		
流动资产合计	264 000	231 000	长期借款	210 000	100 000
			负债合计	385 000	332 000
			所有者权益		
非流动资产			实收资本	250 000	250 000
长期股权投资	160 000	160 000	资本公积	53 000	53 000
固定资产净值	304 000	289 000	盈余公积	40 000	40 000
非流动资产合计	464 000	449 000	未分配利润		5 000
			所有者权益合计	343 000	348 000
资产总计	728 000	680 000	负债及所有者权益总计	728 000	680 000

补充资料：1.已包括在固定资产原价中的融资租赁固定资产原值为50 000元。

习 题 四

表 13 - 22 天赐公司现金流量分类及金额 单位：元

	经营活动	投资活动	筹资活动	不涉及现金的投资和筹资活动
(1) 采购材料支付货款 52 000 元	−52 000			
(2) 以银行存款 40 000 元购入另一家公司的股票作为长期投资		−40 000		
(3) 支付应付票据 54 600 元	−54 600			
(4) 收到现金股利 7 000 元		+7 000		
(5) 发生折旧费用 11 000 元				
(6) 应收账款增加 5 000 元				
(7) 发放现金股利 10 000 元			−10 000	
(8) 发行普通股 60 000 元收到现金			+60 000	
(9) 发行普通股 40 000 元换取设备				√
(10) 税后利润 88 000 元				

习 题 五

表 13 - 23 艺林公司现金流量的类别 单位：万元

	投资活动		筹资活动	
	流入/流出	金额	流入/流出	金额
(1) 为建造厂房发行债券收到现金 800 万元			流入	800
(2) 因处置固定资产而收到现金 350 万元	流入	350		
(3) 因购买流水线而支付 780 万元	流出	−780		
(4) 因持有债券到期而收到现金 120 万元，其中利息 20 万元	流入	120		
(5) 支付在建工程人员工资 300 万元	流出	−300		
(6) 分得股利收到现金 40 万元	流入	40		
(7) 借款收到现金 400 万元			流入	400
(8) 分配股利支付现金 30 万元			流出	−30
(9) 偿还债务支付现金 300 万元			流出	−300
(10) 支付利息所付现金 10 万元			流出	−10
净流量		−570		860

习 题 六

表 13 - 24 天华公司按间接法确定经营活动的净现金流量 单位：元

净利润	－40 000
加：折旧	26 000
应收账款减少	20 000
预付账款减少	8 000
应付账款增加	10 000
减：存货增加	－4 000
投资收益	－16 000
经营活动现金流量净额	4 000

习 题 七

(1) 销售商品收现＝销售收入－应收账款增加＋应收票据减少

＝3 000×1.17－2 340＋234＝1 404(万元)

(2) 支付的增值税款＝已交税金＝308(万元)

(3) 支付的所得税款＝期初数＋本期所得税－期末数＝30＋100－40＝90(万元)

(4) 收回投资收到的现金＝本金＋投资收益＝50＋20＝70(万元)

(5) 分得股利或利润收到的现金＝应收股利期初数＋本年发生数－应收股利期末数

＝20＋10－5＝25(万元)

(6) 借款收到的现金＝长期借款本年增加数＝300(万元)

(7) 偿还债务支付的现金＝长期借款本年减少数＝200(万元)

(8) 购货付现＝1 700×1.17＋(2 400－2 500)×1.17＋(1 755－2 340)＝1 287(万元)

习 题 八

表 13 - 25

益明公司

利润表

2017 年 12 月 单位：元

项 目	金 额
一、营业收入	600 000
减：营业成本	250 000
税金及附加	20 000
销售费用	
管理费用	50 000
财务费用	110 000
资产减值损失	585

（续表）

项　　目	金　　额
加：公允价值变动收益	
投资收益	250 000
二、营业利润	419 415
加：营业外收入	10 000
减：营业外支出	
三、利润总额	429 415
减：所得税	99 415
四、净利润	330 000

表 13－26

益明公司

资产负债表

2017 年 12 月 31 日　　　　单位：元

资　产	月初数	月末数	负债及所有者权益	月初数	月末数
流动资产			流动负债		
货币资金	1 300 000	2 765 000	短期借款	100 000	400 000
交易性金融资产			应付票据	60 000	60 000
应收票据	100 000	100 000	应付账款	200 000	1 370 000
应收账款	597 000	713 415	其他应付款	5 000	5 000
预付账款	50 000	50 000	应付职工薪酬	23 000	23 000
其他应收款	3 000	3 000	应交税费	112 000	80 415
存货	800 000	1 520 000	流动负债合计	500 000	1 938 415
流动资产合计	2 850 000	5 151 415			
			非流动负债		
非流动资产			长期借款	1 000 000	1 780 000
持有至到期投资		110 000	应付债券	200 000	200 000
长期股权投资	300 000	497 000	长期应付款	100 000	100 000
固定资产净值	2 400 000	2 340 000	其他长期负债	300 000	300 000
在建工程	300 000	300 000	长期负债合计	1 600 000	2 380 000
固定资产合计	2 700 000	2 640 000			
无形资产	100 000	80 000	所有者权益		
其他长期资产	50 000	50 000	实收资本	3 000 000	3 000 000

(续表)

资　产	月初数	月末数	负债及所有者权益	月初数	月末数
			资本公积	500 000	500 000
非流动资产合计	3 150 000	3 377 000	盈余公积	400 000	433 000
			未分配利润		277 000
			所有者权益合计	3 900 000	4 210 000
资产总计	6 000 000	8 528 415	负债及所有者权益总计	6 000 000	8 528 415

表 13-27

益 明 公 司

现 金 流 量 表

2017 年 12 月　　单位：元

项　目	金　额
一、经营活动产生的现金流量：	
销售商品、提供劳务收到的现金	585 000
现金流入小计	585 000
购买商品、接受劳务支付的现金	
支付给职工以及为职工支付的现金	40 000
支付的税款	100 000
现金流出小计	140 000
经营活动产生的现金流量净额	445 000
二、投资活动产生的现金流量：	
分得股利或利润收到的现金	240 000
现金流入小计	240 000
购建固定资产支付的现金	70 000
债权性投资支付的现金	100 000
现金流出小计	170 000
投资活动产生的现金流量净额	70 000
三、筹资活动产生的现金流量：	
借款收到的现金	1 100 000
现金流入小计	1 100 000
偿还债务支付的现金	100 000
分配股利或利润支付的现金	20 000
偿付利息支付的现金	30 000
现金流出小计	150 000

（续表）

项目	金额
筹资活动产生的现金流量净额	950 000
四、现金及现金等价物净增加额：	1 465 000
期末货币资金	2 765 000
期初货币资金	1 300 000
不涉及现金的重大投资和筹资活动：	
以固定资产对外投资	80 000

案例

略。

第十四章
企业合并和合并财务报表

全章脉络

疑难解答
自我测试
自我测试答案
教材习题参考答案

疑难解答

本章包括两部分内容——企业合并和合并财务报表。

按法律形式，企业合并可分为三种：吸收合并、创立合并和控股合并。只有在控股合并的情况下，才会涉及合并财务报表的编制。

一、企业合并

(一) 企业合并的含义

企业合并，是指将两个或两个以上单独的企业合并形成一个报告主体的交易或事项。

(二) 企业合并的分类

按法律形式，企业合并可分为三种：吸收合并、创立合并和控股合并。在吸收合并方式下，被并企业法律主体不复存在，实施合并的企业将存续下去。在创立合并方式下，参与合并的所有企业法律主体都不复存在，而代之以一家全新的公司。在控股合并方式下，并购企业和被并企业的法人地位依然存在。

(三) 企业合并的会计处理方法

1. 同一控制下的企业合并

(1) 同一控制下企业合并的含义及特征

同一控制下的企业合并，是指参与合并的企业在合并前后均受同一方或相同的多方最终控制且该控制并非暂时性的企业合并。

同一控制下的企业合并具有持续经营以及是同一个利益主体之间的财富变动，应当按账面价值结转相应的资产、负债和权益等特点。

(2) 同一控制下企业合并的会计处理

① 不论合并发生在会计年度的哪一个时点，参与合并企业的整个年度的损益均应全部纳入合并后的企业。

② 参与合并企业的留存收益均应转入合并后的企业。

③ 与合并相关的费用(如资产评估、律师服务、注册会计师鉴证等费用)，应在发生时直接计入当期损益;但与发行权益证券相关的费用，应计入资本公积。

④ 参与合并的企业，财务报表通常无须做变动，依然按账面价值反映，也不确认商誉。

⑤ 已登记入账的发行股本的金额加上以现金或其他资产形式支付的额外价款，与账面登记的购买股本的金额之间的差额，应调整所有者权益。

⑥ 若参与合并企业的会计政策不一致，应予以调整，以保持合并后会计政策的一致性。

2. 非同一控制下的企业合并

(1) 非同一控制下企业合并的含义及特征

非同一控制下的企业合并，是指参与合并各方在合并前后不受同一方或相同的多方最终控制的合并交易，即除判断属于同一控制下企业合并情况外的其他的企业合并。

非同一控制下企业合并具有新起点、按公允价值计量等特征。

(2) 非同一控制下企业合并的会计处理

① 主并企业应按购并成本记账。该成本即为所支付的现金或非现金对价的公允价值,或者是交易发生日,购买方为了取得对被并企业净资产的控制权而承担债务或转移权益工具的公允价值。

② 倘若被并企业丧失了法人地位,主并企业收到被并企业的可辨认资产和负债应按公允价值入账。

③ 倘若被并企业丧失了法人地位,第①条所列的合并成本超过取得净资产公允价值的差额,记为商誉。即在合并后的资产负债表中,确认被并企业的资产和负债(公允价值)以及购买产生的任何商誉。倘若被并企业丧失了法人地位,第①条所列的合并成本小于取得净资产公允价值的差额,确认为当期损益。

④ 自购买日起,被并企业的经营成果才可合并到主并企业的利润表中。

⑤ 被并企业的留存收益不能转入主并企业。

⑥ 与合并相关的费用(如资产评估、律师服务、注册会计师鉴证等费用),应在发生时直接计入当期损益;但与发行权益证券相关的费用,应计入资本公积。

(四) 企业合并的其他问题

1. 负商誉

非同一控制下企业合并时所取得的可辨认净资产的公允价值会超过合并成本,称为负商誉。当出现负商誉时,购买方首先应对合并中取得的资产、负债及预计负债的公允价值进行复核——如果复核结果表明取得的资产或负债的公允价值的确定是恰当的,则应当对购买方支付的非货币性对价的公允价值进行复核;如果复核后认为这些对价的公允价值的确定是恰当的,则上述复核后还有差额的,应将该差额直接计入当期损益。

2. 购买日的选择

在同时符合下列条件时,应当确定非同一控制下企业合并的购买日:(1) 购买协议已获股东大会通过,若合并事项需要经过国家有关主管部门审批的,已获相关政府部门批准;(2) 购买公司和被购买企业已办理必要的财产(权利)交接手续;(3) 购买企业已支付购买价款的大部分(一般应超过50%);(4) 购买企业实际上已经控制被购买企业的财务和经营政策,并从其活动中获得利润或承担风险等。

二、合并财务报表

(一) 合并财务报表的性质与编制范围

合并财务报表简称合并报表,是指反映母公司和其全部子公司形成的企业集团整体财务状况、经营成果和现金流量的财务报表。

合并财务报表至少应当包括合并资产负债表、合并利润表、合并现金流量表、合并所有者权益变动表和附注。

合并财务报表的合并范围应当以控制为基础。

所谓控制,是指投资方拥有对被投资方的权力,通过参与被投资方的相关活动而享有可变回报,并且有能力运用对被投资方的权力影响其回报金额。

控制方称为母公司,被控制方称为子公司。

母公司控制下的任何层级的被控制方，均称为子公司。

投资方拥有对被投资方的权力，主要有两种表现方式：(1) 表决权；(2) 合同安排的权力。

投资方直接或间接拥有被投资方 50%以上有投票表决权的股份，便能完成控制。而在现实生活中，投资方即使持有另一企业不足 50%有投票表决权的股份，也能在实质上完成控制，如股权较为分散、存在一致行动人、公司章程另有约定等。

(二) 少数股东权益的性质

少数股东权益的性质是合并财务报表中最重要的问题之一。对少数股东权益的性质存在着不同的看法，即母公司理论和实体理论。

1. 母公司理论

母公司理论认为，合并财务报表应反映那些在母公司本身的股东的利益。因此，合并资产负债表实质上是对母公司资产负债表的修正，即将母公司对子公司的投资还原为子公司的特定资产与负债；相应地，合并利润表也是对母公司利润表的修正，即将母公司对子公司的投资收益还原为子公司利润表特定的收入与费用或其他项目。

根据母公司理论，少数股权对子公司净资产的要求权被列为负债。既然少数股权被列为负债，那么子公司净收益中属于少数股权的部分自然就是一项费用，而不视为利润的分配，支付股利视为负债的清偿。

此外，对企业集团内部交易所发生的未实现损益或推定损益，只抵销或确认属于母公司的份额。

2. 实体理论

实体理论认为，合并财务报表应反映作为一个企业集团整体的财务状况、经营成果及现金流转情况，而不仅仅只为母公司的股东服务。因此，只要持有了股份，都应是企业集团的股东，即所有者。所以，企业集团中各企业的资产、负债、收入、费用等，就是合并个体的资产、负债、收入、费用等。

根据实体理论，少数股东对子公司净资产的要求权被列为股东权益。因此，少数股权对子公司净收益的要求权自然也就是合并收益的组成部分，只是单独列示一个项目而已。

此外，对企业集团内部交易所发生的未实现损益或推定损益，应当全部予以抵销或确认。

我国企业会计准则采用了修正的实体理论，即只确认归属于母公司的商誉。

例如，2018 年 1 月 1 日，P 公司以 1 000 万元取得了 S 公司 80%的表决权的股份，完成了对 S 公司的控制，该合并业务是非同一控制下的企业合并。该日，S 公司可辨认净资产的账面价值为 600 万元，可辨认净资产的公允价值为 1 000 万元，假定公允价值超过账面价值的部分均为固定资产，该固定资产尚可使用 10 年。

在母公司理论下，少数股东权益为 120 万元(600×20%)，可辨认净资产公允价值超过账面净值的部分只认列归属于母公司的 320 万元(800－600×80%)，商誉也只认列归属于母公司的 200 万元。

在实体理论下，先计算出被并企业隐含的整体价值 1 250 万元(1 000÷80%)，其中少数股东的份额为 20%，因此，少数股东权益为 250 万元(1 250×20%)，商誉为 250 万元(1 250－1 000)。

在修正的实体理论下，少数股东只认列可辨认净资产公允价值的份额部分，即 200 万元(1 000×20%)，商誉只认列归属于母公司的部分，即 200 万元(250×80%，也可表述为 1 000－1 000×80%)。

(三) 合并日合并财务报表的编制

在合并日或购买日，如果是非同一控制下的企业合并，只需要编制合并资产负债表；如果是同一控制下的企业合并，则需要编制合并资产负债表、合并利润表、合并现金流量表和合并所有者权益变动表。

(四) 在工作底稿上将长期股权投资的成本法调整为权益法

根据企业会计准则的规定，母公司对子公司的长期股权投资采用成本法核算，但在编制合并财务报表时，应当以权益法为基础。因此，在编制合并财务报表时，应当在工作底稿上将成本法调整为权益法。

在将成本法调整为权益法时，母公司的“长期股权投资”账户主要存在以下调整：

＋自投资开始子公司累计实现的未分配利润乘以母公司所占份额(若亏损，则减去)
＋自投资开始子公司除净损益之外的净权益增加乘以母公司所占份额(若减少，则减去)
－投资时子公司可辨认资产公允价值超过账面价值部分的(累计)摊销额乘以母公司所占份额
＋集团内部交易已实现收益(减损失)
－集团内部交易未实现收益(加损失)

对于上述调整，不涉及损益的净权益，直接调整资本公积或其他综合收益；涉及损益的，以前年度的，调整年初未分配利润；当期的，调整投资收益。

成本法调整为权益法，可用会计分录表述如下(假定均为增加；如为减少，则编制相反的会计分录)：

借：长期股权投资　　×××
　贷：未分配利润(以前年度的损益调整)　　×××
　　投资收益(当期的损益调整)　　×××
　　资本公积或其他综合收益(不涉及损益的子公司净权益增加)　　×××

(五) 合并日后合并财务报表的抵销程序

若不存在内部交易，合并财务报表的抵销程序大体有固定的几笔抵销分录(非同一控制下企业合并背景下)。具体如下：

(1) 抵销期初子公司的所有者权益，合并价差分配至各项资产，不能分配部分，计入商誉；若有少数股东权益，还应确认少数股东权益(注意母公司理论与实体理论的影响)。

(2) 抵销本期投资收益和已宣告分派的股利，同时抵销本期增加的长期股权投资。若有少数股东权益，应减少因分配股利而导致的少数股东权益的份额。

(3) 分配本期公允价值的摊销数。

(4) 确认本期子公司实现损益而应确认的少数股东收益和少数股东权益(如果有的话)。

(六) 企业集团内部交易的抵销

企业集团内部交易是指企业集团内部的母公司与子公司之间或子公司与子公司之间所发生的提供商品、买卖固定资产或无形资产或供应劳务等经济业务。这些经济业务在个别的财务报表中均按传统会计方法进行了确认、计量和报告，但是，如果这些交易(如母公司将商品出售给子公司)还未最终离开企业集团(子公司未将上述商品对外售出)或最终消耗掉之前，则会出现企业集团内部交易的未实现损益(母公司出售给子公司商品中的毛利部分)。

从合并财务报表或企业集团角度看，如果不抵销企业集团内部的未实现损益，所编制的合并利润表，不仅包括了企业集团内部对外界进行交易的结果，还包括了企业集团内部进行交易的结果，企业集团将会利用这种密不可分的关系为某种目的进行频繁的内部交易以虚计其利润，合并利润表也就失去了报告企业集团经营成果的作用。同样，合并资产负债表中如果未对企业集团内部的债权和债务予以抵销，自然会高估企业集团的资产总额，使合并资产负债表未能反映企业集团实际的财务状况。

企业集团内部交易的抵销主要包括存货交易、固定资产交易及债券交易等。

需要注意的是，对集团内部的资产交易（包括存货、固定资产和无形资产等），其核心是不确认集团内部交易中的未实现损益，即因内部交易而在单独的账面已经确认了损益，但在该资产未出售给集团之外（或未耗用）之前，按合并财务报表的目的，不应予以确认，因此，需进行抵销；而在以后出售给集团之外（或被耗用）之时，才将其予以确认。正因为如此，母公司在编制合并财务报表的工作底稿上将成本法调整为权益法时，应在子公司账面利润的基础上，减去集团内部交易的未实现损益加上因出售给外界和耗用而应确认的已实现的内部交易损益。

自我测试

一、单项选择题

1. P公司持有A公司60%的股权，持有B公司25%的股权，持有C公司50%的股权，A公司持有B公司30%的股权，C公司持有B公司10%的股权。则P公司直接和间接控制B公司的股权为（　　）。

A. 25%　　B. 43%　　C. 55%　　D. 65%

2. 下列各项，在实务中可以认定P公司拥有S公司过半数以上权益性资本的情况是（　　）。

A. P公司直接拥有S公司50%的权益性资本

B. P公司直接拥有S公司30%的权益性资本，甲公司直接拥有S公司50%的权益性资本，甲公司为P公司的全资子公司

C. P公司直接拥有S公司30%的权益性资本，甲公司直接拥有S公司70%的权益性资本，P公司直接拥有甲公司40%的权益性资本

D. P公司在S公司中有过半数以上的投票表决权

3. 下列各项费用，不构成合并当期损益的是（　　）。

A. 会计师事务所对被并企业财务报表的审计费用

B. 与合并有关的法律费用

C. 与合并有关的咨询费用

D. 取得固定资产的安装费

4. P公司发行100万股（面值1元、市价1.5元）的股票换取了S公司全部的净资产。另外，P公司还发生调查费用1万元、企业合并费用6万元、手续费5.5万元，证监委登记费10万元，股票发行费用10万元。在非同一控制企业合并下，P公司的合并投资成本为（　　）万元。

A. 150　　B. 160　　C. 162.5　　D. 172.5

5. P公司用银行存款70万元购买了S公司全部的净资产。S公司净资产的账面价值为67万元，其公允价值与账面价值相同，则确认的商誉应为（　　）万元。

A. −3　　B. 0　　C. 2　　D. 3

6. P公司支付68万元购买S公司除银行存款之外的全部净资产。S公司净资产的账面价值为67万元，银行存款为2万元，其资产的公允价值与账面价值相同，则此项非同一控制下企业合并确认的商誉应为（　　）万元。

A. −3　　B. 0　　C. 2　　D. 3

7. 同一控制下的企业合并，企业合并时所发生的除合并对价之外的各项支出，应当(　　)。

A. 计入母公司的投资成本

B. 作为合并企业资本公积的减少数

C. 作为合并企业合并当期费用

D. 予以资本化并在将来的期间内予以摊销

8. 非同一控制下的企业合并，投资成本超过被并企业净资产公允价值份额的差额部分，应当(　　)。

A. 在规定的期限内摊销计入费用

B. 将其摊配至除长期证券投资之外的其他非流动资产

C. 在规定的期限内摊销计入留存收益

D. 列为商誉，不再摊销

9. 需要编制合并财务报表的合并形式是(　　)。

A. 吸收合并　　B. 创立合并　　C. 控股合并　　D. 兼并

10. 非同一控制下的企业合并，购受日母公司应编制的合并财务报表是(　　)。

A. 合并资产负债表　　B. 合并利润表

C. 合并利润分配表　　D. 合并现金流量表

11. 母公司理论将少数股东对子公司净资产的要求权列入(　　)。

A. 所有者权益　　B. 负债

C. 所有者权益的减项　　D. 递延收益

12. P公司以600万元购入S公司60%有表决权的资本，购并当日S公司的净资产账面价值为600万元，经评估，公允价值超过账面价值70万元。在实体理论下，合并财务报表中确认的合并商誉应为(　　)万元。

A. 198　　B. 212　　C. 330　　D. 400

13. P公司以600万元购入S公司60%有表决权的资本，购并当日S公司的净资产账面价值为600万元，经评估，公允价值超过账面价值70万元。在修正的实体理论下，合并财务报表中确认的合并商誉应为(　　)万元。

A. 198　　B. 212　　C. 330　　D. 400

14. 在母公司理论下，合并工作底稿上合并后的净收益应当等于(　　)。

A. 母公司净收益与子公司净收益之和

B. 合并后收入减去合并后成本费用和少数股东收益

C. 母公司净收益减去少数股东收益

D. 调整后的母公司自身的营业利润

15. P公司拥有S公司80%发行在外的股份，S公司年初存货中含有从P公司购入存货40 000元，年末存货中含有从P公司购入存货30 000元。P公司的销售毛利率为30%，已知S公司年末净资产为600 000元，则年末应确认的少数股东权益应为(　　)元。

A. 111 000　　B. 118 200　　C. 120 000　　D. 120 600

16. 2018年1月1日，P公司以1 300 000元购入S公司80%发行在外的股份，当时S公司净资产为1 500 000元，合并价差均为商誉。P公司采用成本法处理长期投资业务。2018年度，S公司实现的净利润为200 000元，分配现金股利20 000元，且当年S公司将成本为10 000元的存货按12 000元的价格出售给P公司，2018年年末，这部分存货尚存40%没有售出。则2018年年末，经过权益法调整，P公司“长期股权投资”账户的余额应为(　　)元。

A. 1 300 000　　B. 1 443 360　　C. 1 463 360　　D. 1 467 360

17. 2018 年 1 月 1 日，P 公司以 350 000 元的价格向 S 公司(P 公司拥有 S 公司 60%的股权)出售一幢建筑物，该建筑物的账面价值为 300 000 元，P 公司采用直线法计提折旧，折旧年限为 5 年。2018 年度，S 公司实现的净收益为 1 000 000 元，在权益法下，P 公司确认的投资收益应为(　　)元。

A. 550 000　　B. 560 000　　C. 600 000　　D. 650 000

二、多项选择题

1. 按法律形式分类，企业合并的形式有(　　)。

A. 控股合并　　B. 横向合并　　C. 创立合并　　D. 吸收合并

2. 非同一控制下的企业合并，以下会计处理中，正确的有(　　)。

A. 实施合并企业要按公允价值记录所收到的资产和债务

B. 合并成本超过所取得净资产公允价值的差额记作商誉

C. 实施合并企业的收益包括被并企业合并当年的全部收益

D. 被并企业的留存收益不能转入实施合并的企业

3. 同一控制下的企业合并，以下会计处理中，正确的有(　　)。

A. 参与合并企业的净资产均按账面价值计价

B. 不确认商誉

C. 不论合并业务发生在哪一时点，参与合并企业整个年度的损益要全部包括在合并后的企业

D. 合并时发生的直接相关费用，应计入投资成本

4. 同一控制下的企业合并，早期的合并收益要高于非同一控制下企业合并的合并收益，其原因主要有(　　)。

A. 合并时发生的相关费用处理不同　　B. 不存在合并价差及合并价差的摊销

C. 合并收益涵盖的期间较长　　D. 合并后对被并企业资产的处置损益不同

5. 企业合并后，被并企业在法律上不复存在的合并方式有(　　)。

A. 控股合并　　B. 创立合并　　C. 吸收合并　　D. 兼并

6. 企业合并中的购买日，应符合的条件有(　　)。

A. 购买协议已获股东大会通过，并已获相关政府部门批准

B. 购买公司和被购买企业已办理必要的财产交接手续

C. 购买公司已支付购买价款的大部分(一般应超过 50%)

D. 购买公司实际上已经控制被购买企业的财务和经营政策，并从其活动中获得利润或承担风险

7. 构成控制的要素包括(　　)。

A. 对被投资方拥有权利

B. 参与被投资方的相关活动

C. 能取得可变回报

D. 有能力运用对被投资方的权力影响其回报金额

8. 在母公司理论下，部分拥有的子公司当年发生亏损，在合并财务报表中会造成(　　)。

A. 增加少数股东权益　　B. 少数股东收益为贷方发生额

C. 少数股东收益为借方发生额　　D. 减少少数股东权益

9. 在部分拥有子公司的情况下，若采用母公司理论，为编制购受日的合并财务报表而编制的

抵销分录,其目的在于(　　)。

A. 使母公司对子公司的投资为零

B. 使合并后的净权益等于母公司的净权益

C. 使合并后的净收益等于母公司的净收益

D. 调整少数股东权益

10. 对于以前年度内部交易形成的计提折旧的固定资产,应当进行抵销处理的有(　　)。

A. 将固定资产原价中包括的未实现销售利润予以抵销

B. 将当期多计提(或少计提)的折旧费用予以抵销

C. 将以前会计期间多计提(或少计提)的累计折旧予以抵销

D. 调整期初长期投资的数额

三、判断题

1. 非同一控制下的企业合并下,投资成本超过被并购企业账面价值的差额,应记作商誉。(　　)

2. 在企业合并中,只有在控股合并的情况下,才存在合并会计财务报表问题,才需要编制合并财务报表。(　　)

3. 在企业合并过程中,通常会有一个或一个以上的企业丧失其独立的法人资格,因此,法人资格的消失是企业合并的必要条件。(　　)

4. 非同一控制下的企业合并,实施合并企业的留存收益有可能因合并而增加,也有可能因合并而减少。(　　)

5. 同一控制下的企业合并,企业管理部门可以通过在年末合并其他盈利企业,以及尽早出售并入资产等方式来增加收益。(　　)

6. 合并的实质是控制而不是法律主体的解散。(　　)

7. 同一控制下的企业合并,实施合并的企业或继续存在的企业的股本总额必须等于发行在外股份的面值;实施合并企业合并后的留存收益也必须等于参与合并企业(包括实施合并企业)的留存收益合计数。(　　)

8. 非同一控制下的企业合并,所确认的商誉仅仅只是账面结果,归集的是投资成本超过被并企业账面价值的差额中无特定对象的部分,并不代表被并企业真实的商誉。(　　)

9. 同一控制与非同一控制下的企业合并,尽管对记录被并企业净资产的计价方法有所不同,但对合并过程中发生的相关费用的处理方法却是相同的。(　　)

10. 非同一控制下的企业合并,投资企业的合并成本低于被并企业可辨认净资产公允价值份额的差额部分,可以计入当期损益。(　　)

11. 合并商誉应在母公司账上正式确认。(　　)

12. 我国企业会计准则规定,少数股东权益对子公司净资产的要求权应列为负债。(　　)

13. 少数股东权益只会出现在合并财务报表中。(　　)

14. 购受日母公司自身的资产负债表与合并资产负债表中的净权益相同。(　　)

15. 集团内部的存货交易,如果存在未出售给外界的情形,就会影响合并财务报表的净权益。(　　)

16. 本期若没有发生内部固定资产的交易,也就没有集团内部固定资产交易损益的抵销问题。(　　)

四、简答题

1. 什么是同一控制下的企业合并？它有哪些主要特征？
2. 什么是非同一控制下的企业合并？它有哪些主要特征？
3. 你是怎样看待少数股东权益的性质的？请说明理由。
4. 请阐述如何在合并工作底稿上将成本法调整为权益法。

五、计算分析题

1. 2018 年 9 月 30 日，新新公司吸收合并了京海公司。合并时，向证券交易所支付登记费用 10 000 元，其他直接费用 15 000 元。

合并前两家公司的资产负债表资料如表 14－1 所示。

表 14－1　　合并前两家公司的资产负债表　　单位：元

项　　目	新 新 公 司	京 海 公 司
流动资产	348 000	240 000
固定资产(净)	1 480 000	904 000
专利权	36 000	16 000
其他无形资产	12 000	—
资产合计	1 876 000	1 160 000
负债	212 000	168 000
普通股本	880 000	300 000
资本公积	320 000	256 000
盈余公积	464 000	436 000
负债和所有者权益合计	1 876 000	1 160 000

其他有关资料如下：

(1) 合并时两家公司可辨认净资产的公允价值见表 14－2。

表 14－2　　单位：元

项　　目	新 新 公 司	京 海 公 司
流动资产	396 000	272 000
固定资产(净)	1 760 000	1 120 000
专利权	45 600	28 800
其他无形资产	12 000	
负债	(212 000)	
可辨认净资产的公允价值	2 001 600	1 252 800

(2) 在企业合并前，新新公司与京海公司的每股股份的面值均为 1 元。

(3) 合并后，京海公司解散。

要求：分别以下两种情况，为新新公司编制企业合并时的会计分录：

(1) 新新公司发行 400 000 股普通股换取京海公司全部发行在外的股份。假设该合并为同一控制下的企业合并。

(2) 新新公司支付银行存款 248 000 元,并发行年利率为 10%、面值为 1 352 000 元的债券换取了京海公司发行在外的全部股份。假设该合并为非同一控制下的企业合并。

2. 2018 年 8 月 30 日,青田公司支付 1 000 000 元购入了昌化公司 90%发行在外的普通股份(此项合并为非同一控制下的企业合并),同时还支付了合并直接费用 80 000 元。当日,昌化公司可辨认净资产的账面价值与公允价值的有关资料如下(单位:元):

股本		400 000
盈余公积		500 000
可辨认净资产账面价值合计		900 000
加:公允价值超过账面价值的差额		
存货(先进先出法)	30 000	
固定资产(净)	60 000	90 000
可辨认净资产公允价值合计		990 000

要求:

(1) 为青田公司编制记录合并业务的会计分录;

(2) 编制合并日合并财务报表的抵销分录。

3. 甲公司拥有乙公司 100%的股权。2018 年度,两家公司的利润表资料如表 14-3 所示。

表 14-3 **甲公司与乙公司利润表** 单位:元

项目	甲公司	乙公司
营业收入	1 000 000	600 000
营业成本	480 000	310 000
管理与所得税费用	300 000	180 000
对乙公司股权投资收益(成本法)	17 000	
净收益	237 000	110 000

其他资料如下:

(1) 甲公司于 2017 年 1 月 1 日以高于乙公司净资产公允价值份额 360 000 元的价格购入了乙公司 100%发行在外的普通股(乙公司的净资产公允价值与账面价值相同)。

(2) 甲公司每年均向乙公司出售存货,其相关资料如表 14-4 所示。

表 14-4 单位:元

	2017 年	2018 年
甲公司售给乙公司存货的价格	300 000	420 000
甲公司售给乙公司存货的成本	200 000	280 000
乙公司年末未售出百分比	50%	40%

要求:

(1) 根据权益法,计算甲公司对乙公司长期股权投资的投资收益。

(2) 编制 2018 年合并利润表。

自我测试答案

一、单项选择题

1. C	2. B	3. D	4. A	5. D	6. D
7. C	8. D	9. C	10. A	11. B	12. A
13. A	14. C	15. C	16. B	17. B	

15 题说明：由于集团内部存货的销售均为顺销，未实现损益全部归属于多数股权，因此，本题中的少数股东权益等于S公司可辨认净资产的账面价值乘以少数股权所占的比例，即120 000元(600 000×20%)。

16 题说明：

长期股权投资初始投资	1 300 000
＋自投资开始子公司累计实现的利润乘以母公司所占份额(200 000×80%)	160 000
－自投资开始子公司分红乘以母公司所占份额(20 000×80%)	16 000
－投资时子公司可辨认资产公允价值超过账面价值部分的(累计)摊销额	
－集团内部交易未实现收益(加损失)(2 000×40%×80%)	640
合　计	1 443 360

17 题说明：

P公司权益法下的投资收益	
＝S公司账面利润乘以P公司持股比例(1 000 000×60%)	600 000
－集团内部交易未实现损益(350 000－300 000)	50 000
＋集团内部交易未实现本期摊销 (50 000÷5)	10 000
	560 000

二、多项选择题

1. ACD	2. ABD	3. ABC	4. BCD	5. BCD	6. ABCD
7. ABCD	8. BD	9. ABD	10. ABCD		

三、判断题

1. 错	2. 对	3. 错	4. 错	5. 对	6. 对
7. 错	8. 对	9. 对	10. 对	11. 错	12. 错
13. 对	14. 错	15. 对	16. 错		

四、简答题

1. 同一控制下的企业合并，是指参与合并的企业在合并前后均受同一方或相同的多方最终控制且该控制并非暂时性的企业合并。

同一控制下的企业合并具有以下主要特点：

(1) 能够对参与合并各方在合并前后均实施最终控制的一方，通常指企业集团的母公司。即此类合并通常发生于企业集团内部，如集团内母子公司之间、子公司与子公司之间，其本质是集团内部各企业之间资产、负债或权益的转移，是同一个利益主体之间的财富变动，应当按账面价值结转相应的资产、负债和权益。

(2) 能够对参与合并的企业在合并前后均实施最终控制的相同多方，是指根据合同或协议的约定，拥有最终决定参与合并企业的财务与经营政策，并从中获取利益的投资群体。

(3) 同受国家控制的企业之间发生的合并，不应仅仅因为参与合并各方在合并前后均受国家控制而将其视为同一控制下的企业合并。

(4) 所谓"合并前后"，是指参与合并各方在较长时间内为最终控制方所控制。具体是指企业合并之前 1 年(含 1 年)及以上的时间里，参与合并的各方均为最终控制方所控制。

2. 非同一控制下的企业合并，是指参与合并各方在合并前后不受同一方或相同的多方最终控制的合并交易，即除判断属于同一控制下企业合并情况外的其他的企业合并。

非同一控制下的企业合并被视为主并企业通过购买被并企业的股份(股权)来取得其全部或部分净资产的一种交易。这种交易发生于两个不同的利益主体之间，因此，它与企业直接从外界购入机器设备、存货等资产并无差异，因此，认定企业合并是一项购买行为。

非同一控制下的企业合并具有以下主要特点：

(1) 企业合并是新的会计主体的新起点，此新起点称为购买日或合并日。

(2) 合并各方在合并交易中的对价(包括转移的非现金资产、承担的债务及转移的权益工具)均应按公允价值入账，公允价值与账面价值的差额计入当期损益。

(3) 主并方所付对价的公允价值超过或低于被并方可辨认净资产公允价值(相应份额)的部分，应确认为商誉或当期损益。

3. 对少数股权的性质及其在报表中的列示，存在两种理论，即母公司理论和实体理论。母公司理论认为，合并财务报表为多数股东服务，因此，少数股权与其他债权人没有区别，应将少数股权列为负债，合并价差只调整母公司多数股权的份额，相应地，少数股东收益也就列为一项费用。实体理论认为，所有的股东均应一视同仁，因此，应将少数股权列为股东权益，少数股东收益也就列为利润分配，合并价差应在多数股权和少数股权之间进行分摊。

我国企业会计准则采用修正的实体理论，处理合并财务报表中的少数股东权益问题。

4. 在将成本法调整为权益法时，母公司的"长期股权投资"账户主要存在以下调整：

+自投资开始子公司累积实现的未分配利润乘以母公司所占份额(若亏损，则减去)
+自投资开始子公司除净损益之外的净权益增加乘以母公司所占份额(若减少，则减去)
-投资时子公司可辨认资产公允价值超过账面价值部分的(累计)摊销额乘以母公司所占份额
+集团内部交易已实现收益(减损失)
-集团内部交易未实现收益(加损失)

对于上述调整，不涉及损益的净权益，直接调整资本公积；涉及损益的，以前年度的，调整年初未分配利润，当期的，调整投资收益。

成本法调整为权益法，可用会计分录表述如下(假定均为增加；如为减少，则编制相反的会计分录)：

借：长期股权投资　　×××
　贷：未分配利润(以前年度的损益调整)　　×××
　　投资收益(当期的损益调整)　　×××
　　资本公积或其他综合收益(不涉及损益的子公司净权益增加)　　×××

五、计算分析题

1. (1) 新新公司发行 400 000 股普通股换取京海公司全部发行在外的股份，在同一控制下的企业合并下：

借：流动资产	240 000	
固定资产	904 000	
专利权	16 000	
贷：负债		168 000
股本（面值 1 元）		400 000
资本公积		156 000*
盈余公积		436 000

注：* 为倒轧数。

借：管理费用	25 000	
贷：银行存款		25 000

(2) 新新公司支付银行存款 248 000 元，并发行年利率为 10%、面值为 1 352 000 元的债券换取京海公司发行在外的全部股份时：

借：长期股权投资	1 600 000	
贷：银行存款		248 000
应付债券		1 352 000
借：管理费用	25 000	
贷：银行存款		25 000
借：流动资产	272 000	
固定资产	1 120 000	
专利权	28 800	
商誉	347 200	
贷：负债		168 000
长期股权投资		1 600 000

2. (1) 青田公司合并业务的会计分录如下：

借：长期股权投资	1 000 000	
管理费用	80 000	
贷：银行存款		1 080 000

(2) 合并日合并财务报表的抵销分录如下：

借：普通股本	400 000	
盈余公积	500 000	
存货（30 000×90%）	27 000	
固定资产（60 000×90%）	54 000	
商誉	109 000	
贷：长期股权投资		1 000 000
少数股东权益[(400 000+500 000)×10%]		90 000

3.(1) 按权益法,甲公司对乙公司的投资收益计算如下：

甲公司对乙公司的投资收益数：	
乙公司账面净收益	110 000
加：确认 2017 年递延的期末存货未实现的利润[(300 000—200 000)×50%]	50 000
减：递延 2018 年期末存货的未实现利润[(420 000—280 000)×40%]	56 000
	104 000

(2) 调整与抵销分录为：

① 将成本法调整为权益法(调整 2018 年度部分)时：

借：长期股权投资　　87 000

　　贷：投资收益(104 000—17 000)　　87 000

② 抵销期初存货时：

借：长期股权投资　　50 000

　　贷：营业成本　　50 000

③ 抵销本期内部存货销售时：

借：营业收入　　420 000

　　贷：营业成本　　420 000

④ 抵销期末存货未实现毛利时：

借：营业成本　　56 000

　　贷：存货　　56 000

⑤ 抵销投资收益时：

借：投资收益　　104 000

　　贷：长期股权投资　　87 000

　　　　宣告分配股利　　17 000

表 14-5　　2018 年度合并利润表(工作底稿)　　单位：元

项　　目	甲公司	乙公司	调整与抵销				合并主体
			序号	借方	序号	贷方	
营业收入	1 000 000	600 000	(3)	420 000			1 180 000
营业成本	480 000	310 000	(4)	56 000	(2)	50 000	376 000
					(3)	420 000	
管理费用与所得税费用	300 000	180 000					480 000
投资收益	17 000		(5)	104 000	(1)	87 000	0
净收益	237 000	110 000					324 000

教材习题参考答案

习　题　一

(1) 同一控制下,兴华公司在合并时的会计分录如下：

借：流动资产	1 200 000	
固定资产	1 800 000	
贷：负债		360 000
股本(面值 1 元)		1 000 000
资本公积(为轧差数字)		1 440 000
盈余公积		200 000
借：管理费用	56 000	
贷：银行存款		56 000

(2) 非同一控制下，兴华公司在合并时的会计分录如下：

借：长期股权投资	2 940 000	
贷：股本(面值 1 元)		1 000 000
资本公积		1 940 000
借：管理费用	56 000	
贷：银行存款		56 000
借：流动资产	1 320 000	
固定资产	2 400 000	
贷：负债		360 000
长期股权投资		2 940 000
营业外收入		420 000

习　题　二

(1) 记录合并成本时：

借：长期股权投资	660 000	
贷：银行存款		660 000

(2) 记录合并费用时：

借：管理费用	60 000	
贷：银行存款		60 000

(3) 记录所取得的净资产，合并成本超过净资产公允价值的部分记录为商誉时：

借：银行存款	40 000	
应收账款	50 000	
存货	250 000	
固定资产	780 000	
无形资产	130 000	
商誉	30 000	
贷：流动负债		145 000
非流动负债		475 000
长期股权投资		660 000

习　题　三

(1) 假定信华公司发行 1 000 000 股普通股份，换取协和公司的全部股份时：

① 合并业务所产生的商誉。

投资成本(1 000 000 股×@14)		14 000 000
减：净资产公允价值		
流动资产	3 600 000	
固定资产	10 400 000	
负债	(2 000 000)	(12 000 000)
商誉		2 000 000

② 合并时的相关会计分录如下：

借：长期股权投资　　14 000 000
　贷：股本(面值 10 元)　　10 000 000
　　资本公积　　4 000 000
借：流动资产　　3 600 000
　固定资产　　10 400 000
　商誉　　2 000 000
　贷：负债　　2 000 000
　　长期股权投资　　14 000 000

(2) 假定信华公司发行了 500 000 股普通股份，换取协和公司的全部股份时：

① 确定投资成本与所取得净资产公允价值的差额。

投资成本(500 000 股×@14)		7 000 000
减：净资产公允价值		
流动资产	3 600 000	
固定资产	10 400 000	
负债	(2 000 000)	(12 000 000)
商誉		(5 000 000)

② 合并时的相关会计分录如下：

借：长期股权投资　　7 000 000
　贷：股本(面值 10 元)　　5 000 000
　　资本公积　　2 000 000
借：流动资产　　3 600 000
　固定资产　　10 400 000
　贷：负债　　2 000 000
　　长期股权投资　　7 000 000
　　营业外收入　　5 000 000

③ 合并后信华公司资本公积和盈余公积的数额分别为 2 000 000 元和 5 600 000 元(含合并时形成的 5 000 000 元的营业外收入)。

习 题 四

(1) 假设东晖公司发行 3 000 000 股普通股份，换取凉城公司全部 2 500 000 元发行在外的股份：

① 东晖公司合并时的会计分录如下：

借：流动资产 1 500 000
　　固定资产 3 000 000
　　贷：负债 900 000
　　　　股本(面值 1 元) 3 000 000
　　　　资本公积 400 000
　　　　盈余公积 200 000
借：管理费用 90 000
　　贷：银行存款 90 000

② 合并日东晖公司的资产负债表如表 14－6 所示。

表 14－6　东晖公司资产负债表(合并后)

2018 年 1 月 2 日　　单位：元

资　产		负债和所有者权益	
流动资产	3 210 000*	负债	1 350 000
固定资产(净)	6 000 000	股本	6 000 000
		资本公积	1 000 000
		盈余公积	860 000**
资产合计	9 210 000	负债和所有者权益合计	9 210 000

注：* 减去合并费用 90 000 元后的净额，** 不考虑所得税费用。

(2) 假设凉城公司发行 3 600 000 股普通股份，换取东晖公司全部发行在外的股份：

① 凉城公司合并时的会计分录如下：

借：流动资产 1 800 000
　　固定资产 3 000 000
　　贷：负债 450 000
　　　　股本(面值 1 元) 3 600 000
　　　　盈余公积 750 000
借：管理费用 90 000
　　贷：银行存款 90 000

② 合并日凉城公司的资产负债表如表 14－7 所示。

表 14－7　凉城公司资产负债表(合并后)

2018 年 1 月 2 日　　单位：元

资　产		负债和所有者权益	
流动资产	3 210 000*	负债	1 350 000
固定资产(净)	6 000 000	普通股本	6 100 000
		资本公积	900 000
		盈余公积	860 000**
资产合计	9 210 000	负债和所有者权益合计	9 210 000

注：* 减去合并费用 90 000 元后的净额，** 不考虑所得税费用。

习 题 五

(1) 调整与抵销分录如下:

借:股本	100 000	
资本公积	87 500	
盈余公积	62 500	
存货(50 000—37 500)	12 500	
固定资产(净)(225 000—200 000)	25 000	
商誉	25 000	
贷:长期股权投资		312 500

(2) 南山公司合并资产负债表见表 14-8。

表 14-8 南山公司合并资产负债表工作底稿

2017 年 12 月 31 日　　单位:元

项　目	南山公司	西海公司	调整与抵销分录		合并主体
存货	75 000	37 500	12 500		125 000
其他流动资产	175 000	137 500			312 500
对西海公司投资	312 500			312 500	
固定资产	275 000	200 000	25 000		500 000
商誉	12 500		25 000		37 500
资产合计	850 000	375 000			975 000
流动负债	125 000	87 500			212 500
应付债券	130 000	37 500			167 500
普通股本	250 000	100 000	100 000		250 000
资本公积	145 000	87 500	87 500		145 000
盈余公积	200 000	62 500	62 500		200 000
负债和所有者权益合计	850 000	375 000			975 000

习 题 六

(1) 编制调整分录,计算合并日银河公司的流动资产总额如下:

借:流动负债——中安公司	2 000	
贷:应收账款——银河公司		2 000

银河公司当时的流动资产总额 = 156 000 − 106 000 + 2 000 = 52 000(元)

(2) 编制调整分录,计算合并日银河公司的所有者权益合计数如下:

借:所有者权益	127 000	
合并价差	11 100	
贷:长期股权投资		100 000
少数股东权益		38 100

银河公司当时所有者权益合计数为 127 000 元。该数额还可以由"38 100÷30%"计算得出。

(3) 编制调整分录,列示商誉 1 100 元的计算过程:

借：固定资产　　10 000
　　商誉　　1 100
　　贷：合并价差　　11 100

商誉计算表

单位：元

中安公司投资成本	100 000
减：银河公司可辨认净资产的账面价值中所占的份额(127 000×70%)	88 900
合并价差	11 100
减：固定资产公允价值超过账面价值的差额	10 000
商誉	1 100

习　题　七

(1) 合并业务的会计分录如下：

借：长期股权投资　　500 000
　　贷：股本(面值 1 元)　　100 000
　　　　资本公积　　400 000
借：管理费用　　90 000
　　贷：银行存款　　90 000

(2) 调整与抵销分录如下：

借：普通股本　　100 000
　　盈余公积　　336 000
　　存货　　20 000
　　固定资产　　50 000
　　无形资产　　15 000
　　非流动负债　　15 000
　　商誉　　55 120
　　贷：长期股权投资　　500 000
　　　　少数股东权益　　91 120

表 14-9　　**合并资产负债表工作底稿**

2018 年 7 月 1 日　　单位：元

项　目	东方公司	西北公司	调整与抵销分录		合并主体
银行存款	160 000	150 000			310 000
存货	860 000	600 000	20 000		1 480 000
其他流动资产	500 000	260 000			760 000
对西海公司投资	500 000	—		500 000	—
固定资产	3 400 000	1 500 000	50 000		4 950 000
无形资产	—	80 000	15 000		95 000
商誉	—	—	55 120		55 120
资产合计	5 420 000	2 590 000			7 650 120

(续表)

项　目	东方公司	西北公司	调整与抵销分录		合并主体
流动负债	430 000	914 000			1 344 000
非流动负债	950 000	1 240 000	15 000		2 175 000
股本	1 600 000	100 000	100 000		1 600 000
资本公积	1 900 000	—			1 844 750
盈余公积	540 000	336 000	336 000		595 250
少数股东权益				91 120	91 120
负债和所有者权益合计	5 420 000	2 590 000	781 740	781 740	7 650 120

习　题　八

(1) 商誉＝720 000－(300 000＋100 000＋450 000＋50 000)×70%＝90 000(元)

丽华公司账面应确认对丰茂公司的投资收益＝40 000×70%＝28 000(元)

(2) 合并后税后利润金额＝260 000＋85 000＝345 000(元)

(注意：少数股东收益不作为费用项目。)

(3) 少数股权分享的利润金额＝85 000×30%＝25 500(元)

(4) 2018年12月31日少数股东权益总额＝[(300 000＋100 000＋450 000＋50 000)＋(85 000－40 000)]×30%＝283 500(元)

(5) 2018年12月31日丽华公司“长期股权投资——对丰茂公司投资”账户的余额＝720 000(元)

习　题　九

(1) 借：营业收入	1 000 000	
贷：营业成本		1 000 000
(2) 借：营业成本	200 000	
贷：存货[(1 000 000－500 000)×40%]		200 000

习　题　十

(1) 2018年的投资收益＝乙公司账面净利润	100 000
加：期初存货未实现利润	10 000
减：期末存货未实现利润	18 000
	92 000

(2) 调整与抵销分录如下：

借：长期股权投资	10 000	
贷：营业成本		10 000
借：营业收入	30 000	
贷：营业成本		30 000
借：营业成本	18 000	
贷：存货		18 000

习 题 十 一

(1) 在沙田公司工作底稿上编制将成本法调整为权益法的相关会计分录。

① 确认东滨公司已实现的收益(扣除已分配的股利部分)时：

借：长期股权投资[(120 000×90%)−72 000]	36 000	
贷：投资收益		36 000

② 递延房屋出售利得时：

借：投资收益	24 000	
贷：长期股权投资		24 000

③ 确认已通过折旧实现的利得时：

借：长期股权投资	2 400	
贷：投资收益		2 400

(2) 编制 2018 年度的合并利润表。

表 14-10　　沙田公司合并利润表

2018 年度　　单位：元

营业收入(1 200 000+560 000)	1 760 000
营业成本(800 000+320 000)	1 120 000
管理及销售费用(240 000+120 000−2 400)	357 600
房屋出售利得(24 000−24 000)	0
净利润	282 400
其中：归属于少数股东的利润(120 000×10%)	12 000
归属于多数股东的收益	270 400

案　例

略。

第十五章 公开发行证券公司的信息披露

全章脉络

疑难解答
自我测试
自我测试答案
教材习题参考答案

疑难解答

一、财务报表注释

(1) 会计政策、会计估计及其变更；
(2) 非常项目；
(3) 财务报表中有关重要项目的明细情况；
(4) 或有事项；
(5) 资产负债表日后事项；
(6) 关联方关系及其交易的披露；
(7) 其他需披露的事项。

二、信息披露制度的框架

(一) 信息披露制度的基本框架

上市公司会计信息披露制度的基本框架包含证券立法、会计规范和审计规范三方面内容。证券监管机制是一国对其证券市场运行和发展所采取的管理体系、管理结构和管理模式的总称。一般认为目前有以下三种证券监管模式：(1) 集中立法型；(2) 自律型；(3) 中间型。

我国在借鉴各国做法的基础上加以融合，主要采取集中立法型监管模式。

(二) 我国上市公司信息披露监管体系

第一层次：基本证券立法。主要是指《公司法》《证券法》《刑法》《会计法》等。主要作用：强制披露、强制审计和法律责任。

第二层次：会计信息披露规则体系。包括《公开发行证券的公司信息披露内容与格式准则》《公开发行证券的公司信息披露编报规则》等。主要作用：规范上市公司信息披露。

第三层次：会计准则与会计制度。包括 1 项基本准则和 42 项具体准则。主要作用：规范公司会计核算和报表列报。

第四层次：审计准则体系。包括《注册会计师法》《中华人民共和国国家审计准则》。主要作用：规范审计业务质量控制与责任，提出审计人员职业道德规范和实务指南。

三、信息披露的内容

企业信息披露的形式主要包括招股说明书、上市公告、年度报告、中期报告、临时报告等。强制性信息披露内容如图 15－1 所示。

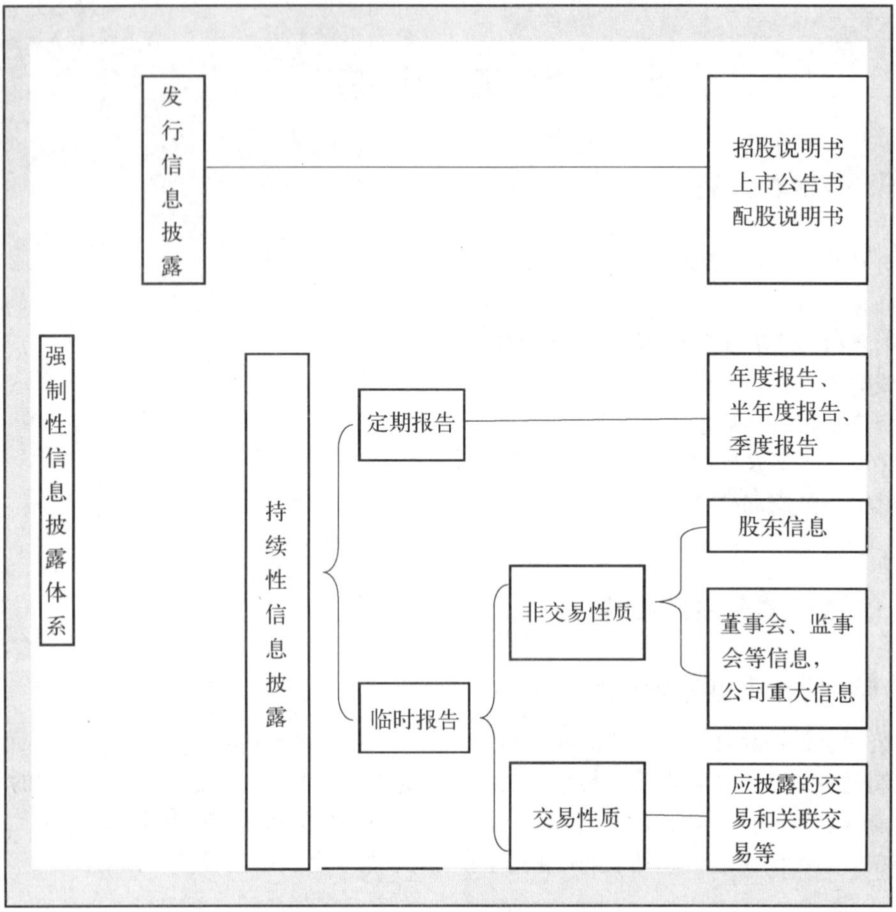

图 15-1　强制性信息披露内容

四、会计政策、会计估计及其变更

企业一旦选定了会计政策,一般情况下前后各期应当保持一致,不得随意变更。但在符合下列条件时,企业可以改变原采用的会计政策:

(1) 法律或会计准则等行政法规、规章的要求。

(2) 变更会计政策使反映的财务状况、经营成果和现金流量信息更为可靠和相关。

应在财务报表注释中披露的会计政策变更的事项有:

(1) 会计政策变更的内容和理由以及变更的原因。

(2) 会计政策变更的影响数,包括:① 采用追溯调整法计算出的会计政策变更的累积影响数;② 会计政策变更对本期以及比较财务报表所列其他各期净损益的影响;③ 比较财务报表最早期的期初留存利润调整数。若累积影响数不能合理确定,应说明理由。

当企业发生会计估计变更时,在注释中应披露如下有关事项:

(1) 会计估计变更的内容和理由。

(2) 会计估计变更的影响数,包括会计估计对当期损益的影响金额,以及对其他各项目的影响金额。

(3) 会计估计变更的影响数不易确定的理由。

五、资产负债表日后事项

在资产负债表日之后、财务报表批准报出之前发生的重大事项，称为资产负债表日后事项，简称日后事项。企业一旦发生这种事项，就应在年度报告中予以充分披露。

日后事项按其调整与否，分为以下两类：

（一）调整事项

包括：

(1) 在资产负债表日已确知固定资产的价值持续下降，但其减少的金额在日后才能得到。

(2) 对非股份公司的长期股权投资，因在资产负债表日尚未收到被投资企业的财务报表，不能确认投资收益或损失，现已收到。

(3) 在应用成本与市价孰低法计价存货时，因资产负债表日不能取得当时的存货重置成本信息，只能采用估计数，现已取得较确切的数据。

(4) 长期工程合同上应计的收入以前估计不准确，在日后得到了确切的信息。

(5) 在资产负债表日对所得税进行估计，在日后得到了有关税率及应税金额的确切情况。

(6) 在资产负债表日发现了导致财务报表不正确的错误或舞弊行为。

上述这些日后事项，都应当在得到信息时调整财务报表。如果这类信息得到较晚，已不可能对报表做出全面更正，则应通过其他方式披露。

（二）非调整事项

包括：

(1) 企业合并业务；

(2) 财务重组或行将实施的重组；

(3) 发行股份或债券；

(4) 购买或出售固定资产和长期投资；

(5) 在上年并未预计的停止某一分部业务的事项；

(6) 固定资产和长期投资价值的下降；

(7) 外汇汇率的变动；

(8) 职工工资和福利的提高；

(9) 遭受意外的重大损失，如自然灾害、意外的客户违约等。

此类事项不需调整本期财务报表，但因其严重影响企业未来的财务状况和经营成果，所以应以注释的方式披露。

六、关联方关系及其披露

在企业财务和经营决策中，如果一方有能力直接或间接控制、共同控制另一方或对另一方施加重大影响，就将其视为关联方；如果两方或多方同受一方控制，也将其视为关联方。

关联方关系存在的形式有以下几种：

(1) 企业或个人对一个或多个企业的控制。

(2) 企业或个人与其他企业对一个企业进行共同控制。

(3) 企业或个人对一个或多个企业施加重大影响。

(4) 两方或多方同受某一方控制。

在财务报表注释中,关联方关系分以下两种情况予以揭示:

(1) 如果存在控制与被控制关系,不论关联方之间有无交易,都应该披露以下事项:① 企业经济性质或类型、名称、法定代表人、注册地、注册资本及其变化;② 企业的主营业务;③ 所持股份或权益及其变化。

(2) 如果不存在控制与被控制关系,但属共同控制或重大影响的关联方,当有交易发生时,应揭示关联方关系的性质。如果不发生交易,则不需披露。

七、关联方交易的披露

对于关联方交易,应披露以下内容:

(1) 关联方之间的交易按照重要性原则分别情况处理:

① 零星的关联方交易,如果对企业财务状况和经营成果影响较小或几乎没有影响,可以不予披露。

② 对企业财务状况和经营成果有影响的关联方交易,如果属于重大交易(主要指交易金额较大的),应当分别关联方以及交易类型披露。如果关联方之间属于非重大交易,类型相同的非重大交易可以合并披露,但以不影响报表使用者正确理解企业财务状况、经营成果为前提。

(2) 在企业与关联方发生交易的情况下,企业应当在注释中披露关联方关系的性质、交易类型及其交易要素。这些要素一般包括:① 交易的金额或相应比例;② 未结算项目的金额或相应比例;③ 定价政策;④ 关联方之间签订的交易协议或合同。

自我测试

一、单项选择题

1. 下列项目属于会计政策的是(　　)。
A. 收入确认的原则
B. 无形资产的受益期限
C. 坏账
D. 未来适用法

2. 会计政策是指企业在会计核算时所遵循的(　　)。
A. 会计一般原则
B. 具体准则
C. 具体原则以及企业所采纳的具体会计处理方法
D. 具体原则

3. 日后事项是指(　　)发生的重大事项。
A. 在资产负债表编制日之后、财务报表公布日之前
B. 在资产负债表编制日之后、财务报表批准报出之前
C. 在资产负债表编制日之后、财务报表审计通过之前
D. 在资产负债表编制日之后

4. 我国规定的会计政策的追溯调整法是将会计政策变更的累计影响数调整(　　)。
A. 计入当期损益　　B. 计入某项资产价值
C. 期初未分配利润　　D. 管理费用
5. 日后事项分为调整事项和非调整事项。下列选项中,属于非调整事项的是(　　)。
A. 在资产负债表日已确知应收账款的价值持续下降,但其减少的金额在日后得到确认的事项
B. 在资产负债表日已确定的利润分配方案,但在日后期间予以修正的事项
C. 在资产负债表日估计的所得税与在日后期间得以确认的不一致金额
D. 日后期间发生的职工工资和福利的提高
6. 下列项目中,属于会计估计项目的是(　　)。
A. 固定资产使用年限和净残值　　B. 借款费用是资本化还是费用化
C. 坏账损失的核算方法　　D. 长期投资的会计处理方法
7. 子公司,是指被母公司(　　)的主体。
A. 控制　　B. 拥有　　C. 收购　　D. 吸收
8. 投资方应当基于(　　)对回报的可变性进行评价。
A. 回报的法律形式　　B. 合同安排的实质
C. 特殊关系　　D. 单独主体
9. 判断拥有权力应考虑的事项包括但不限于下列事项:(　　)。
A. 投资方能否任命或批准被投资方的一般管理人员
B. 投资方能否出于其自身利益决定或否决被投资方的日常交易
C. 投资方能否掌控被投资方董事会等类似权力机构成员的任命程序,或者从其他表决权持有人手中获得控制权
D. 投资方与被投资方的关键管理人员或董事会等类似权力机构中的多数成员是否存在关联方关系
10. 持续性信息的披露包括定期报告和临时报告,但不包括(　　)。
A. 董事会、监事会等信息和公司重大信息
B. 关联方及其关联交易
C. 年度报告
D. 招股说明书

二、多项选择题

1. 下列选项中,属于必须调整入账的日后事项有(　　)。
A. 在资产负债表日已确知固定资产的价值持续下降,但其减少的金额在日后才得知的事项
B. 对非股份公司的长期股权投资,因在资产负债表日尚未收到被投资企业的财务报表,不能确认投资收益或损失,现已收到的事项
C. 在应用成本与市价孰低法计价存货时,因资产负债表日不能取得当时存货重置成本信息,只能采用估计数,现已取得较确切的数据的事项
D. 在资产负债表日以后发生的固定资产和长期投资价值的下降的事项
2. 通常在会计报表附注中加以披露的企业所采用的会计政策是(　　)。
A. 坏账提取比率
B. 所得税会计采用的会计核算方法

C. 存货计价采用的是先进先出法或加权平均法
D. 无形资产受益期限的确定
3. 符合下列条件中的(　　)之一,应改变原采用的会计政策。
A. 会计准则的要求
B. 企业管理当局的意愿
C. 法律或会计准则等行政法规、规章的要求
D. 会计政策变更能提供更相关可靠的信息
4. 会计估计变更应采用未来适用法,其处理方法为(　　)。
A. 如果会计估计变更仅影响变更当期,有关估计变更的影响应确认在前期
B. 如果会计估计变更仅影响变更当期,有关估计变更的影响应确认在当期
C. 如果会计估计变更既影响变更当期又影响未来期,有关估计变更的影响应确认在当期及以后期
D. 不需要反映变更影响数
5. 会计政策变更采用追溯调整法时,属于追溯调整的内容为(　　)。
A. 应计算会计政策变更的累计影响数
B. 应调整变更当期的期初未分配利润
C. 应调整会计报表其他相关项目的期初数
D. 重新编制以前年度会计报表
6. 关联方关系存在的形式有(　　)。
A. 企业或个人对一个或多个企业的控制
B. 企业与银行、公用事业部门的关系
C. 两方或多方同受某一方的控制
D. 两个企业同受国家控制
7. 在企业发生关联方交易时,应在注释中披露关联方关系的性质、交易类型以及(　　)。
A. 交易金额或相应的比例
B. 定价政策
C. 应收、应付项目金额
D. 关联方之间签订的交易协议或合同
8. 盈利预测通常是按假设(　　)编制的。
A. 公司的生产不会因原材料、动力的严重短缺或原材料价格的重大变化而受影响
B. 公司经营所适用的增值税税负和所得税税负无重大变动
C. 现行的利润、汇率无重大变动
D. 未考虑不可抗力因素对盈利产生的不利影响
9. 注册会计师出具的审计报告有(　　)。
A. 无保留意见的审计报告
B. 有保留意见的审计报告
C. 反对意见的审计报告
D. 拒绝意见的审计报告
10. 日后事项按发生的性质及原因,可分为(　　)。
A. 调整事项
B. 直接影响本期财务报表的事项

C. 可能严重影响企业未来财务状况和经营成果的事项

D. 可能影响未来经营活动或计价的事项

三、判断题

1. 具体会计处理方法，是指企业在会计核算时从诸多可选择的会计处理方法中所选择的、适合于本企业的会计处理方法。（ ）

2. 企业选择存货计价方法属于会计政策。（ ）

3. 会计政策变更的累计影响数，是指按变更后的会计政策对以前各期追溯计算的变更年度期初未分配利润应有的金额与现有的金额的差额。（ ）

4. 信息披露必须真实公允，即所提供的信息不得偏袒或损害任何一个财务报告使用者的利益。（ ）

5. 固定资产折旧年限的确定属于会计估计。（ ）

6. 在追溯调整法下，应计算会计政策变更对本期利润的影响数，并调整当期损益。（ ）

7. 本期发生的交易或事项与以前相比具有本质差别而采用新的会计政策，属于会计政策变更。（ ）

8. 对初次发生的或不重要的交易或事项采用新的会计政策，不属于会计政策变更。（ ）

9. 由于经济环境、客观情况的改变而变更会计政策，以便提供企业财务状况、经营成果和现金流量等更可靠、更相关的会计信息，则应采用追溯调整法进行会计处理。（ ）

10. 在企业财务和经营决策中，如果一方有能力直接或间接控制、共同控制另一方或对另一方施加重大影响，就将其视为关联方；如果两方或多方同受一方控制，也将其视为关联方。（ ）

四、简答题

1. 请说明充分披露原则及其增加信息披露的原因。

2. 财务报告注释的主要内容是什么？

五、计算分析题

甲公司2017年12月3日与乙公司签订产品销售合同。合同约定，甲公司向乙公司销售A产品400件，单位售价650元(不含增值税)，增值税税率为17%；乙公司应在甲公司发出产品后1个月内支付款项，乙公司收到A产品后3个月内如发现质量问题有权退货。A产品单位成本为500元。

甲公司于2017年12月10日发出A产品，并开具增值税专用发票。根据历史经验，甲公司估计A产品的退货率为30%。截至2017年12月31日，上述已销售的A产品尚未发生退回。

按照税法规定，销货方于收到购货方提供的“开具红字增值税专用发票申请单”时开具红字增值税专用发票，并作减少当期应纳税所得额处理。甲公司适用的所得税税率为25%，预计未来期间不会变更；甲公司预计未来期间能够产生足够的应纳税所得额以利用可抵扣暂时性差异。

甲公司于2017年度财务报告批准对外报出前，A产品尚未发生退回；截至2018年3月3日，2017年出售的A产品的实际退货率为35%。

要求：根据上述资料，不考虑其他因素，回答下列第1题至第3题。

1. 甲公司因销售A产品对2017年度利润总额的影响是(　　)万元。

A. 0　　B. 4.2　　C. 4.5　　D. 6

2. 甲公司因销售A产品于2017年度确认的递延所得税费用是(　　)万元。

A. −0.45　　B. 0　　C. 0.45　　D. −1.5

3. 下列关于甲公司2018年A产品销售退回会计处理的表述中，正确的是(　　)。

A. 原估计退货率的部分追溯调整原已确认的收入

B. 高于原估计退货率的部分追溯调整原已确认的收入

C. 原估计退货率的部分在退货发生时冲减退货当期销售收入

D. 高于原估计退货率的部分在退货发生时冲减退货当期的收入

六、讨论及网络题

甲股份有限公司(以下简称甲公司)适用的所得税税率为33%，采用递延法核算所得税。甲公司按净利润的10%提取法定盈余公积，按净利润的5%提取任意盈余公积。甲公司原材料按实际成本核算，其2015年度的财务会计报告于2016年4月20日批准报出，实际对外公布日为4月22日。甲公司于2015年至2016年4月20日发生如下交易或事项：

(1) 甲公司于11月3日收到法院通知，被告知工商银行已提起诉讼，要求甲公司清偿到期借款本息5 000万元，另支付逾期借款罚息200万元。至12月31日，法院尚未作出判决。对于此项诉讼，甲公司预计除需偿还到期借款本息外，有60%的可能性还需支付逾期借款罚息100万～200万元和诉讼费用15万元。

(2) 因农业银行未按合同规定及时提供贷款，给甲公司造成损失500万元。甲公司要求农业银行赔偿损失500万元，但农业银行未予同意，甲公司遂于本年11月5日向法院提起诉讼，要求农业银行赔偿损失500万元。至12月31日，法院尚未作出判决。甲公司预计将胜诉，可获得400万元赔偿金的可能性为40%，可获得500万元赔偿金的可能性为35%。

(3) 甲公司某一董事之子为丁企业的总会计师。甲公司与丁企业于2015年有关交易资料如下(不考虑2015年其他销售业务，并假设售出产品的保修期均未满)：

① 甲公司销售A产品给丁企业，售价为10 000万元，产品成本为8 000万元。按购销合同约定，甲公司对售出的A产品保修2年。根据以往经验估计，销售A产品所发生的保修费用为该产品销售额的1%。甲公司2015年实际发生的A产品保修人工费用为30万元，耗用原材料实际成本为20万元。2014年12月31日，甲公司已提A产品保修费用的余额为60万元。

② 甲公司销售500件B产品给丁企业，单位售价为50万元，单位产品成本为35万元。按购销合同约定，甲公司对售出的B产品保修1年。根据以往经验估计，销售B产品所发生的保修费用为其销售额的1.8%。甲公司2015年实际发生的B产品保修人工费用为100万元，耗用原材料为150万元。至2014年12月31日，甲公司已计提B产品保修费用的余额为150万元。

③ 甲公司销售一批本年度新研制的C产品给丁企业，售价为800万元，产品成本为600万元。甲公司对售出的C产品提供1年的保修期，1年内产品若存在质量问题，甲公司负责免费修理(含更换零部件)。甲公司预计发生的保修费用为销售C产品售价的2%～3%，2015年未发生修理费用。

(4) 12月31日甲公司已贴现的商业承兑汇票资料如下：

单位：万元

出票单位	到期日	贴现票据价值	出票人无法支付的可能性	与甲公司关系
丙企业	2016年1月20日	5 000	49%	常年客户
戊企业	2016年2月8日	4 000	30%	常年客户
XYZ企业	2016年5月10日	7 000	50%	常年客户

(5) 甲公司于11月3日收到法院通知，被告知ABC公司状告甲公司侵犯其专利权。ABC公司认为，甲公司未经其同意，在试销的新产品中采用了ABC公司的专利技术，要求甲公司停止该项新产品的生产和销售，并一次性支付专利使用费80万元。甲公司认为其研制、生产和销售该项新产品并未侵犯ABC公司的专利权，遂于11月15日向法院提交答辩状，反诉ABC公司侵犯甲公司的知识产权，要求ABC公司赔偿其损失费200万元。至12月31日，诉讼尚在进行中，甲公司无法估计可能得到的赔偿金和可能支付的赔偿金。

(6) 甲公司拥有乙公司15%的股份，并为乙公司常年提供最新研制的产品生产技术，乙公司生产产品的80%销售给甲公司。甲公司为乙公司提供担保的某项银行借款计10 000万元于2015年5月到期，该借款系由乙公司于2012年5月从银行借入，甲公司为乙公司此项银行借款的本息提供60%的担保。乙公司借入的款项至到期日应偿付的本息为11 500万元。由于乙公司无力偿还到期债务，债权银行于7月向法院提起诉讼，要求乙公司及为其提供担保的甲公司偿还借款本息，并支付罚息140万元。至12月31日，法院尚未作出判决，甲公司预计承担此项债务的可能性为50%。2016年3月5日，法院作出一审判决，乙公司和甲公司败诉，甲公司需为乙公司偿还借款本息的60%，乙公司和甲公司对该判决不服，于3月15日上诉至二审法院。至财务会计报告批准报出前，二审法院尚未作出终审判决，甲公司估计需替乙公司偿还借款本息60%的可能性为51%，并且预计替乙公司偿还的借款本息不能收回的可能性为80%。

要求：

(1) 指出甲公司2015年度发生的上述交易中哪些属于关联交易(只需指出交易或事项的序号)。

(2) 编制甲公司2015年度发生的上述交易或事项有关的会计分录(不考虑销售业务、增值税及其他相关流转税费、期末结转损益类科目的会计分录)。

(3) 计算甲公司2015年度发生的上述或有事项对净利润的影响金额，并列出计算过程(不考虑其他纳税调整事项，并假设按税法规定甲公司实际发生的损失可在应纳税所得额前扣除，甲公司上述交易或事项所发生的差异均为时间性差异)。

(4) 计算甲公司2015年12月31日已提产品保修费用的余额，并列出计算过程。

(5) 指出甲公司的上述或有事项中，哪些应当在会计报表附注中披露(只需指出交易或事项的序号)，并简要写出上述第(6)项应披露的内容及这样披露的理由(本题不要求写出明细科目，答案中的金额单位以万元表示)。

自我测试答案

一、单项选择题

1. A　　2. C　　3. B　　4. C　　5. D　　6. A

7. A　　8. B　　9. D　　10. D

二、多项选择题

1. ABC　　2. BC　　3. CD　　4. BC　　5. ABC　　6. AC
7. ABCD　　8. ABCD　　9. ABCD　　10. BCD

三、判断题

1. 对　　2. 对　　3. 对　　4. 对　　5. 对　　6. 错
7. 错　　8. 对　　9. 对　　10. 对

四、简答题

1. 充分披露原则要求企业充分揭示对决策有用的信息。近年来,我国管理机构对企业提供信息的要求越来越趋于严格。增加信息披露的原因主要有:(1) 企业经营环境的复杂化;(2) 信息使用人比以往更需要近期的和预测的信息;(3) 更加强调会计的控制作用。

2. 财务报表注释主要包括以下内容:
(1) 会计政策、会计估计及其变更;
(2) 非常项目;
(3) 财务报表中有关重要项目的明细情况;
(4) 或有事项;
(5) 资产负债表日后事项;
(6) 关联方关系及其交易的披露;
(7) 其他需披露的事项。

五、计算分析题

1. B

解析:甲公司因销售A产品对2017年度利润总额的影响=400×(650−500)×(1−30%)=42 000(元)

2. A

解析:2017年12月31日确认估计的销售退回,其会计分录为:

借:主营业务收入(260 000×30%)　　78 000
　　贷:主营业务成本(200 000×30%)　　60 000
　　　　其他应付款(60 000×30%)　　18 000

其他应付款的账面价值为18 000元,计税基础为0,产生可抵扣暂时性差异18 000元,应确认递延所得税资产=18 000×25%=4 500(元)。

3. C

解析:实际退货发生在2017年度财务报表批准报出后,销售退回不属于日后调整事项,故实际退回时应冲减当期的销售收入。

六、讨论及网络题

(1) 事项(3)、(6)属于关联交易。

(2) 编制会计分录。

甲公司逾期债务预计需支付的罚息和诉讼费：

借：管理费用	15	
营业外支出[(100+200)÷2]	150	
贷：预计负债		165

甲公司与丁企业销售业务应计的保修费用和实际发生的保修费用：

借：管理费用(10 000×1%)	100	
贷：预计负债		100
借：预计负债	50	
贷：应付职工薪酬		30
原材料		20

销售B产品应计的保修费用：

借：管理费用(500×50×1.8%)	450	
贷：预计负债		450
借：预计负债	250	
贷：应付职工薪酬		100
原材料		150

销售C产品应计和发生的保修费用：

借：管理费用[800×(2%+3%)÷2]	20	
贷：预计负债		20

甲公司为乙公司借款担保预计的损失：

借：以前年度损益调整(11 500×60%)	6 900	
贷：预计负债		6 900
借：递延所得税资产(6 900×33%)	2 277	
贷：以前年度损益调整		2 277
借：利润分配——未分配利润	4 623	
贷：以前年度损益调整		4 623
借：盈余公积——法定盈余公积	462.3	
——任意盈余公积	231.15	
贷：利润分配——未分配利润		693.45

(3) 甲公司2015年发生的或有事项对净利润的影响金额(减少净利润)

=(165+570+6 900)×67%=5 115.45(元)

(4) 产品保修费用年末余额

=(60+150)+10 000×1%+500×50×1.8%+800×(2%+3%)÷2−(50+250)

=480(元)

(5) 除上述事项(2)外，其他或有事项均应在会计报表附注中披露。

(6) 上述事项(6)应披露的内容包括：

本公司为乙公司提供担保的某项银行借款于2015年5月到期,该借款系由乙公司于2012年5月从银行借入,本公司为乙公司此项银行借款的本息提供60%的担保。债权银行于7月向法院提起诉讼,要求乙公司及为其提供担保的甲公司偿还借款本息,并支付罚息140万元。2016年3月5日,法院作出一审判决,本公司需为乙公司偿还借款本息的60%,乙公司和本公司对该判决不服,于3月15日上诉至二审法院。至财务会计报告批准报出前,二审法院尚未作出终审判决。

教材习题参考答案

习 题 一

(1)

表15-1

事 项	会计政策变更	披露内容	会计估计变更
(1)	折旧方法变更	由双倍余额递减法改为平均年限法	折旧年限变更
(2)		账龄法计提坏账	会计估计变更
(3)	存货计价变更	存货计价改为先进先出法	
(4)	收入确认原则变更	完成合同法改为履约百分比法	

(2) 公司原采用双倍余额递减法对一台仪器计提折旧,使用5年后公司决定改用年限平均法提取折旧,而且估计尚可使用的年限只有3年,残值为5 000元。该业务对利润的累计影响数为减少利润71 181元,对本期利润的影响数为增加利润1 667元。

(3) 略。

习 题 二

(1)

表15-2

事 项	需 调 整	不 需 调 整
(1)	应收账款在期后确知无法收回	
(2)		债券发行
(3)		股权置换
(4)	期后销售退回	
(5)	期后确定的利润分配	
(6)		汇率调整

(2) 非调整事项均需在报表附注中披露,因其对企业的财务状况和经营成果有重大影响。

(3) 披露日后事项的内容,如重大筹资活动(题中的债券发行、股权置换等)以及对报表的影响数。

习　题　三

公司 A、B、C、D、E 为关联方。

公司 A 与 B：一人控制或影响了两个公司。

公司 B 与 C：存在投资与被投资关系，B 拥有 C 60%的股份。

公司 B 与 D：B 拥有 D 权力层人员的委派权兼投资关系。

公司 E 与 A：E 拥有 A 51%的股份。

故公司 A、B、C、D、E 为关联方。

案　例

略。

第五篇

分析决策篇

本篇脉络

第十六章　财务报表分析

全章脉络

疑难解答
自我测试
自我测试答案
教材习题参考答案

疑难解答

一、财务报表分析体系

财务报表分析的常用方法有趋势分析法、比率分析法、杜邦财务分析和常用财务指标分析，这些方法可以相互结合使用。

杜邦财务分析是利用各项财务指标之间的内在联系，将它们有机地结合起来，形成一个完整的指标分析系统，其核心指标是净资产收益率。

财务报表分析不能就财务而财务做分析，应立足于企业活动，博览企业外部环境，检索企业应对策略，关注企业的会计环境和会计策略，全方位地了解企业经营对财务报表的影响，并以财务报表数据加以推理和印证，从而得出合理的论证、判断和预测。

财务指标分析包括偿债能力分析、现金流量分析、盈利能力分析等内容。财务报表分析体系归纳如表 16-1 所示。

表 16-1　财务报表分析体系

分析体系子目	分析内容	指标名称
流动性与周转率分析	短期偿债能力分析	流动比率、速动比率
	应收项目流动性分析	应收账款周转率、存货周转率
	长期资产等周转分析	固定资产周转率、总资产周转率
资本结构与长期偿债能力分析	债务与权益结构分析	资产负债率、产权比率
	偿债资金来源分析	利息保障倍数、资金成本率与净资产收益率比较、盈利能力指标、每股经营现金流与每股收益比较
现金流量分析	现金支付能力分析	经营活动现金/流动负债比率、 经营活动现金/股利支付比率、 经营活动现金/长期负债比率
	盈利质量分析	每股经营活动现金流量与每股收益的比较
	现金流量结构分析	经营活动现金流入/三类活动现金流入之和的比率、 投资活动现金流入/三类活动现金流入之和的比率、 筹资活动现金流入/三类活动现金流入之和的比率
盈利能力分析	销售盈利能力分析	销售毛利率、销售净利率
	投资报酬分析	净资产收益率、总资产收益率、每股收益
综合分析	经营成果和资产运营的综合分析	杜邦分析体系

二、主要财务指标归纳表

表 16-2 主要财务指标归纳表

比　率	计算公式	指标定义	分　析
流动比率	$\frac{流动资产}{流动负债}$	表示每1元流动负债有多少流动资产作为偿债的保证	一般情况下，流动比率越高，反映企业短期偿债能力越强。但在分析流动比率时，还须注意流动资产的结构、流动资金的周转情况、流动负债的数量与结构，以及现金流量的情况。
速动比率	$\frac{速动资产}{流动负债}$	衡量用于偿还流动负债的速动资产的数量	传统经验认为，速动比率维持在1∶1较为正常，它表明企业每1元流动负债就有1元速动资产来抵偿。若速动比率过低，则企业的短期偿债风险较大；若速动比率过高，则企业的速动资产资金占用过多，会增加企业资产投资的机会成本。但以上评判标准并不是绝对的。
资产负债率	$\frac{负债总额}{资产总额}$	表示企业资产总额中债权人提供资金所占的比重，以及资产对债权人权益的保障程度	该比率越高，债权人的风险越大，债权的保障程度越低；反之，则债权的保障程度越高。
产权比率	$\frac{负债总额}{所有者权益总额}$	表示所有者权益对债权人权益的保障程度	该比率越低，表明企业长期偿债能力越强，债权人权益保障程度越高，风险越低；该比率越高，风险越高。
负债与有形净值比率	$\frac{负债总额}{有形净资产}=\frac{负债总额}{净资产-无形资产}$	表示有形净资产对债权人权益的保障程度	由于无形资产的价值存在很大的不确定性，所以应在权益中扣除，以更好地评价企业对债权人权益的保障程度。
利息保障倍数	$\frac{利润总额+利息费用}{利息费用}$	衡量企业偿付利息的能力	该比率越高，说明企业支付利息费用的能力越强。一般情况下，利息保障倍数不能低于1。
总资产周转率	$\frac{销售收入}{资产平均占用额}$	反映企业全部资产的使用效率	该比率越高，说明资产经营效率越好；反之，说明资产经营效率越差。
固定资产周转率	$\frac{销售收入}{固定资产平均净值}$	反映固定资产的利用效率	该比率越高，表明企业充分利用了固定资产，投资得当，固定资产结构合理；反之，说明固定资产使用效率不高，营运能力欠佳。
应收款项周转率	$\frac{销售收入}{应收款项平均余额}$	反映应收账款的周转速度	该比率越高，说明企业收回货款的速度越快，资产的流动性强，偿债能力强。
存货周转率	$\frac{销售成本}{存货平均余额}$	反映企业的存货周转速度和销货能力	该比率越高，反映存货占用水平越低，企业的变现能力及资金使用效率越好。

(续表)

比　率	计算公式	指标定义	分　析
销售毛利率	$\frac{销售毛利}{销售收入}$	反映产品或商品的进销差价	该项指标越大,表明企业盈利能力越强。
销售净利率	$\frac{净利润}{销售收入}$	反映每百元销售收入净额给企业带来的利润	同上。
总资产收益率	$\frac{息税前利润}{总资产平均余额}$	反映资产的投资回报	该比率越高,表明资产的利用效率越高,资产的创利能力越大,营运能力越强。
净资产收益率	$\frac{净利润}{净资产平均余额}$	反映所有者权益的回报情况	该比率越高,表明所有者投资收益水平越高,盈利能力越强。
每股收益	$\frac{净利润}{期末股本总数}$	反映每股股本的回报情况	该比率越高,表明盈利能力越强,但应结合每股经营活动现金流量考虑。
有形净资产报酬率	$\frac{利润总额}{有形净资产平均余额}$	反映所有者权益的回报情况	该比率越高,表明所有者投资收益水平越高,盈利能力越强。
经营活动现金流量对流动负债的比率	$\frac{经营活动现金流量净额}{流动负债}$	反映短期还债能力	该指标越大,说明利用经营所得现金偿还债务的能力越强。
经营活动现金流量对债务总额的比率	$\frac{经营活动现金流量净额}{债务总额}$	反映对长期债务的承受能力	该指标是正指标,一般而言,其比率越大越好。
经营活动现金流量对净利润的比率	$\frac{经营活动现金流量净额}{净利润}$	反映利润的质量	一般而言,在净利润得到保证的情况下,其比率大于1,说明利润具有现金流的支持,质量较好。

自我测试

一、单项选择题

1. 在计算速动比率时,流动资产中应扣除的项目是(　　)。

A. 应付利息　　B. 其他应收款　　C. 存货　　D. 应收票据

2. 反映企业短期偿债付现能力指标之一的有(　　)。

A. 应收账款平均余额　　B. 现金比率

C. 资产负债率　　D. 投资收益率

3. 下列选项中,主要反映了企业销售获利能力大小的指标是(　　)。

A. 流动比率　　B. 销售利润率

C. 速动比率　　D. 利息保障倍数

4. 速动资产一般不包括的项目是(　　)。

A. 其他货币资金 B. 库存商品
C. 预收账款 D. 交易性金融资产
5. 反映企业资本结构的指标是( )。
A. 固定资产周转率 B. 资产报酬率 C. 资产负债率 D. 权益报酬率
6. 有形净资产是所有者权益扣除无形资产和( )的余额。
A. 应收账款 B. 应收票据 C. 递延所得税资产 D. 预提费用
7. 不属于反映长期偿债能力的指标是( )。
A. 利息保障倍数 B. 资产负债率 C. 流动比率 D. 资产报酬率
8. 杜邦分析模型主要用于( )。
A. 短期偿债能力分析 B. 获利能力分析
C. 盈利能力的综合分析 D. 社会贡献能力分析
9. 利息保障倍数指标的分子项目应是( )。
A. 利润总额 B. 税前利润＋利息费用
C. 税后利润＋利息费用 D. 借款利息
10. 资产负债率越大,说明( )。
A. 债权保障程度越大 B. 债权人风险越小
C. 债权保障程度越小 D. 所有者风险越大

二、多项选择题

1. 反映企业营运能力大小的指标有( )。
A. 应收账款周转率 B. 存货周转率
C. 资产报酬率 D. 固定资产周转率
2. 反映企业短期偿债能力的指标有( )。
A. 流动比率 B. 速动比率
C. 每股净资产 D. 现金比率
3. 会计报表分析常用的方法有( )。
A. 趋势分析法 B. 比率分析法
C. 杜邦分析 D. 回归分析法
4. 负债与所有者权益比率越低,表明( )。
A. 投资人风险较小 B. 债权人权益保障程度越高
C. 债权人风险越大 D. 债权人风险越小
5. 下列指标中的( )越高,反映企业偿债能力越强。
A. 流动比率 B. 负债比率
C. 速动比率 D. 利息保障倍数
6. 反映企业保护债权人利益程度的指标有( )。
A. 负债与所有者权益比率 B. 资产负债率
C. 负债与有形净资产比率 D. 销售净利率
7. 下列说法中,正确的是( )。
A. 利息保障倍数越高,说明支付利息费用的能力越强
B. 净资产报酬率反映所有者权益的回报情况

C. 总资产周转率反映了每元总资产创造多少销售净额

D. 存货周转天数越少,表示存货管理效率越高

8. 利润表中的综合收益包括(　　)。

A. 所得税　　B. 投资收益　　C. 净利润　　D. 其他综合收益

9. 现金类资产是流动资产扣除(　　)的余额。

A. 存货　　B. 交易性金融资产

C. 应收账款　　D. 预付账款

10. 应收账款周转率的提高可以(　　)。

A. 加速资金的周转　　B. 减少坏账损失

C. 提高盈利能力　　D. 增强短期偿债能力

三、判断题

1. 存货周转率越高,一般说明企业存货的销售状况越好。(　　)

2. 一般而言,流动比率的高低说明了企业偿还短期债务的能力强弱。(　　)

3. 现金比率指标是评价企业短期偿债能力大小最可信的指标。(　　)

4. 企业如果无法偿还短期负债,则长期偿债能力也就无法保障,所以只需要分析短期偿债能力即可。(　　)

5. 财务报表分析不能就财务而财务做分析,应立足于企业活动,结合外部环境、经营策略、会计环境和会计策略,辅以财务数据加以推理、分析、判断和预测。(　　)

6. 对企业短期偿债能力的分析,分析者应多关注流动项目的分析和盈利的含金量,并结合周转类指标一起分析。(　　)

7. 一般而言,资产负债率越低,债权人的风险越小,债权的保障程度越高。(　　)

8. 应收账款周转率过高或过低,对企业都可能是不利的。(　　)

9. 可供出售金融资产的公允价值超过账面价值的部分计入利润表的净利润中,并结转至未分配利润。(　　)

10. 会计环境涉及的因素主要包括会计政策及其变更、资本市场结构、公司治理和会计诚信环境等因素。(　　)

四、简答题

1. 简述应用分析框架分析企业财务报表时应考虑的因素和分析的基本方法。

2. 利息保障倍数指标应如何分析?

五、计算分析题

1. 假定某公司的有关资料如下:

流动比率	2.1
速动比率	1.8
流动负债	200 000 元
存货周转率	2 次

要求：计算该企业的销售成本。

2. 公司采用日历年度作为会计年度，下面(1)～(5)项提供了2017年期间该公司的交易事项。在每一个事项发生前后，现金等价物、有价证券、应收账款净额之和比流动负债多20 000元。2017年的利润为正数，且2017年未分配利润为贷方余额。

要求：对下面的提问作出正确的选择。

(1) 以银行存款偿付应付账款64 500元，将(　　)。

A. 增加流动比率，但速动比率不变　B. 增加速动比率，但流动比率不变

C. 流动比率和速动比率都增加　D. 流动比率和速动比率都减少

E. 对流动比率和速动比率都无影响

(2) 赊购原材料85 000元，将(　　)。

A. 增加流动比率　B. 减少流动比率

C. 增加营运资本净额　D. 减少营运资本净额

E. 流动比率和营运资本净额都增加

(3) 收到一项本期发生的应收账款29 000元，将(　　)。

A. 增加流动比率　B. 减少流动比率

C. 减少存货周转率　D. 增加销售毛利率

E. 不影响流动比率

(4) 本年采购的存货125 000元因赊销而结转成本，将(　　)。

A. 增加速动比率　B. 减少速动比率

C. 增加营运资本净额　D. 减少流动比率

E. 流动比率和速动比率都减少

3. 恒顺公司列示的2016年和2017年的数据如表16-3所示。

表16-3　单位：元

	2017年	2016年
净收益	105 000	80 000
销售净额	2 100 000	2 000 000
资产平均余额	460 000	400 000
所有者权益余额	340 000	320 000

要求：计算该公司每年的销售利润率、资产报酬率、总资产周转率、净资产收益率，并作出评价。

4. 东阳公司2017年末资产负债表如表16-4所示。

表16-4　单位：元

资　产	金　额
流动资产	
现金	26 890
交易性金融资产	10 478
应收账款净额	176 674

(续表)

资　　产	金　　额
存货	321 830
预付费用	16 442
流动资产合计	552 314
固定资产	494 628
减：累计折旧	212 134
固定资产净值	282 494
无形资产	4 648
其他资产	8 946
资产总计	848 402
负债与所有者权益	
流动负债	
应付票据	5 634
应付账款	54 258
应交税费	9 472
其他应付款	66 438
流动负债合计	135 802
长期负债	
应付债券	172 470
长期借款	41 686
长期负债合计	214 156
所有者权益	
实收资本	92 400
未分配利润	406 044
所有者权益合计	498 444
负债与所有者权益总计	848 402

要求：计算东阳公司的资产负债率、负债与所有者权益比率、负债与有形净资产比率(设：有形净资产=所有者权益－无形资产)。

六、讨论及网络题

请访问相关网站，选取某一家公司。

要求：

(1) 计算该公司的短期偿债能力指标。

(2) 计算该公司的长期偿债能力指标。
(3) 选取近3年的资料，分析该公司销售增长的趋势。
(4) 对该公司的偿债能力作出初步评价。

自我测试答案

一、单项选择题

1. C	2. B	3. B	4. B	5. C	6. C
7. C	8. C	9. B	10. C		

二、多项选择题

1. ABD	2. ABD	3. ABC	4. BD	5. ACD	6. ABC
7. ABCD	8. CD	9. ACD	10. ABCD		

三、判断题

1. 对	2. 对	3. 错	4. 错	5. 对	6. 对
7. 对	8. 对	9. 错	10. 对		

四、简答题

1. 应用分析框架分析企业财务报表时应考虑以下因素：企业活动、企业外部环境、企业应对策略、企业的会计环境和会计策略，并以财务报表数据加以推理和印证，从而得出合理的论证、判断和预测。

2. 利息保障倍数又称已获利息倍数，是企业经营的息税前利润与利息费用的比率，是衡量企业偿付负债利息能力的指标。利息保障倍数越高，说明企业支付利息费用的能力越强；该比率越低，说明企业难以保证用经营所得来及时足额地支付负债利息。因此，它是企业衡量举债经营、偿债能力强弱的主要指标。

若要合理地确定企业的利息保障倍数，需将该指标与其他企业，特别是同行业平均水平进行比较。根据稳健原则，应以指标最低年份的数据作为参照物。但是，一般情况下，利息保障倍数不能低于1，若该指标长期低于1，则表明企业连借款利息的偿还都无法保证，更不用说偿还本金了。所以，利息保障倍数的高低，不仅反映了企业偿还利息的能力，而且也反映了企业偿还本金的能力。

五、计算分析题

1. 流动资产 $=200\ 000\times 2.1=420\ 000$(元)
　存货 $=420\ 000-200\ 000\times 1.8=60\ 000$(元)
　销售成本 $=60\ 000\times 2=120\ 000$(元)

2. (1) C　(2) B　(3) E　(4) D

3.

	2017 年	2016 年
销售净利率	$\frac{105\ 000}{2\ 100\ 000}\times 100\% = 5\%$	$\frac{80\ 000}{2\ 000\ 000}\times 100\% = 4\%$
资产报酬率	$\frac{105\ 000}{460\ 000}\times 100\% = 22.83\%$	$\frac{80\ 000}{400\ 000}\times 100\% = 20\%$
总资产周转率	$\frac{2\ 100\ 000}{460\ 000} = 4.57$	$\frac{2\ 000\ 000}{400\ 000} = 5$
净资产收益率	$\frac{105\ 000}{340\ 000}\times 100\% = 30.88\%$	$\frac{80\ 000}{320\ 000}\times 100\% = 25\%$

从以上指标的计算结果可以看出,该公司 2017 年的获利能力比 2016 年有所提高。

4. (1) 资产负债率 $=\frac{135\ 802+214\ 156}{848\ 402}\times 100\% = 41.25\%$

(2) 负债与所有者权益比率 $=\frac{135\ 802+214\ 156}{498\ 444}\times 100\% = 70.21\%$

(3) 负债与有形净资产比率 $=\frac{135\ 802+214\ 156}{498\ 444-4\ 648}\times 100\% = 70.87\%$

六、讨论及网络题

略。

教材习题参考答案

习 题 一

(1) 流动比率 =(366+51+72+25)÷(112+17+100)=2.24

(2) 速动比率 =(514−72)÷229=1.93

(3) 存货周转率 =1 000÷[(66+72)]÷2=14.49

(4) 应收账款周转率 =1 600÷[(47+51)]÷2=32.65

习 题 二

(1) 存货周转率 =690 000÷[(100 000+140 000)÷2]=5.75

(2) 应收账款周转率 =900 000×30%÷[(120 000+150 000)÷2]=2

(3) 销售毛利率 =(900 000−690 000)÷900 000×100%=23.33%

习 题 三

(1) 流动比率 =614 000÷310 000=1.98

(2) 速动比率 =(614 000−269 500)÷310 000=1.11

(3) 现金比率 =(107 000+150 000)÷310 000=0.83

(4) 存货周转率 =630 000÷[(150 500+269 500)÷2]=3

(5) 资产负债率 =(310 000+300 000)÷2 020 000×100%=30.20%

(6) 已获利息倍数 $=(480\ 000+38\ 000)\div 38\ 000=13.63$

习　题　四

(1) 年末流动资产 $=30\ 000\times 2.5=75\ 000$(元)

$$年末速动比率=\frac{75\ 000-(7\ 000-500+2\ 000)}{30\ 000}=2.22$$

$$(2)\ 存货周转率=\frac{160\ 000\times(1-30\%)}{(12\ 000+8\ 500)\div 2}=10.93$$

$$应收账款周转率=\frac{160\ 000}{(36\ 000+21\ 000)\div 2}=5.61$$

习　题　五

负债总额(9) $=700\ 000\times 50\%=350\ 000$(元)

资产总计(6) = 权益总计(10) $=700\ 000+350\ 000=1\ 050\ 000$(元)

应收账款周转率 $=360\div 40=9$

销售净额(11) $=225\ 000\div 25\%=900\ 000$(元)

销售成本(12) $=900\ 000-225\ 000=675\ 000$(元)

应收账款净额(2) $=(1\ 800\ 000-9\times 88\ 000)\div 9=112\ 000$(元)

存货(3) $=(675\ 000\times 2-3\times 287\ 000)\div 3=163\ 000$(元)

销售费用(13) $=900\ 000\times 15\%=135\ 000$(元)

利息费用(14) $=(225\ 000-135\ 000)\div 10=9\ 000$(元)

应付债券(8) $=9\ 000\div 6\%=150\ 000$(元)

流动负债(7) $=350\ 000-150\ 000=200\ 000$(元)

流动资产合计(4) $=1.5\times 200\ 000+163\ 000=463\ 000$(元)

固定资产净值(5) $=1\ 050\ 000-463\ 000=587\ 000$(元)

现金(1) $=463\ 000-100\ 000-112\ 000-163\ 000=88\ 000$(元)

表 16-5　　**沙田公司资产负债表**

2017 年 12 月 31 日　　单位：元

资　产	金　额	负债及所有者权益	金　额
流动资产		负债：	
现金	88 000	流动负债	200 000
交易性金融资产	100 000	应付债券(6%)	150 000
应收账款净额	112 000	负债合计	350 000
存货	163 000	所有者权益：	
流动资产合计	463 000	股本	250 000
固定资产		资本公积	50 000
固定资产净值	587 000	未分配利润	400 000
		所有者权益合计	700 000
资产合计	1 050 000	负债及所有者权益合计	1 050 000

表 16-6

沙田公司利润表

2017 年度

单位：元

项　　目	金　　额
营业收入	900 000
营业成本	675 000
销售毛利	225 000
销售费用	135 000
财务费用	9 000
税前利润	81 000
所得税(25%)	20 250
税后利润	60 750

习　题　六

(1) 流动比率＝162 000÷60 000＝2.7

速动比率＝(162 000－81 000)÷60 000＝1.35

应收账款周转率＝250 000÷68 690＝3.64

存货周转率＝150 000÷81 000＝1.85

销售净利率＝18 000÷250 000×100%＝7.2%

(2) 分析提示：贷款与否，应结合假设条件来判断。

习　题　七

表 16-7

2011 年杜邦分析

	净资产收益率(%)	总资产净利率(%)	总资产周转率	存货周转率	资产负债率(%)	权益乘数	销售净利率(%)
万　　科	14	3	0.24	0.21	77	4.37	13
保利地产	16	3	0.24	0.19	78	4.64	14
招商地产	11	3	0.19	0.14	70	3.28	17

总体来看，三家地产公司的净资产收益率最高的为保利地产，最低的为招商地产。

从资产营运角度看，万科和保利的资产运营效率较好，尤其是万科的存货周转最佳，说明其房屋销售状况良好。

从销售盈利角度看，招商地产的盈利水平在三家公司中最好，可能是其毛利高或者是费用控制较好，值得进一步探究。

从杠杆角度看，保利地产的资产负债率最高，万科次之，招商较低，三家公司运用杠杆拉动盈利的特征明显。

案　例

略。

第十七章　经营决策

全章脉络

疑难解答
自我测试
自我测试答案
教材习题参考答案

疑难解答

一、经营决策的内容及方法

经营决策主要是解决企业在生产经营过程中涉及的各种问题，与投资决策相比，它的特点是决策方案的时间跨度一般为一年以内，金额较小，且不考虑扩大生产能力。经营决策的主要内容包括定价决策和生产决策两部分。

经营决策的方法主要采用本量利分析法，因为短期经营决策符合本量利分析的前提条件。

二、本量利分析

本量利分析的前提条件之一是企业的成本要按其习性分为变动成本和固定成本。当收入扣除了全部的变动成本后，即可得到边际贡献，该指标反映了企业产品获利能力的大小，也是经营决策分析中的一个重要概念。在用边际贡献指标选择最佳方案时，不能只看单位边际贡献，而是要计算边际贡献总额，一般情况下，应选择边际贡献总额最大的方案。

本量利分析的关键是牢记其基本模式：

$$\text{利润} = \text{销售收入} - \text{变动成本总额} - \text{固定成本总额}$$

从上式中可以推导出损益平衡点的计算方法以及预测实现目标利润的销售量、价格、成本的计算方法。

三、定价决策

定价决策是指企业根据市场及相关因素确定产品或服务的销售价格。定价高低决定着销售毛利的高低，所以，定价合理与否同企业经济效益有着密切的关系，也是企业一项重要的经营决策。实务中，定价决策的方法一般采用成本加成法。根据成本的基础不同，有完全成本加成定价法和变动成本加成定价法两种。

完全成本加成定价法的模型是：

$$\text{产品单价} = \text{预计单位完全成本} \times (1 + \text{利润加成率})$$

变动成本加成定价法的模型是：

$$\text{产品单价} = \text{产品单位变动成本} / (1 - \text{边际贡献率})$$

以上两种方法的主要区别在于定价基础不同。一般而言，企业正常产品的定价都采用完全成本加成法。对于利用剩余生产能力衡量是否接受追加订货的产品的定价可以采用变动成本加成定价法，因为这时固定成本一般是不相关的成本，只要定价大于单位变动成本，就可以带来收益。

四、生产决策

生产决策的内容包括新产品生产决策、亏损产品应否停产的决策、零部件自制或外购的决策、半成品是否进一步加工的决策，以及产品生产安排的决策。

在产品生产安排的决策中，如果有诸如生产能力有限等约束条件，应以单位约束条件的边际贡献指标作为选择方案的一个标准。

在所有类型的短期经营决策中，都需要把定量分析的结果与非数量因素结合起来，综合考虑后做出最优选择。

自我测试

一、单项选择题

1. 产品的销售收入扣除变动成本后的余额，称为（　　）。

A. 边际贡献率　　B. 边际贡献　　C. 毛利　　D. 净利润

2. 在其他因素不变的情况下，变动成本增加会引起（　　）。

A. 边际贡献增加　　B. 损益平衡点增加

C. 损益平衡点下降　　D. 边际贡献率增加

3. 在其他条件不变的情况下，销售量增加使（　　）。

A. 单位边际贡献减少　　B. 损益平衡点增加

C. 边际贡献率增加　　D. 目标利润增加

4. 已知甲产品的边际贡献率为 40%，固定成本总额为 200 元，税后利润为 1 125 元，所得税税率为 25%，其目标销售额为（　　）元。

A. 5 500　　B. 4 000　　C. 4 250　　D. 3 192

5. 反映企业产品盈利能力的指标有（　　）。

A. 保本销售量　　B. 保本销售额　　C. 边际贡献率　　D. 目标销售额

6. 下列比率关系，正确的是（　　）。

A. 边际贡献率＋利润率＝1　　B. 边际贡献率＋变动成本率＝1

C. 变动成本率＋销售利润率＝1　　D. 边际贡献率＋毛利率＝1

7. 某企业只生产一种产品，该产品的边际贡献率为 55%，本期销售额为 100 000 元，目标利润为 40 000 元，则该产品的固定成本为（　　）元。

A. 95 000　　B. 140 000　　C. 15 000　　D. 55 000

8. 短期决策是企业为有效地进行生产经营活动，合理地利用经济资源，以期取得最佳的经济效益而进行的决策。它的特点之一是（　　）。

A. 一般涉及一年以上的经营活动　　B. 不涉及新的固定资产投资

C. 不考虑机会成本　　D. 不涉及非确定性的决策

9. 亏损产品只要符合（　　）的条件，一般就应该停产。

A. 单位边际贡献大于零　　B. 单位变动成本大于零

C. 单位边际贡献小于零　　D. 单位利润小于零

10. 企业利用剩余生产能力接受追加订货决策分析中，如果剩余生产能力无法转移，当（　　）时，应接受订货。

A. 订货价格大于单位变动成本　　B. 订货价格大于单位成本

C. 订货价格大于专属固定成本　　D. 订货价格大于单位生产成本

11. 在零部件自制或外购的决策中,自制方案的差别成本一般不包括(　　)。
A. 直接材料　　B. 直接人工
C. 变动性制造费用　　D. 固定性制造费用
12. 半成品出售或进一步加工的决策中,半成品之前发生的成本应作为(　　)。
A. 机会成本　　B. 沉没成本
C. 相关成本　　D. 付现成本

二、多项选择题

1. 损益平衡点也称保本点,是指(　　)时的销售量或销售额。
A. 销售收入等于销售毛利　　B. 边际贡献总额等于固定成本总额
C. 利润等于零　　D. 销售毛利等于期间成本
2. 影响损益平衡点的因素有(　　)。
A. 销售量　　B. 单价　　C. 边际贡献率　　D. 销售利润率
E. 资金利润率
3. 在其他因素不变的情况下,单价变动会引起(　　)变动。
A. 边际贡献　　B. 目标销售量
C. 盈亏临界点　　D. 目标利润
4. 下列计算公式中,正确的有(　　)。
A. 目标销售量=(目标利润+固定成本)÷单位边际贡献
B. 目标销售额=(目标利润+固定成本)÷边际贡献率
C. 目标利润=销售收入×边际贡献率-固定成本
D. 固定成本=边际贡献总额-目标利润
5. 边际贡献率的计算方法有(　　)。
A. 单位边际贡献÷单价　　B. (1-单位变动成本)÷单价
C. 固定成本÷保本点金额　　D. 1-变动成本率
6. 影响目标利润的主要因素有(　　)。
A. 单价　　B. 变动成本
C. 销售量　　D. 所得税税率
7. 在是否接受追加订货的决策分析中,正常生产所发生的固定成本应作为(　　)。
A. 沉没成本　　B. 不可避免成本
C. 非相关成本　　D. 付现成本
8. 零部件自制或外购的决策分析中,自制的差别成本一般包括(　　)。
A. 直接材料　　B. 直接人工
C. 变动性制造费用　　D. 专属的固定成本
9. 半成品出售或继续加工的决策分析中,继续加工所发生的成本属于(　　)。
A. 不可避免成本　　B. 付现成本
C. 相关成本　　D. 差别成本
10. 当亏损产品的(　　)时,不应该停产该产品。
A. 单价大于单位变动成本　　B. 单位边际贡献大于零
C. 边际贡献总额大于零　　D. 边际贡献率大于零

三、判断题

1. 销售产品保本点应越小越好，而边际贡献率应越大越好。 ( )
2. 在本量利分析中，销售量越大，则保本点越低，利润越高。 ( )
3. 企业的亏损产品应一律停产或转产，以减少亏损。 ( )
4. 在经营决策中，若备选方案的收入一样，相关成本最低的备选方案就是最佳方案。 ( )
5. 企业若以多余的生产能力接受客户的特殊定价，且无机会成本时，只要客户的报价大于产品的变动成本即可接受。 ( )
6. 超过保本点的销售量所提供的边际贡献就是利润。 ( )
7. 在定价决策中，当销售产品的边际收入等于边际成本时，即可找到最优的价格和最优的销售量。 ( )
8. 在零部件自制或外购决策中，一般不需要考虑固定制造成本。 ( )
9. 在经营决策中，固定成本是无关成本。 ( )
10. 生产条件限制下的产品生产决策应将边际贡献结合生产能力进行决策。 ( )

四、简答题

1. 什么是成本习性？成本按习性可分为哪几类？
2. 分别说明经营决策的各种方法。

五、计算分析题

1. 某机械制造企业长期亏损，2017 年度简化的利润表资料如表 17-1 所示。

表 17-1 利 润 表

2017 年度

单位：元

销售收入(8 000 台×1 500 元/台)	12 000 000
变动成本	8 000 000
边际贡献	4 000 000
固定成本	4 500 000
利润	(500 000)

要求：

(1) 该企业是否要停产？为什么？

(2) 企业应增加多少销售量才能扭亏为盈？

(3) 市场部经理认为，该产品可以降价 300 元，同时减少销售费用 1 000 000 元，这样可以使销售量增加 30%。计算说明该方案是否可行。

(4) 销售部经理认为，应该调动销售人员的积极性，每台销售佣金增加为销售额的 3%，行政费用减少 500 000 元，预计销售量可增加 20%。计算说明该方案是否可行。

(5) 选择最佳方案。

2. 某企业最近租用生产设备用于生产新产品，根据其员工的研究，提供的资料如下：

表 17-2 单位：元

估计全年销售数量	24 000 单位	
估计成本	总成本	单位成本
材　　料	96 000	4
直接人工	14 400	0.6
制造费用	24 000	1
管理费用	28 800	1.2
合　　计	163 200	6.80

每单位的利润为 1.20 元。

要求：

(1) 计算每单位的售价。

(2) 预计该年度的损益。

(3) 假定制造费用及管理费用为固定成本，其他成本全部为变动成本，计算损益平衡点。

3. 某企业每年产销甲产品 20 000 件，单价为 500 元，单位变动成本为 400 元，全年固定成本总额为 900 000 元。其配套零件的自制成本资料如下(单位：元)：

材料成本	60
人工成本	18
变动制造费用	25
固定制造费用	15
合　计	118

现有一客户向企业推销该配套产品，推销价为每件 108 元。

要求：

(1) 若该公司外购该配套产品，则原有的生产设备只能闲置。请分析企业应自制还是外购配套产品。

(2) 若该公司外购该配套产品，则原有的生产设备可以出租，每年租金收入 150 000 元。请分析企业应自制还是外购配套产品。

(3) 若该公司外购该配套产品，原有的生产设备可以增产另一产品 10 000 只，该产品的单价为 110 元，单位变动成本为 90 元，单位固定成本为 30 元。请分析企业应自制还是外购配套产品。

六、讨论及网络题

1. 进入"上海汽车股份有限公司"网站。

要求：

(1) 选取近 3 年的有关资料，分析每年的销售情况和利润变动趋势。

(2) 根据(1)的计算结果，解释销售变动幅度与利润变动幅度不一致的深层原因。

(3) 公司可以采取哪些措施来提高利润？

2. 某企业生产儿童茶杯，最近几年的销售收入和销售成本资料如表 17-3 所示。

表 17-3 单位：元

项　目	2015 年	2016 年	2017 年
销售收入	160 000	200 000	240 000
销售成本	130 000	164 000	183 846

该儿童茶杯销售价格为 20 元，计划年产销 12 000 套，企业现有的年生产能力为 15 000 套。年初该企业销售人员接到一份特殊订单，要求加工茶杯 3 000 套，对方报价 14 元。

对于这张订单，企业内部有不同的意见。销售经理认为茶杯的成本要达到 15.32 元，而报价却只有 14 元，若接受此份订单，企业一定会亏损。而生产经理认为，企业有多余的生产能力，可以接受这份订单。

若你是财务部经理，请分析上面两位经理的看法，并提出你的意见和理由。

自我测试答案

一、单项选择题

1. B　2. B　3. D　4. C　5. C　6. B
7. C　8. B　9. C　10. A　11. D　12. B

二、多项选择题

1. BCD　2. BC　3. ABCD　4. ABCD　5. ACD　6. ABCD
7. ABC　8. ABCD　9. CD　10. ABCD

三、判断题

1. 对　2. 错　3. 错　4. 对　5. 对　6. 对
7. 对　8. 对　9. 错　10. 对

四、简答题

1. 成本习性是指成本总额与业务量或作业的依存关系。按成本习性可将成本划分为固定成本、变动成本和混合成本。

固定成本是指在一定的相关范围内，成本总额与业务量增减变化没有直接联系的成本。也就是说，在相关范围内，成本总额不受业务量增减变化的影响，但从单位产品分摊的固定成本角度看，却随着业务量的增减变化呈反方向的变化。具有此类特点的费用项目有固定资产的折旧费、租赁费、保险费等。

变动成本是指在一定的相关范围内，成本总额随着业务量的增减变化成正比例增减变化，而单位变动成本不受业务量变化的影响。具有此类特点的费用项目有直接材料、直接人工等。

混合成本是既有变动成本特性又有固定成本特性的一类成本，它会随着业务量水平变动，但不是成正比例的关系，所以也称半变动成本。具有此类特点的费用有制造费用、销售费用等。

2. 经营决策的方法有：

(1) 差量分析法。它是根据备选方案间的差量收入与差量成本的比较确定最优方案的方法。

差量收入是指备选方案间预计收入的差额，差量成本是指备选方案间预计成本的差额。

如果 A 方案收入减去 B 方案收入大于 A 方案成本减去 B 方案成本，则 A 方案是最佳方案；反之，则 B 方案为最佳方案。

(2) 本量利分析法。它是研究各备选方案的成本、业务量与利润三者之间的关系而确定最佳方案的方法。

(3) 边际贡献分析法。它是通过比较备选方案提供的边际贡献总额大小以确定最优方案的方法。由于经营决策一般不涉及追加固定资产投资，企业原有固定成本作为无关成本处理，所以，边际贡献大小即反映了方案的收益大小，边际贡献总额最大或单位小时边际贡献最大的方案就是最佳方案。

五、计算分析题

1. (1) 因为该产品提供的边际贡献是正数，所以企业不应停产。

(2) 保本点销售量＝4 500 000÷(1 500－1 000)＝9 000(台)

企业应增加销售量 1 000 台，才能扭亏为盈。

(3) 利润表

表 17－4 单位：元

销售收入[8 000×(1＋30%)×(1 500－300)]	12 480 000
变动成本	10 400 000
边际贡献	2 080 000
固定成本	3 500 000
利润	(1 420 000)

该方案不可行。

(4) 利润表

表 17－5 单位：元

销售收入[8 000×(1＋20%)×1 500]	14 400 000
变动成本(9 600×1 000)	9 600 000
佣金(14 400 000×3%)	432 000
边际贡献	4 368 000
固定成本	4 000 000
利润	368 000

该方案可行。

(5) 应选择销售部经理的方案。

2. (1) 单位售价＝1.2＋6.8＝8(元)

(2) 利润表

表 17-6 单位：元

销售收入(24 000×8)		192 000
销售成本：		
材料	96 000	
人工	14 400	
制造费用	24 000	134 400
毛利		57 600
管理费用		28 800
利润		28 800

(3) 损益平衡点的销售量$=\frac{24\ 000+28\ 800}{3.4}\approx 15\ 529$(单位)

损益平衡点的销售额$=15\ 529\times 8=124\ 232$(元)

3. (1) 自制成本$=20\ 000\times(60+18+25)=2\ 060\ 000$(元)

外购成本$=20\ 000\times 108=2\ 160\ 000$(元)

企业应选择自制该零件，可以节约 100 000 元。

(2) 外购成本$=2\ 160\ 000-150\ 000=2\ 010\ 000$(元)

企业应选择外购该零件，可节约成本 50 000 元。

(3) 外购成本$=2\ 160\ 000-(110-90)\times 10\ 000=1\ 960\ 000$(元)

企业应选择外购该零件，可节约成本 100 000 元。

六、讨论及网络题

1. 略。

2. (1) 销售经理的观点是不正确的。他所说的单位成本 15.32 元是产品的混合成本，而这是一张特殊订单，应将其报价与产品变动成本进行比较，从而决定是否要接受此项订单。

(2) 根据所给的资料，用高低点法将销售成本分解为变动成本和固定成本两部分。

$$b=\frac{183\ 846-130\ 000}{240\ 000-160\ 000}=0.67$$

$a=183\ 846-0.67\times 240\ 000=23\ 046$(元)

3 000 套茶杯的单位变动成本$=14\times 0.67=9.38$(元)

企业接受 3 000 套茶杯的边际贡献$=(14-9.38)\times 3\ 000=13\ 860$(元)

结论：企业应接受这项订单，可以增加利润 13 860 元。

教材习题参考答案

习 题 一

销售生产成本中的变动成本$=35\ 000\times(1-10\%)=31\ 500$(元)

行政管理费用中的变动成本＝8 000×(1－15%)＝6 800(元)
边际贡献总额＝50 000－31 500－6 800＝11 700(元)
边际贡献率＝11 700÷50 000×100%＝23.4%

习 题 二

(1) 边际贡献率＝300 000÷600 000×100%＝50%
保本点销售额＝350 000÷50%＝700 000(元)
(2) 预计销售额＝(350 000＋100 000)÷50%＝900 000(元)
(3) 预计销售额＝$\frac{350\ 000+140\ 000\div(1-25\%)}{50\%}$＝1 073 333(元)

习 题 三

(1) 保本点销售量＝494 000÷(100－40－20－2)＝13 000(件)
保本点销售额＝13 000×100＝1 300 000(元)
(2) 预计利润＝(80 000－13 000)×(100－40－20－2)＝2 546 000(元)

习 题 四

(1) 综合加权边际贡献率计算如下：

表 17－7

产品名称	甲产品	乙产品	丙产品	合 计
边际贡献率	60%	55%	65%	—
销售收入总额(元)	30 000	64 000	66 000	160 000
销售比重	18.75%	40%	41.25%	100%
加权边际贡献率	11.25%	22%	26.812 5%	60.062 5%

(2) 三种产品的综合保本点销售额＝50 000÷60.062 5%＝83 246.62(元)
(3) 甲、乙、丙三种产品的保本点：
甲产品的保本销售额＝18 .75%×83 246.62＝15 608.74(元)
甲产品的保本销售量＝15 608.74÷600＝26(件)
乙产品的保本销售额＝40%×83 246.62＝33 298.65(元)
乙产品的保本销售量＝33 298.65÷800＝42(件)
丙产品的保本销售额＝41.25%×83 246.62＝34 339.23(元)
丙产品的保本销售量＝34 339.23÷1 100＝31 件
(4) 预计税前利润＝(160 000－83 246.62)×60.062 5%＝46 100(元)

习 题 五

(1) 产品的单位变动成本＝20＋10＋5＝35(元)
增加利润＝(40－35)×2 000＝10 000(元)
结论：企业应接受这批特殊订货，可增加利润 10 000 元。
(2) 接受特殊订货增加的边际贡献＝(40－35)×3 000＝15 000(元)

企业最大的生产能力＝10 000÷80%＝12 500(件)
减产损失＝25×500＝12 500(元)
接受订货为企业增加的收益＝15 000－12 500＝2 500(元)
结论：企业应接受订货。
(3) 接受特殊订货的边际贡献＝(40－35)×2 500＝12 500(元)
机会成本＝13 000(元)
接受特殊订货减少的边际贡献＝13 000－12 500＝500(元)
结论：企业不应该接受订货。
(4) 接受特殊订货的边际贡献＝(40－35)×3 500＝17 500(元)
设备租金＝15 000(元)
接受特殊订货增加的收益＝17 500－15 000＝2 500(元)
结论：企业应接受订货。

习 题 六

削价出售方案的收入＝10×10 000＝100 000(元)
进行改造方案的收入＝23.5×10 000－110 000＝125 000(元)
结论：公司应选择进行改造的方案，可以增加收入 25 000 元。

习 题 七

(1) 自制差别成本：

直接材料(1 000×6)	6 000
直接人工(1 000×5)	5 000
变动制造费用(1 000×1)	1 000
合　计	12 000

外购差别成本：

购价(1 000×13)	13 000
差异	－1 000

结论：甲零件外购的差别成本比自制的差别成本高 1 000 元，故甲零件自制为宜。
(2) 多余设备加工其他产品的收益 4 000 元应作为自制方案的机会成本。
自制差别成本：

直接材料(1 000×6)	6 000
直接人工(1 000×5)	5 000
变动制造费用(1 000×1)	1 000
机会成本	4 000
合　计	16 000

外购差别成本：

购价(1 000×13)	13 000
差异	3 000

结论：甲零件自制的差别成本比外购的差别成本高 3 000 元，故甲零件外购为宜。

(3) 增产一台Z型机器的边际贡献＝(4 000－2 800)×1＝1 200(元)，这项收益应作为自制方案的机会成本。

自制差别成本：

直接材料(1 000×6)	6 000
直接人工(1 000×5)	5 000
变动制造费用(1 000×1)	1 000
机会成本	1 200
合　计	13 200

外购差别成本：

购价(1 000×13)	13 000
差异	200

结论：甲零件自制的差别成本比外购的差别成本高200元，故甲零件宜外购。

习　题　八

(1) 设 x 为零件需要量在15 000件以下自制与外购的成本平衡点，则：

$6\,000+5x=6x$

$x=6\,000$(件)

结论：零件需要量小于6 000件，宜外购；大于6 000件，宜自制；等于6 000件，自制、外购均可以。

又设 y 为零件需要量在15 000件以上自制与外购的成本平衡点，则：

$6\,000+5y=5.5y$

$y=12\,000$(件)

结论：零件需要量小于12 000件，宜外购；大于12 000件，宜自制；等于12 000件，自制、外购均可以。

(2) 如果需要量为10 000件，应自制：

节约成本＝6×10 000－(6 000＋5×10 000)＝4 000(元)

案　例

略。

第十八章　投资决策

全章脉络

疑难解答
自我测试
自我测试答案
教材习题参考答案

疑 难 解 答

一、投资决策需考虑的相关因素

本章的投资决策是关于企业固定资产的改建、扩建、更新等规划企业未来的发展方向、规模的决策。其主要特点是投资项目的金额较大,投资支出的收益需较长时间才能实现;相对经营决策而言,风险较大。所以,在投资决策分析中,为保证决策的正确性,需要考虑货币时间价值及现金流量等相关因素。

货币时间价值是投资决策需考虑的第一个因素,主要应掌握终值和现值的计算。由于投资项目的收益是在未来产生的,所以,在决策时,一般是计算未来现金流量的现值。如果现金流量是年金的形式,可按年金现值的计算方法确定总现值;如果现金流量是非年金的形式,则可按复利现值的计算方法确定总现值。

投资项目的现金流量是决策分析需考虑的另一个重要因素。现金流量在投资决策分析中,是指投资项目在有效期内发生的各项现金流入与现金流出的统称,是计算投资决策评价指标的主要依据之一。具体分析时,应首先计算项目的每年净现金流量。现金净流量是投资项目有效期内每年的现金流入量减去现金流出量的差额。其计算公式为:

某年现金净流量 = 该年利润 + 该年折旧 + 该年固定资产残值收入 + 该年流动资金回收 − 该年投资支出

式中的利润项目可以是税前利润,也可以是税后利润。如果考虑所得税因素,那么,现金流出量中包括了用现金支付的所得税额。

二、投资决策的动态分析法

投资决策的动态分析法是结合货币时间价值和现金流量两个因素,对投资方案的可行性作出分析、评价。由于现金流量中现金流入量与现金流出量发生的时点不同,现金流出量通常是在投资方案实施初期发生,而现金流入量则往往在项目建成投产后的有效年限内陆续发生,若不考虑货币的时间价值,两者缺乏可比性。所以,必须将现金流入量与现金流出量转换到同一时点上,通常将其转换成现值进行比较,这样评价出的效果更符合客观情况。投资决策的动态分析指标主要有以下几种(见表 18 - 1):

表 18 - 1　　投资决策的动态分析指标

指　标		
动态投资回收期	计算公式	$\left(\text{累计折现的现金净流量第一次出现正值的年份}-1\right)+\dfrac{\text{该年初累计折现现金净流量}}{\text{该年折现的现金净流量}}$
	含　义	该指标反映了投资资金收回所需要的时间,应小于期望的回收期。
净现值	计算公式	$\sum$(第 t 年的现金净流量 × 第 t 年利率为 i 时的复利现值系数) − 投资现值
	含　义	如果投资方案的净现值为正数,说明项目投资额在有效期内可以全部收回,且方案的投资收益率大于期望的投资收益率,那么,该方案在财务上是可行的。

（续表）

指 标		
净现值率	计算公式	$\frac{\text{净现值}}{\text{原始投资现值之和}}\times 100\%$
	含义	净现值率如果大于零，说明投资方案可行；反之，不可行。它是一个相对数指标，又可用于不同投资额的多个方案的比较。
获利指数	计算公式	$\frac{\text{投产后每年现金净流量的现值之和}}{\text{原始投资额现值}}$
	含义	该指标大于1，说明投资方案是可行的；若小于1，则说明投资方案不可行。它也可用于投资额不同的方案之间的比较。
内部收益率	计算方法	(1) 利用年金现值表，用插入法计算 (2) 测试法结合插入法
	含义	若内部收益率大于企业期望报酬率，则投资方案是可行的；若内部收益率小于企业期望的投资报酬率，则投资方案不可行。内部收益率越高，说明投资项目的效益越好。

自我测试

一、单项选择题

1. 下列项目中的（　　）不属于年金。

A. 等额的分期收入款　　B. 固定成本

C. 直线法的年折旧费　　D. 等额的分期支出款

2. 长期投资决策的评价指标是以（　　）为基础。

A. 税前利润　　B. 税后利润　　C. 边际贡献　　D. 现金净流量

3. 下列项目中的（　　）不属于现金流出的内容。

A. 固定资产的安装费　　B. 分配来的固定费用

C. 流动资金的投资　　D. 项目开发时发生的现金支出

4. 下列评价指标中，（　　）不考虑货币的时间价值。

A. 投资回收期　　B. 投资报酬率　　C. 净现值　　D. 获利指数

5. 下列评价指标中，（　　）在计算时不需要已知的折现率。

A. 净现值　　B. 投资回收期　　C. 内部收益率　　D. 获利指数

6. 如果某投资项目的净现值为正数，说明该项目的（　　）。

A. 回收期一定最小　　B. 内部收益率大于设定的折现率

C. 获利指数一定小于1　　D. 内部收益率小于设定的折现率

7. 如果内部收益率等于设定的折现率，说明（　　）。

A. 净现值一定小于零　　B. 净现值一定大于零

C. 净现值一定等于零　　D. 获利指数一定等于零

8. 如果两个投资项目的投资总额不相等,可用(　　)作为评价方案优劣的指标。
A. 净现值　B. 净现值率　C. 边际贡献　D. 资金成本
9. 下列项目中的(　　)不属于现金流出的内容。
A. 购买固定资产的支出　B. 购买原材料的支出
C. 发放的工资　D. 加速折旧法的折旧费
10. 当一个项目的(　　)时,说明该项目在财务上是不可行的。
A. 净现值大于零　B. 获利指数小于1
C. 内部收益率大于资金成本　D. 获利指数大于1

二、多项选择题

1. 长期投资决策是对(　　)等投资方案进行分析、评价、选择,以确定最佳方案。
A. 固定资产的扩建、改建、更新　B. 资源的开发、利用
C. 现有产品的改造　D. 购买债券
2. 长期投资的特点是(　　)。
A. 投资项目的金额大　B. 资金占用的时间较长
C. 投资风险较大　D. 以现金流量为计算指标的基础
3. 现金流量的内容包括(　　)。
A. 固定资产的购建费　B. 无形资产的摊销
C. 固定资产的年折旧　D. 固定资产报废时的残值收入
4. 评价投资方案经济效益的指标一般有(　　)。
A. 投资报酬率　B. 投资回收期　C. 净现值　D. 获利指数
5. 在计算方案的投资效益时,需给定投资项目使用年限的指标有(　　)。
A. 投资利润率　B. 获利指数　C. 内部收益率　D. 投资回收期
6.下列指标中的(　　)在计算时需给定折现率。
A. 投资回收期　B. 内部收益率　C. 投资报酬率　D. 净现值
7. 在决定是否用新设备替换老设备时,需考虑下列因素中的(　　)。
A. 新设备增加的成本和收入　B. 老设备的历史成本
C. 新设备的估计成本　D. 新设备估计的残值
8. 计算投资方案的净现值时,需要的资料包括(　　)。
A. 投资项目的折现率　B. 投资项目的有效期
C. 投资项目每年的净现金流量　D. 投资项目的投资总额
9. 评价投资项目经济效益的动态指标有(　　)。
A. 净现值　B. 获利指数　C. 内部收益率　D. 净现值率

三、判断题

1. 在长期投资决策中,现金流量是评价方案经济效益的计算基础。(　　)
2. 在计算货币时间价值时,1元终值系数和1元现值系数互为倒数。(　　)
3. 固定资产的折旧应计入产品成本,通过产品销售得到补偿,其本质就是一项现金流入。(　　)

4. 投资项目的现金流量是以现金制为基础来确定的。 ( )
5. 在多个投资方案的选择中，应以净现值的大小作为选择最佳方案的标准。 ( )
6. 若投资方案的净现值大于零，则说明该方案的原始投资额在项目有效期内可以全部收回。 ( )
7. 内含报酬率是使投资方案净现值等于零的折现率。 ( )
8. 投资回收期指标以利润作为计算的基础。 ( )
9. 所谓年金，是指金额相等的收付款。 ( )
10. 如果投资方案中每年的现金净流量相等，就可以按年金方式计算其总现值。 ( )

四、简答题

1. 什么是现金净流量？如何计算？
2. 当投资项目的每年净现金流量不相等时，内含报酬率应如何计算？

五、计算分析题

1. 某企业拟引进一条新的生产流水线，预计可使用6年，有关资料如下(单位：元)：

生产流水线价值	1 500 000
6年期满后的残值	15 000
投入的营运资金	120 000
每年产品现销收入	2 000 000
每年现金支付成本	1 600 000

该生产流水线采用直线法计提折旧，资金系银行借款，借款利率为10%。
要求：
(1) 计算1～6年每年的现金净流量。
(2) 计算净现值，并确定方案是否可行。

2. 某化工厂现有一台设备预计可用5年，原价800 000元，5年期满的残值为5 000元，5年中预计每年的现金净流量如表18-2所示。

表18-2 单位：元

年 数	现金净流量	残 值	合 计
1	40 000		40 000
2	200 000		200 000
3	300 000		300 000
4	480 000		480 000
5	350 000	5 000	355 000

要求：计算该设备的净现值和投资回收期(设资金成本为10%)。

3. 某公司现有两个方案可供选择，有关资料如表18-3所示。

表 18 - 3　　　　单位：元

方　案	投　资	现金净流量		
		第一期	第二期	第三期
A	80 000	95 400	39 000	12 000
B	100 000	35 000	57 500	80 000

假定公司此类计划可获利 12%，且现金流入于每期的期末发生，如果从净现值角度分析，请为管理者提供最佳方案。

4. 佳佳制衣厂现有一台设备已不适应生产之用，准备处理，该设备原价 80 000 元，已提折旧 48 000 元。现有两个方案可供选择：

A 方案：外地某一服装厂愿意购买该设备，出价 28 000 元，但设备的运输及安装、调试费用 3 000 元需由佳佳制衣厂承担。

B 方案：某私人制衣坊愿意租用该设备，租赁期为 5 年，每年年底支付租赁费 12 000 元，但设备每年的维修费 1 500 元应由佳佳制衣厂承担，该笔维修费也是在年底结算。

要求：请你就上述两个方案的净现值进行比较，并据以选出最佳方案(设企业的资金成本率为 10%)。

六、讨论及网络题

请访问上海证券交易所或深圳证券交易所网站，选取一家公司。

要求：

(1) 了解该公司正在进行的投资项目，并为该公司设立一种投资模型。

(2) 根据该公司的相关信息，你认为净现值与内部收益率这两个指标哪个更容易应用，并说明理由。

(3) 为什么投资决策对该企业未来的财务状况影响重大？

自我测试答案

一、单项选择题

1. B　2. D　3. B　4. B　5. C　6. B
7. C　8. B　9. D　10. B

二、多项选择题

1. ABC　2. ABCD　3. AD　4. ABCD　5. BC　6. AD
7. ACD　8. ABCD　9. ABCD

三、判断题

1. 对　2. 对　3. 错　4. 对　5. 错　6. 对

7. 对　　8. 错　　9. 错　　10. 对

四、简答题

1. 现金净流量是投资项目有效期内每年的现金流入量减去现金流出量的差额。其计算公式为：

某年现金净流量＝该年现金流入量－该年现金流出量
＝(该年销售净收入＋该年固定资产残值收入＋该年流动资金)－(该年付现成本＋该年投资支出)
＝(该年销售净收入－该年付现成本)＋该年固定资产残值收入＋该年流动资金回收－该年投资支出
＝[该年销售净收入－(该年总成本－该年折旧额)]＋该年固定资产残值收入＋该年流动资金回收－该年投资支出
＝该年利润＋该年折旧额＋该年固定资产残值收入＋该年流动资金回收－该年投资支出

上式中的利润项目可以是税前利润，也可以是税后利润。如果是考核项目本身的投资效益，可以以税前利润作为计算基础，以剔除税率变动对项目投资效益的影响。如果是从投资者的角度来评价投资项目的效益，应该以税后利润作为计算基础，因为税金是需要用现金支付的，应该作为现金流出量的一部分，这样才能正确评价出投资者的投资效益。

2. 若投资方案中每年的现金净流量不相等，则必须用测试法来计算内含报酬率，方法如下：

(1) 设定一个折现率，计算出投资方案的净现值，若净现值为零，则说明该折现率就是方案的内部收益率；若净现值为正值，则说明设定的折现率小于方案的内部收益率；若净现值为负值，则说明设定的折现率大于方案的内部收益率。

(2) 当净现值不等于零时，需要再进行测试，最终找出相邻近的一个正值的净现值与一个负值的净现值，利用插入法，找到使净现值等于零的折现率，该折现率就是方案的内部收益率。

五、计算分析题

1. (1) 第一年初的现金净流量＝(－1 500 000－120 000)＝－1 620 000(元)
第一年末至第五年末每年的现金净流量＝2 000 000－1 600 000＝400 000(元)
第六年末现金净流量＝400 000＋120 000＋15 000＝535 000(元)
(2) 净现值＝400 000×3.791＋535 000×0.564－1 620 000＝198 140(元)
故该方案是可行的。

2. 净现值＝40 000×0.909＋200 000×0.826＋300 000×0.751＋480 000×0.683＋355 000×0.621－800 000＝175 155(元)

表 18－4　　**净现值计算表**　　单位：元

年　数	每年现金净流量	现值系数	现金净流量现值	累计现金净流量现值
0	－800 000	1	－800 000	－800 000
1	40 000	0.909	36 360	－763 640

(续表)

年　数	每年现金净流量	现值系数	现金净流量现值	累计现金净流量现值
2	200 000	0.826	165 200	−598 440
3	300 000	0.751	225 300	−373 140
4	480 000	0.683	327 840	−45 300
5	355 000	0.621	220 455	175 155

回收期 $=4+\dfrac{45\ 300}{220\ 455}=4.20$(年)

3. A方案的净现值=95 400×0.893+39 000×0.797+12 000×0.712−80 000
=44 819.20(元)

A方案的净现值率=44 819.20÷80 000×100%=56.02%

B方案的净现值=35 000×0.893+57 500×0.797+80 000×0.712−100 000
=34 042.509(元)

B方案的净现值率=34 042.50÷100 000×100%=34.04%

故应选择A方案。

4. A方案:

设备出售收入	28 000元
设备安装及调试费	−3 000元
净现值	25 000元

B方案:

每年租金收入现值(12 000×3.791)	45 492元
每年设备维修费用现值(1 500×3.791)	−5 686.50元
净现值	39 805.50元

佳佳制衣厂应选择B方案,可以增加收益14 805.50元(39 805.50−25 000)。

六、讨论及网络题

略。

教材习题参考答案

习　题　一

(1) $F=20\ 000\times1.469=29\ 380$(元)

(2) $P=300\ 000\times0.681=204\ 300$(元)

(3) $P=10\ 000\times6.145=61\ 450$(元)

(4) $F=20\ 000\times5.867=117\ 340$(元)

习 题 二

甲方案：

净现值 =50 000×3.791－250 000＝－60 450(元)

乙方案：

净现值＝50 000×0.909＋60 000×0.826＋65 000×0.751＋55 000×0.683＋
40 000×0.621－300 000
＝－93 770(元)

习 题 三

(1) 每年的净现金流量＝每年的税后利润＋每年的折旧
＝16 000＋(150 000－1 500)÷5
＝45 700(元)

(2) 净现值＝45 700×3.993＋1 500×0.681－150 000
＝182 480.1＋1 021.5－150 000＝33 501.6(元)

(3) 考虑到净现值大于零，所以该方案是可行的。

习 题 四

每年税后利润 =［(150－80)×2 000－90 000］×(1－30%)＝35 000(元)

每年净现金流量 =35 000＋100 000÷10＝45 000(元)

(1) 投资利润率 =35 000÷100 000×100%＝35%

(2) 回收期 =100 000÷45 000＝2.22(年)

(3) 净现值 =45 000×6.71－100 000＝201 950(元)

(4) 获利指数 =45 000×6.71÷100 000＝3.02

(5) 年金现值系数 =100 000÷45 000＝2.222

内部收益率 =40%＋(2.414－2.222)÷(2.414－2.168)×5%＝43.9%

习 题 五

甲方案：

原机器每年的现金净流量 =3 500×(15－10)－12 000＋24 000÷5＝10 300(元)

净现值 =10 300×(3.791－0.909)－20 000＝9 684.6(元)

乙方案：

新机器每年增加的现金净流量 =500×(15－10)＝2 500(元)

净现值 =29 684.6＋2 500×3.791＋1 000×0.621－30 000＝－9 783.10(元)

案 例

略。

第六篇

特殊项目篇

本篇脉络

第十九章　预算与控制
第二十章　信息技术在会计中的应用

第十九章　预算与控制

全章脉络

疑难解答
自我测试
自我测试答案
教材习题参考答案

疑难解答

一、预算内容

预算是经营决策和长期决策目标的一种数量表现,即通过有关的数据将企业全部经营活动的各项目标具体而又系统地反映出来。

预算的内容主要包括三个方面:经营预算、财务预算、专门决策预算。其中,经营预算和财务预算属于短期预算,而专门决策预算是关于资本支出的预算,属于长期预算。

二、预算编制的方法

(一) 弹性预算

弹性预算编制的基本前提是,必须将所有的费用按成本习性划分为变动成本和固定成本。在编制预算时,只需要将变动成本按不同业务量水平做相应的调整。其计算公式为:

$$\text{弹性成本预算} = \text{固定成本预算数} + \text{单位变动成本预算数} \times \text{业务量预计数}$$

如果生产多种产品,为了便于比较不同业务量水平下的变动成本,可按下式计算:

$$\text{弹性成本预算} = \text{固定成本预算数} + \sum(\text{单位变动成本预算数} \times \text{业务量预计数})$$

(二) 零基预算

零基预算,全称是"以零为基础的计划和预算编制法",即在编制费用支出预算时,不考虑历史的费用支出水平,一切以零为始点,从根本上研究各项费用支出的必要性及数额。

(三) 滚动预算

滚动预算,又称连续预算或永续预算,是指预算期为1年,每过去1个月(季、年)就在期末增加1个月(季、年)的预算,以此类推,从而使预算期始终保持12个月的预算。

滚动预算在编制过程中,随时根据市场情况和企业内部情况的变化,对预算进行调整。它一般适用于年度预算和长期预算的编制。用滚动预算编制年度预算可按月或按季编制。如按季度编制预算,一般第一季度按月列出明细预算数,后三个季度只需列出季度总数,在第一季度结束时,再将第二季度按月列出明细预算数,第三、第四季度还是总数,最后增加下一年的第一季度总数,以此类推,可以使企业在任何时候都能了解一年的预算情况。

三、预算控制与考核

预算的编制是预算控制的基础。预算控制是在预算执行过程中,将实际执行的结果与预算进行比较、分析,并作为经营业绩考核的依据。对于收入中心、成本中心、利润中心和投资中心的业绩考核,传统的方法是将实际结果与预算进行比较,计算一些财务指标,考核预算的完成情况。由于财务指标的固有缺陷，从战略角度讲，企业可以采用平衡计分卡全面衡量其综合的业绩。平衡计分卡从财务角度、客户角度、内部经营流程角度和学习与成长角度四个方面对企业进行了业绩衡量。

自我测试

一、单项选择题

1. 企业生产经营的预算必须以(　　)为主导。

A. 生产预算　　B. 成本预算　　C. 销售预算　　D. 现金预算

2. 按照企业预算期内可预见的多种生产经营活动水平分别确定相应的数据，使编制的预算随着生产经营管理活动的变动而变动，这种预算称为(　　)。

A. 弹性预算　　B. 滚动预算　　C. 零基预算　　D. 固定预算

3. 对于任何一笔预算支出，不是以现有费用水平为基础，而是一切以零为起点，从根本上考虑它们的必要性及其数额的多少，这种预算称为(　　)。

A. 滚动预算　　B. 零基预算　　C. 弹性预算　　D. 增量预算

4. (　　)是在预算的执行过程中自动延伸，使预算期永远保持在1年。

A. 弹性预算　　B. 滚动预算　　C. 零基预算　　D. 定期预算

5. 某公司准备编制弹性预算，原预算中预计销售100 000单位，单价20元，费用中的固定费用为300 000元，单位变动费用为2元，预计生产量100 000单位。现实际销售和生产110 000单位。当你调整预算反映这一新的活动水平时，预算金额将增加，但不超过10%的是(　　)。

A. 销售收入　　B. 变动制造成本　　C. 固定制造成本　　D. 总经营费用

6. 预计生产量等于(　　)加预计期末存货减预计期初存货。

A. 预计生产量　　B. 预计工时　　C. 预计销售量　　D. 预计采购量

7. 专门决策预算是与企业的(　　)有关的预算。

A. 短期决策　　B. 固定资产投资　　C. 股票投资　　D. 经营决策

8. 资本支出预算影响到现金支出预算和(　　)。

A. 预计资产负债表　　B. 预计利润表　　C. 现金预算　　D. 生产预算

9. 单位生产成本预算编制时，若采用变动成本计算法计算利润，则产品的生产成本应该只包括(　　)。

A. 直接材料　　B. 直接人工　　C. 变动生产费用　　D. 变动制造费用

10. 在编制制造费用预算时，变动费用根据预计生产总工时和预计变动制造费用分配率来计算，而固定制造费用可以按照(　　)的方法来确定。

A. 弹性预算　　B. 零基预算　　C. 滚动预算　　D. 增量预算

二、多项选择题

1. 预算是企业经营决策所定目标的数量表现，也称总预算。它主要包括(　　)。

A. 销售预算　　B. 生产预算　　C. 成本预算　　D. 现金收支预算

2. 销售预算主要列示全年和分季度的(　　)。

A. 预计销售数量　　B. 预计销售收入　　C. 预计的现金收入　　D. 预计的现金支出

3. 编制生产预算时,应考虑(　　)的预计水平。

A. 销售量　　B. 期末存货　　C. 期初存货　　D. 上期销售量

4. 现金预算一般包括(　　)部分。

A. 现金收入　　B. 现金支出　　C. 现金多余或不足　　D. 资金的筹集

5. 预算的编制方法一般有(　　)。

A. 弹性预算　　B. 零基预算　　C. 可变预算　　D. 滚动预算

6. 弹性预算的方法可用于编制(　　)预算。

A. 制造费用　　B. 利润　　C. 销售　　D. 生产

7. 财务预算是与企业现金收支、经营成果和财务状况有关的预算。它主要包括(　　)。

A. 现金收支预算　　B. 资本预算　　C. 预计资产负债表　　D. 预计利润表

8. 预算的作用主要表现在(　　)方面。

A. 明确目标　　B. 协调平衡　　C. 日常控制　　D. 业绩评价

9. 生产预算是编制(　　)数据的依据。

A. 直接材料　　B. 直接人工

C. 现金支出　　D. 预计资产负债表

10. 销售预算决定了(　　)的数据。

A. 生产预算　　B. 现金收入预算

C. 预计资产负债表　　D. 预计利润表

三、判断题

1. 预算是用实物量指标和价值量指标来反映的。(　　)
2. 预算编制是以经营目标为前提,以生产预算为中心。(　　)
3. 现金收支预算属于经营预算的范围。(　　)
4. 专门决策预算是与固定资产投资有关的预算。(　　)
5. 在编制直接材料预算时,往往要同时编制预计的现金支出数额。(　　)
6. 弹性预算的方法可用于编制成本预算和利润预算。(　　)
7. 弹性预算编制的前提是必须将所有的成本分解为变动成本和固定成本两个部分。(　　)
8. 零基预算是在前一年预算的基础上,对某些费用项目进行适当调整而编制的预算。(　　)
9. 零基预算可以两三年编制一次。(　　)
10. 滚动预算的预算期始终是1年。(　　)
11. 平衡计分卡主要从财务角度来衡量企业的业绩。(　　)

四、简答题

1. EVA的含义是什么?如何计算该指标?
2. 平衡计分卡是如何衡量企业业绩的?

五、计算分析题

1. 某企业按照10 000直接人工小时编制的制造费用预算的资料如下(单位:元):

变动制造费用	
间接材料	8 000
间接人工	10 000
其他制造费用	6 800
固定制造费用	
折旧费	4 200
照明用电	2 100
管理费	15 000
其他	1 000

已知企业最大生产能力为 14 000 小时，预计计划期生产能力利用程度在 8 000～12 000 小时。

要求：编制 8 000 小时、11 000 小时和 12 000 小时的制造费用的弹性预算。

2. 某企业 2018 年度 1～4 季度的预计生产量分别为 1 500 件、2 010 件、2 875 件、1 970 件，单位产品的材料用量为 4 千克，每千克的价格为 8 元。每季末预计的材料库存量占下一季生产需用量的 30%，年末预计的材料库存量为 700 千克。2018 年度预计的期初库存量为 680 千克。

该企业每季度采购材料的支付方法为：当季支付现金 60%，其余 40%可于下季度支付现金。2017 年末应付账款余额为 8 500 元。

该企业生产单位产品消耗的直接人工小时为 6 小时，每小时的人工成本为 5 元。

要求：根据上述资料编制该企业 2018 年 1～4 季度每季度的直接材料预算、预计现金支出预算。

六、讨论及网络题

请访问某家公司的网站，并回答下列问题：

(1) 你有没有发现该公司成功的预算标志？为什么？

(2) 如果该公司采用零基预算，第一步应该怎么做？

(3) 你认为谁最有可能反对这一零基预算？为什么？

自我测试答案

一、单项选择题

1. C　2. A　3. B　4. B　5. D　6. C
7. B　8. A　9. C　10. B

二、多项选择题

1. ABCD　2. ABC　3. ABC　4. ABCD　5. ABCD　6. AB
7. ACD　8. ABCD　9. ABCD　10. ABD

三、判断题

1. 对　2. 错　3. 错　4. 对　5. 对　6. 对

7. 对　8. 错　9. 对　10. 对　11. 对　12. 错
13. 错　14. 对

四、简答题

1. EVA是经济增加值(Economic Value Added)的英文缩写。其计算方法是税后利润减去资本成本,包括债务和股本成本,是所有成本被扣除后的剩余收入,是一种特殊形式的剩余收益。其计算公式为:

经济增加值(*EVA*) = 息前税后利润 − 资本总额 × 加权平均资金成本

2. 平衡计分卡由四个部分组成,即财务(financial)、客户(customer)、内部经营流程(internal business process)、学习和成长(learning and growth)。它从这四个不同的角度来观察企业,评价企业的业绩。

(1) 财务角度:为了在财务方面取得成功,企业应该向股东展示什么?

(2) 客户角度:要实现设想,企业应该向客户展示什么?

(3) 内部经营流程角度:要使股东和客户满意,企业对哪些业务流程应该有所改进?

(4) 学习和成长角度:要实现设想,企业应如何保持应变能力?

根据以上四个不同角度,相应地设置四个方面的业绩评价指标。这些指标一般包括:利润、市场占有率、客户满意度、新产品开发投资、设备更新、员工培训等。其中,财务指标的设定相对较容易,其他三类非财务指标的设定难度较大,所以,企业要结合实际情况,找出目标实现的关键驱动因素,并根据价值关键驱动因素制定业绩指标,同时充分考虑指标的可衡量性以及被考核者对指标的可控性,从而建立合理、有效的业绩指标体系,进而对企业业绩作出最合理的评价。

五、计算分析题

1.

制造费用的弹性预算

费用项目	单位变动制造费用(元)	预计业务量(小时)		
		8 000	11 000	12 000
变动制造费用(元)				
间接材料	0.80	6 400	8 800	9 600
间接人工	1.00	8 000	11 000	12 000
其他制造费用	0.68	5 440	7 480	8 160
合　计		19 840	27 280	29 760
固定制造费用(元)				
折旧费		4 200	4 200	4 200
照明用电		2 100	2 100	2 100

（续表）

费用项目	单位变动制造费用（元）	预计业务量（小时）		
		8 000	11 000	12 000
管理费		15 000	15 000	15 000
其他		1 000	1 000	1 000
合计		22 300	22 300	22 300
制造费用预算（元）		42 140	49 580	52 060

2.

直接材料预算

2018 年度

	一季度	二季度	三季度	四季度	合计
预计生产量	1 500	2 010	2 875	1 970	8 355
单位产品材料消耗量	4	4	4	4	4
预计材料耗用量	6 000	8 040	11 500	7 880	33 420
加：期末库存量	2 412	3 450	2 364	700	700
合计	8 412	11 490	13 864	8 580	34 120
减：期初库存量	680	2 412	3 450	2 364	680
预计材料采购量	7 732	9 078	10 414	6 212	33 436
每千克单价（元）	8	8	8	8	8
预计材料采购成本（元）	61 856	72 624	83 312	49 696	267 488

预计现金支出预算

单位：元

	一季度	二季度	三季度	四季度	合计
应付账款期初余额	8 500				8 500
一季度采购金额	37 113.6	24 742.4			61 856
二季度采购金额		43 574.4	29 049.6		72 624
三季度采购金额			49 987.2	33 324.8	83 312
四季度采购金额				29 817.6	29 817.6
合计	45 613.6	68 316.8	79 036.8	63 142.4	256 109.6

六、讨论及网络题

略。

教材习题参考答案

习 题 一

1 月份的生产量＝5 000＋7 000×30％－1 500＝5 600(件)
2 月份的生产量＝7 000＋6 000×30％－2 100＝6 700(件)
3 月份的生产量＝6 000＋6 500×30％－1 800＝6 150(件)
4 月份的生产量＝6 500＋7 000×30％－1 950＝6 650(件)
5 月份的生产量＝7 000＋7 500×30％－2 100＝7 150(件)
6 月份的生产量＝7 500＋8 000×30％－2 250＝7 650(件)

习 题 二

单位：元

费用项目	分配率	10 000 小时	11 000 小时	12 000 小时	13 000 小时
变动费用					
间接费用	0.20	2 000	2 200	2 400	2 600
间接人工	0.16	1 600	1 750	1 920	2 080
水电费	0.10	1 000	1 100	1 200	1 300
修理费	0.08	800	880	960	1 040
小 计		5 400	5 940	6 480	7 020
固定费用					
间接材料		200	200	200	200
间接人工		450	450	450	450
折旧费		3 200	3 200	3 200	3 200
水电费		100	100	100	100
修理费		150	150	150	150
小 计		4 100	4 100	4 100	4 100
合 计		9 500	10 040	10 580	11 120

习 题 三

单位：元

项 目	1 月份	2 月份	3 月份
预计销售额	50 000	48 000	52 000
赊销额(50％)	25 000	24 000	26 000

(续表)

项目	1月份	2月份	3月份
现销额	25 000	24 000	26 000
应收账款收回	20 000	25 000	24 000
现金收入合计	45 000	49 000	50 000

习题四

单位：元

项目	1月份	2月份	3月份
期初余额	3 000	3 000	3 495
现金收入	45 000	49 000	50 000
可动用现金	48 000	52 000	53 495
现金支出	46 000	47 500	48 000
现金余额	2 000	4 500	5 495
应保持的余额	3 000	3 000	3 000
借入(或偿还)	1 000	(1 000)	
利息		5	
期末余额	3 000	3 495	5 495

习题五

(1) 投资利润率 $=\dfrac{650\ 000}{4\ 000\ 000}\times 100\%=16.25\%$

剩余收益 $=650\ 000-4\ 000\ 000\times 13\%=130\ 000$(元)

(2) 投资利润率 $=\dfrac{650\ 000+200\ 000}{4\ 000\ 000+1\ 500\ 000}\times 100\%=15.45\%$

剩余收益 $=(650\ 000+200\ 000)-(5\ 500\ 000\times 13\%)=135\ 000$(元)

习题六

甲分部的销售净利率 $=1\ 800\ 000\div 2\ 500\ 000\times 100\%=72\%$

甲分部的投资利润率 $=1\ 800\ 000\div 7\ 500\ 000\times 100\%=24\%$

乙分部的销售净利率 $=2\ 100\ 000\div 3\ 600\ 000\times 100\%=58.33\%$

乙分部的投资利润率 $=2\ 100\ 000\div 11\ 000\ 000\times 100\%=19.10\%$

从甲、乙两个分部的销售净利率和投资利润率指标的计算结果可以看出，乙分部的经营业绩比甲分部的经营业绩好。

习题七

(1) 应该选择投资报酬率大于20%的项目1和项目4，投资总额为1 550 000元。

(2) 应该选择投资报酬率大于15%的项目1、项目3和项目4,投资总额为3 950 000元。

(3) 投资总额的差异=3 950 000－1 550 000=2 400 000(元)

案 例

略。

第二十章 信息技术在会计中的应用

全章脉络

疑难解答
自我测试
自我测试答案
教材习题参考答案

疑难解答

一、信息技术

信息技术主要是指利用电子计算机和现代通信手段实现获取信息、传递信息、存储信息、处理信息、显示信息、分配信息等的相关技术。

会计信息系统不必一定是计算机系统,但是,随着计算机技术和信息技术的发展,以计算机环境为基础构建的信息系统在越来越多的企业得到广泛的应用,会计部门是最早应用计算机系统来支持其工作的职能部门。

二、会计电算化

会计电算化是指以计算机为主的信息技术应用到会计实务中,并用计算机作为工具辅助完成手工记账、算账、报账等会计工作,实现对会计信息的收集、处理、输出、分析、预测、决策等。

三、会计信息化

会计信息化是企业会计顺应社会及经济信息化浪潮所做出的必要举措。会计信息化是国家信息化的重要组成部分,全面推进我国会计信息化工作的目标是:建立健全会计信息化法规体系和会计信息化标准体系[包括可扩展商业报告语言(XBRL)分类标准],全力打造会计信息化人才队伍,基本实现大型企事业单位会计信息化与经营管理信息化融合,进一步提升企事业单位的管理水平和风险防范能力,做到数出一门、资源共享,便于不同信息使用者获取、分析和利用,进行投资和相关决策;基本实现大型会计师事务所采用信息化手段对客户的财务报告和内部控制进行审计,进一步提升社会审计质量和效率;基本实现政府会计管理和会计监督的信息化,进一步提升会计管理水平和监管效能。

四、会计智能化

会计智能化是会计信息化发展的未来趋势,是指将人工智能引入会计工作,由智能机器人执行会计核算、财务分析等财务管理相关工作。其中,机器人流程自动化是当前较为流行的应用,具体特征包括:(1) 处理高度可重复任务;(2) 基于明确的规则操作;(3) 以外挂的形式部署在客户现有系统上;(4) 模拟用户手工操作及交互。未来更深层次的会计智能化应该表现在数据分析和处理、推理和判断等决策支持方面。

五、会计信息系统

会计信息系统与其他所有的信息系统一样,也包含输入、处理和输出三个基本处理环节。有着特定处理对象和处理输出的信息系统,其特定的输入对象为会计数据,特定的处理输出为会计信息,输出的信息正是为了企业管理活动服务。进入会计信息系统的数据可以来自企业外部,也可以来自企业内部；企业会计信息系统生成的信息同时提供给内部和外部使用者，没有内、外部使用者的信息需求，企业会计信息系统就没有存在的必要。

会计信息系统有着自己特定的构成要素，包括会计信息系统应用程序软件、软件运行所需的硬件平台以及操作系统平台、会计信息系统运行企业的业务规则、会计信息系统的使用者等。

会计信息系统的主要功能有三个：(1) 收集和存储企业发生的所有业务数据；(2) 处理业务数据，使其转化成为决策有用信息；(3) 提供充分的控制措施保护企业资产。

六、会计信息处理过程

传统的会计信息处理过程是从确认、计量交易或事项的原始凭证开始的；然后把交易或事项的原始记录依据既定的会计科目加以分类，对已分类的原始凭证编制会计分录，登记日记账，生成记账凭证；根据日记账或记账凭证平行登记总分类账和明细分类账；汇总整理分类账，输出特定格式的会计报表，如试算平衡表、资产负债表、损益表和现金流量表等。

七、信息孤岛

信息孤岛是因为传统会计信息处理环节与经济业务发生环节分离造成的。传统会计信息系统的主要问题表现为：(1) 只收集并处理部分财务数据；(2) 业务数据没有被实时记录和处理；(3) 以高度汇总的方式重复收集存储数据。传统会计信息系统中的信息分别保存，形成了一个个独立的孤岛，导致会计财务人员很多时候无法获取所需数据。

八、信息集成

传统会计信息系统存在的问题对会计信息系统提出了新的发展要求——信息集成。这一集成不仅要求会计信息系统实现财务信息和非财务信息的集成，实现定量信息和定性信息的集成，还要求会计信息系统实现内、外部信息的集成。

集成的会计信息系统有以下好处：(1) 来源唯一，任何数据，只有一个数据入口，通常是在业务活动的发生地。这一方面可以减少因数据重复输入引起的重复劳动、效率低下、差错率高、责任不明确等方面的问题；另一方面，还可以减少数据的重复存储，保证数据的一致性。(2) 实时共享。集成化系统一般采用统一数据库、统一处理规则，通过事先设置的规则，给企业员工授予不同的信息使用权限，实现信息共享，集成化的系统在环境变化时可以实时响应。统一的数据库和统一的数据处理规则，加强了决策的一致性、减少了决策过程中可能产生的各种矛盾。

九、会计软件

会计软件是计算机辅助会计信息系统的重要组成部分，也是会计电算化工作得以实现的载体。通常包括核算型会计软件、管理型会计软件、财务共享服务软件和会计决策支持系统软件。

核算型会计软件以账务处理系统为核心，主要完成会计核算工作。其主要功能包括凭证输入、登记总分类账、明细分类账以及输出账簿和会计报表以及其他业务核算等。

管理型会计软件利用会计核算业务提供的信息以及其他生产经营活动资料，采用各种管理模型、方法，对经营状况进行分析和评价，具有事前预测和事中控制功能。

财务共享服务软件针对企业所实现共享的财务业务流程，提供共享服务平台来全面支持企业业务活动，如应收应付共享、支付共享、费用共享、核算共享、报表共享等服务平台。

决策支持系统是综合利用各种数据、信息、模型以及人工智能技术，辅助管理者进行决策的一种人机交互的计算机系统，会计决策支持系统是决策支持系统在会计领域的应用。

十、典型的会计核算软件应该具备的功能

典型的会计核算软件通常包括以下内容：

1. 总账系统

总账系统是每个会计软件的核心，一般包括凭证的输入、审核、记账、账本的查询、输出等。

2. 出纳管理

出纳管理包括：收入管理、支出管理、出纳账处理等。

3. 应收、应付账

应收、应付账包括：往来单位管理、应收应付核销、账龄分析等。

4. 报表处理

报表处理主要用于报表的定义、编制、输出。

5. 工资核算

工资核算一般包括：工资的编辑、计算，工资的发放，工资的分摊等。

6. 固定资产核算

固定资产核算包括：固定资产增减变化、折旧计提、固定资产分摊等。

7. 销售核算

销售核算主要包括：销售商品的管理，销售中开票、收款、发货的管理，销售毛利的计算等。

8. 存货管理

存货管理包括：存货代码的管理，存货的收、发、存管理，存货出库计价管理，存货核算等。

9. 成本核算

成本核算主要包括：直接成本的处理、间接成本的分摊、成本的计算等。

10. 财务分析

财务分析一般有：预算分析、前后期对比分析、图形分析等。

十一、具体会计软件产品

主要有 SAP 财务、Oracle 财务、用友 E 财务、金蝶财务、浪潮财务等。

十二、会计核算软件的主要管理规范

1.《关于会计核算软件评审问题的补充规定(试行)》，自 1990 年 8 月 1 日起执行。

2.《会计核算软件基本功能规范》，由财政部负责解释，自 1994 年 7 月 1 日起施行。

3.《商品化会计核算软件评审规则》，由财政部负责解释，1994 年 6 月印发、1994 年 7 月 1 日起实施，取代 1990 年 8 月 1 日施行的《关于会计核算软件评审问题的补充规定(试行)》。

4.《会计电算化管理办法》，于 1994 年 7 月 1 日起施行。

5.《会计电算化工作规范》，由财政部会计司制定，于 1996 年 6 月 10 日发布并实施。

6.《企业会计信息化工作规范》,2013 年由财政部发布,于 2014 年 1 月 6 日起实施。同时,《商品化会计核算软件评审规则》(财会字〔1994〕27 号)、《会计电算化管理办法》(财会字〔1994〕27 号)废止;《会计核算软件基本功能规范》(财会字〔1994〕27 号)、《会计电算化工作规范》(财会字〔1996〕17 号)不适用于企业及其会计软件。

7.《信息技术、会计核算软件数据接口》,该规定属国家标准,由审计署和财政部提出并组织专家研究起草,最后经国家质量监督检验检疫总局和国家标准委批准发布,于 2005 年 1 月 1 日起在全国范围内实施。

十三、会计核算软件应用的基本步骤

1. 基础设置——账套设置、用户设置、权限分配。
2. 总账系统初始化——总账系统参数设置、期初余额录入。
3. 日常会计处理工作——凭证处理、出纳处理、账簿处理、期末处理。
4. 报表处理——报表输出。

自 我 测 试

一、单项选择题

1. 核算型会计软件的主要功能不包括(　　)。

A. 凭证输入　　B. 登记总分类账和明细分类账

C. 输出账簿和会计报表　　D. 事前预测

2. 会计软件的(　　)能通过保本点、固定成本、变动成本、预计流动比率、预计投资报酬率等计算控制,通过预算报表与实际中执行的反馈结果进行控制。

A. 核算功能　　B. 分析功能　　C. 控制功能　　D. 预算功能

3. 1990 年 4 月 12 日,Gartner 在一份研究报告中首先提出了(　　)概念。

A. 事务处理系统　　B. 物料需求计划系统

C. 制造资源计划系统　　D. 企业资源计划系统

4. 收入管理、支出管理等属于(　　)模块的主要功能。

A. 总账系统　　B. 出纳管理　　C. 应收应付系统　　D. 销售管理

5. (　　)从会计软件的数据输入、处理、输出、安全等方面对会计核算软件的功能做出了具体的规定。

A.《会计核算软件基本功能规范》　　B.《商品化会计核算软件评审规则》

C.《会计电算化工作规范》　　D.《会计核算软件数据接口规范》

6. (　　)可有效简化订单处理流程,缩短业务处理周期,减少采购业务成本。

A. 网上报销管理　　B. 供应商协同平台

C. 银企直联系统　　D. 会计核算系统

二、多项选择题

1. 管理型会计软件的主要功能包括(　　)。

A. 分析功能　　B. 控制功能　　C. 预算功能　　D. 决策支持功能

2. 为了满足管理型会计软件在预测、决策、控制、管理、核算、分析等多方面的需求,管理型会计软件需要以下数据中的(　　)。

A. 用户单位的内部数据和外部数据　　B. 当前数据和历史数据
C. 生产经营活动的数据　　D. 市场、金融、投资等方面的数据

3. 会计信息系统应该具备的功能包括(　　)。

A. 收集和存储企业发生的所有业务数据并处理业务数据
B. 使其转化成为决策有用信息
C. 提供充分的控制措施,保护企业资产
D. 以上都不对

4. 下列选项中,属于典型的事务处理系统的是(　　)。

A. 销售订单录入系统　　B. 物料资源计划系统
C. 工资系统　　D. 总账系统

5. (　　)系统可以从最终产品的生产计划(独立需求)导出相关物料(原材料、零部件等)的需求量和需求时间(相关需求),根据物料的需求时间和生产(订货)周期来确定其开始生产(订货)的时间。

A. 事务处理系统　　B. 管理信息系统
C. 物料需求计划系统　　D. 制造资源计划系统

6. 机器人流程自动化(RPA)技术具备的特点包括(　　)。

A. 处理高度可重复任务　　B. 基于明确的规则操作
C. 以外挂的形式部署在客户现有系统上　　D. 模拟用户手工操作及交互

三、判断题

1. 早期开发的会计软件基本上都属于会计核算软件,其设计的初衷主要是以替代手工会计核算和减轻会计人员的记账工作量,从而形成了市场上大量"甩账式"的会计软件。(　　)

2. 结构化决策是日常重复性的决策,有一定的规律可循,可预先做出有序的安排而达到预期的结果或目标。会计决策支持系统主要解决结构化决策问题。(　　)

3. 事务处理系统是企业管理信息系统的核心组成部分。(　　)

4. 制造资源计划系统具备了内部集成(产品研发、核心业务和数据采集的集成)和外部集成(企业与供需链上所有合作伙伴的集成)两大集成特性。(　　)

5. 企业应用的会计核算软件可以由企业自行开发获得,也可以购买商品化通用会计软件。(　　)

6. 总账系统对所有的会计核算软件来说都是必不可少的。(　　)

7.《会计核算软件数据接口规范》属上海市地方标准,由上海市质量技术监督局于2002年3月15日发布并同时实施。(　　)

8. 各软件厂商提供的会计核算软件产品的功能模块结构会有所差异,因此,在应用方面也会有着不同的要求,软件操作程序也各不相同。(　　)

9. 一般的会计核算软件系统都只允许建立一个账套。(　　)

10. 一般的会计核算软件都能完成全部会计处理工作,因此,允许把所有权限授予同一个人。(　　)

11. 企业的异构系统可以通过财务共享服务平台接入共享核算系统或共享任务平台，真正打造企业信息的一体化。（　　）

12.《企业会计信息化工作规范》实施后，《会计核算软件基本功能规范》和《会计电算化工作规范》同时废止。（　　）

四、讨论及网络题

1. 访问相关的网站，了解《会计核算软件数据接口规范》出台的背景，并就规范的内容、条款及应用给出你的评论意见。

2. 讨论人工智能应用对会计、审计工作的影响。

自我测试答案

一、单项选择题

1. D　2. C　3. D　4. B　5. A　6. B

二、多项选择题

1. ABC　2. ABCD　3. ABC　4. ABCD　5. CD　6. ABCD

三、判断题

1. 对　2. 错　3. 对　4. 错　5. 对　6. 对

7. 对　8. 对　9. 错　10. 错　11. 对　12. 错

四、讨论及网络题

略。

教材习题参考答案

习　题　一

(1) 管理型会计软件；

(2) 核算型会计软件

(3) 核算型会计软件；

(4) 核算型会计软件

(5) 管理型会计软件；

(6) 管理型会计软件
(7) 管理型会计软件/会计决策支持软件
(8) 管理型会计软件/会计决策支持软件

习　题　二

利用搜索引擎,输入关键字"会计软件＋产品功能",进入相关的网站完成分析报告。

习　题　三

略。

习　题　四

略。

案　例

(1) ① 江西铜业集团所属各单位的信息系统缺乏一个统一的信息化规划,形成各自的信息孤岛,信息沟通传送受到很大限制。② 各地财务及业务信息的业务处理效率严重滞后,财务部门与业务部门信息处理基本上各自为战,很难达到管理体系的统一。③ 集团监控能力受限,无法有效地实现对下属分公司、子公司的资金监控和管理,无法形成统一集中汇总的集团财务分析和决策。

(2) 集团所属各单位的信息系统目标实现系统集成,财务部门与业务部门的信息集成,实现集团对下属分公司、子公司的实时监控和管理。

(3) 通过构建总账系统、现金中心、客户中心、供应商中心、合同管理、固定资产管理、低值易耗品管理、综合资产管理、成本管理、集团管理、经营分析、经理查询、结算中心等模块,实现了业务管理与财务管理集成;数据实时反映;决策分析体系精确化、高效化、动态化;分支机构分布式集中管理,并通过强大的集团预算编制、预算执行和预算评价三个过程,充分强化了集团的监控指导职能。

(4) 会计信息系统与业务系统集成的重要性。

《会计学》补充阅读材料

全章脉络

一、新会计准则下待摊费用和预提费用的会计处理
二、企业所得税法对捐赠、广告费的规定
三、营业税改征增值税及其税率表(2017)
四、销售毛利率的含义
五、企业所得税法实施条例释义——固定资产折旧
六、从年报看所得税会计准则实施的影响
七、我国 2006 年 4 月 1 日起对消费税政策进行重大调整
八、审慎对待经营活动现金流量

一、新会计准则下待摊费用和预提费用的会计处理

“待摊费用”和“预提费用”历来是体现权责发生制原则最主要的账户。财政部于2000年颁布的《企业会计制度》(以下简称“原制度”)中规定的“两费”分别属于资产类和负债类科目,其期末余额在资产负债表中均有专项列示。但“新准则应用指南”附录“会计科目和主要账务处理”中删除了“待摊费用”与“预提费用”科目,并在企业资产负债表中也相应取消了这两个项目,但未对原制度规定的待摊、预提有关业务的账务处理及报表列示做任何说明,也没有任何一处地方明确表示允许待摊、预提。

这样,就造成众多执行新准则企业的会计人员对待摊费用、预提费用的会计处理产生了困惑。在权威部门没有作出说明、学术界又各抒己见的情况下,许多企业便自行设法处理,其会计处理方法可谓五花八门。

例如:有的企业仍保留“待摊费用”和“预提费用”科目,期末将其列示在资产负债表中的“其他流动资产”和“其他流动负债”项目;有的企业通过“预付账款”“其他应收款”等科目代替“待摊费用”科目,期末将其列示在资产负债表中的“预付款项”或者“其他应收款”等项目;也有的通过“预收账款”“其他应付款”等科目代替“预提费用”科目,期末将其列示在资产负债表中的“预收款项”或者“其他应付款”等项目。

但是,这些方法是否符合新准则的要求呢?“两费”究竟应该如何处理呢?在此,下文浅析新准则取消“待摊费用”和“预提费用”科目的原因及相关业务的会计处理。

(一)新准则取消“待摊费用”和“预提费用”科目的原因

1. 遵循资产负债观

新准则强化资产负债观,淡化收入费用观。资产负债观更符合信息有用性,将已不能给企业带来未来经济利益,即不符合资产定义的项目剔除出资产负债表。比如,“待摊费用”本质上是一种费用,属于无价值资产,是企业一经发生就已消耗的一项“沉没成本”,它没有使用价值,没有流通性,假如企业破产,是不可能用它来偿还债务的,如果将它归类于资产,会虚增企业的资产总额,虚夸企业的资产负债率,严重影响企业财务指标的公允性,不利于投资者对企业生产经营与财务状况作出正确的判断。

上述有些企业仍保留“待摊费用”和“预提费用”科目,或者采用“预付账款”“其他应收款”“预收账款”“其他应付款”等替代科目,其本质上是一样的,都没有遵循资产负债观,不符合新准则的要求。

2. 符合新准则中会计要素的定义

从新准则对资产的定义看,资产是指企业过去的交易或者事项形成、由企业拥有或者控制、预期会给企业带来经济利益的资源。

待摊费用是企业已经发生,应由当期及以后各期负担的费用,直接表现为经济利益流出企业,企业资产、所有者权益的减少,预期不会给企业带来任何经济利益,因此不能被划入资产范畴。新准则规定,负债是指企业过去的交易或者事项形成、预期会导致经济利益流出企业的现时义务。

预提费用是企业按照规定从成本费用中预先提取但尚未支付的费用,虽然这些费用预期会导致经济利益流出企业,但它们并不是企业过去的交易或事项形成的现时义务,其同样不符合新准则对负债的定义。

再看新准则对费用的定义,费用是指企业在日常活动中发生、会导致所有者权益减少、与向所

有者分配利润无关的经济利益的总流出。这一定义能很好地包容"两费"的定义,因为每一个"两费"明细项目的设置都是基于经济利益很可能流出企业,而且每个项目经济利益的流出额都能可靠地计量。因此,"两费"应隶属于新准则中的费用要素而不是资产或负债要素。

3. 对权责发生制不构成障碍

新准则将权责发生制提升为会计基础,但是这并不意味着作为权责发生制主要账户的"两费"不能被取消。虽然在真实反映企业的财务状况和经营成果方面,权责发生制较收付实现制具有较大的优越性,但由于其存在一些固有缺陷,也往往带来巨大危害。

例如,权责发生制与会计信息质量要求的实质重于形式、谨慎性、相关性和重要性等相矛盾,会使企业虚列资产和虚增当期利润。近年来,"两费"的设置等许多核算方法对资产和负债准确披露产生的负面影响,随着安然事件等丑闻爆发而遭到了重点批判,改良权责发生制的呼声很高,修正的收付实现制(又称现金收付制)也对权责发生制提出了挑战。以前曾有学者提出从会计信息质量要求的重要性来衡量,可以不设置"两费"科目,以保证企业的资产和负债得到更合理的披露,这个观点恰恰符合新准则的要求。

4. 有利于解决实务中的问题

在实务中,有些企业对"两费"业务进行核算时,故意做账户游戏,利用"两费"作为调节利润的"蓄水池"或"变压器",成为企业粉饰会计报表的惯用手段。

概括起来,利用"两费"做假账主要有随意改变"两费"的摊销、预提期和摊销、预提额,"挂而不摊"掩盖亏损,将不属于"两费"的内容列入"两费",将属于"两费"的内容未列入"两费","两费"摊入和预提对象不正确,"两费"在会计报表上披露不准确等几种情况。

另外,预提费用还增加了纳税调整的工作量。所以,新准则取消"待摊费用"和"预提费用"这些过渡性科目,限制了企业调节各期利润的操纵空间,将发生的受益期在1年以内的费用,直接计入当期损益。这样既简化了会计核算,又比较容易理解,也减轻了审计人员对该类业务审计的工作量。

(二) 新准则下原制度规定的待摊费用的会计处理

原制度规定的待摊费用,是指企业已经支出,但应由本期和以后各期分别负担且分摊期限在1年以内(包括1年)的各项费用,如低值易耗品和出租出借包装物摊销、预付保险费、经营租赁的预付租金、预付报纸杂志费、季节性生产企业在停工期内的费用、一次缴纳数额较大需分摊的印花税以及固定资产修理费用等。

1. 低值易耗品和出租出借包装物摊销

对于原制度中的低值易耗品和包装物,在新准则中归类到"周转材料"科目核算。新准则应用指南指出,周转材料是指企业能够多次使用、逐渐转移其价值但仍保持原有实物形态不确认为固定资产的材料,如包装物和低值易耗品,应当采用一次转销法或者五五摊销法进行摊销;企业(建造承包商)的钢模板、木模板、脚手架和其他周转材料等,可以采用一次转销法、五五摊销法或者分次摊销法进行摊销。"周转材料"科目可按其种类,分别"在库""在用"和"摊销"进行明细核算。

采用一次摊销法的,领用时应按其账面价值,借记"管理费用""生产成本""销售费用""工程施工"等科目,贷记"周转材料"科目。周转材料报废时,应按报废周转材料的残料价值,借记"原材料"等科目,贷记"管理费用""生产成本""销售费用""工程施工"等科目。

采用其他摊销法的,领用时应按其账面价值,借记"周转材料——在用"科目,贷记"周转材料——在库"科目;摊销时按应摊销额,借记"管理费用""生产成本""销售费用""工程施工"等科目,贷记"周转材料——摊销"科目。周转材料报废时应补提摊销额,借记"管理费用""生产成本""销售费用""工程施工"等科目,贷记"周转材料——摊销"科目。同时,按报废周转材料的残料价值,借记

“原材料”等科目，贷记“管理费用”“生产成本”“销售费用”“工程施工”等科目；并转销全部已提摊销额，借记“周转材料——摊销”科目，贷记“周转材料——在用”科目。

2. 预付保险费、经营租赁的预付租金、预付报纸杂志费

对于预付保险费、经营租赁的预付租金、预付报纸杂志费的处理，按预付的金额分别记入有关成本或损益类科目。属于企业行政管理部门为组织和管理企业生产经营活动所发生的，计入管理费用；属于企业生产车间(部门)为生产产品或者提供劳务而发生的，计入制造费用；属于企业销售商品、提供劳务过程中发生的，计入销售费用。预付上述款项时，借记“管理费用”“制造费用”“销售费用”等科目，贷记“银行存款”等科目。

3. 季节性生产企业在停工期内的费用

新准则应用指南中规定，企业发生的季节性的停工损失，借记“制造费用”科目，贷记“原材料”“应付职工薪酬”“银行存款”等科目。

4. 一次缴纳数额较大、需分摊的印花税

对于一次缴纳数额较大、需分摊的印花税的处理，新准则应用指南规定，企业按规定计算确定的应交矿产资源补偿费、房产税、车船使用税、土地使用税、印花税，借记“管理费用”科目，贷记“应交税费”科目。

5. 固定资产修理费用

新准则规定，与固定资产有关的后续支出，符合准则规定的固定资产确认条件的，应当计入固定资产成本；不符合固定资产确认条件的，应当在发生时计入当期损益。固定资产的日常维护支出只是确保固定资产处于正常工作状态，通常不满足固定资产的确认条件，应在发生时计入管理费用或销售费用，不得采用预提或待摊方式处理。新准则应用指南规定，企业生产车间(部门)和行政管理部门等发生的固定资产修理费用等后续支出，如不满足资本化条件，应当直接计入管理费用。企业发生的与专设销售机构相关的固定资产修理费用等后续支出，直接计入销售费用。

(三) 新准则下原制度规定的预提费用的会计处理

原制度规定的预提费用是指企业按照规定从成本费用中预先提取但尚未支付的费用，如借款利息、预提的固定资产修理费用、租金和保险费等。

1. 借款利息

新准则应用指南规定，通过设置“应付利息”科目，核算企业按照合同约定应支付的利息，包括吸收存款、分期付息到期还本的长期借款、企业债券等应支付的利息。资产负债表日，应按摊余成本和实际利率计算确定的利息费用，借记“利息支出”“在建工程”“财务费用”“研发支出”等科目；按合同利率计算确定的应付未付利息，贷记“应付利息”科目；按其差额，借记或贷记“长期借款——利息调整”“吸收存款——利息调整”等科目。实际支付利息时，借记“应付利息”科目，贷记“银行存款”等科目。

2. 预提的固定资产修理费用、租金和保险费

根据对待摊费用中固定资产修理费用的分析可以得知，新准则及其应用指南不再对固定资产修理费用进行预提，而是在实际发生时根据支出能否资本化分别进行相应的处理。不能资本化的修理费用直接计入当期费用，可以资本化的修理费用计入固定资产账面价值。对于当期应负担的租金和保险费，也可以不进行预提，等到实际支付租金和保险费时，按支付的金额分别计入有关成本或损益类科目。

(资料来源：《会计之友》2008(33)：17-18，杜淑娟。)

二、企业所得税法对捐赠、广告费的规定

企业所得税法第九条所称公益性捐赠，是指企业通过公益性社会团体或者县级以上人民政府及其部门，用于《中华人民共和国公益事业捐赠法》规定的公益事业的捐赠。

［释义］ 本条是对企业所得税法第九条规定的公益性捐赠的进一步界定。

原内资企业所得税规定，对企业的公益、救济性捐赠，即企业向教育、民政等公益事业和遭受自然灾害等地区的捐赠，在其年度应纳税所得额3%以内的部分，准予扣除。原外资企业所得税规定，对企业的公益、救济性捐赠，即企业向教育、民政等公益事业和遭受自然灾害等地区的捐赠，可据实扣除。为了弥补政府职能的缺位，调动企业积极参与社会公共事业发展的积极性，促进我国公益事业的发展，考虑了国际上的通行做法，解决以前内外资企业税收待遇不平等的问题，在兼顾国家财政承受能力和纳税人负担水平的前提下，企业所得税法将公益性捐赠的税前扣除标准，统一规定为企业年度利润总额12%以内，适用于所有内资、外资企业。但是，出于立法整体体例等因素的考虑，企业所得税法并没有对公益性捐赠作出明确界定。公益性捐赠支出的扣除，首要的就是界定什么是公益性捐赠，以增强企业所得税法的可操作性，所以，本条对公益性捐赠做了明确界定。原内资企业所得税暂行条例实施细则规定，公益、救济性的捐赠，是指纳税人通过中国境内非营利的社会团体、国家机关向教育、民政等公益事业和遭受自然灾害地区、贫困地区的捐赠；纳税人直接向受赠人的捐赠，不允许扣除。与原内资企业所得税暂行条例实施细则有关规定相比，本条做了相应调整，即将受捐赠的对象由"非营利的社会团体"改为"公益性社会团体"，同时不再具体列举公益性的捐赠范围。

根据本条的规定，公益性捐赠必须符合以下两个条件：

（一）必须通过县级以上人民政府及其部门或者公益性社会团体

从理论上来说，企业可以直接向公益事业捐赠，而无须通过中间部门，这样更有利于节省成本和环节，而且实践中很多企业向公益事业的捐赠，确实是由企业直接向受援对象捐助的。但是，在税务处理上，由于税收征管实践等方面的考虑，若允许企业直接向公益事业捐赠，税收上很难处理，而且在我国整个公益性捐赠尚处于起步阶段时，允许企业直接向公益事业的捐赠税前扣除的话，可能会出现一部分企业借此偷漏税的现象。通过一定的中间部门来转接企业的公益性捐赠，更有利于管理，同时在某种程度上也宣传了企业的捐赠行为，更有利于企业良好和负责任形象的建立，国外对允许税前扣除的公益性捐赠一般也只限于通过公益性社会团体等中间机构的捐赠。但是，通过什么中间部门予以转接公益性捐赠，也是个关键问题，如果这个中间部门没有控制好，也可能造成公益性捐赠的混乱与无序。所以，本条对接受捐赠的中间部门做了限定：一是县级以上人民政府及其部门。这主要考虑了政府的公信力，也考虑了方便企业进行公益性捐赠，规定县级以上人民政府及其部门作为接受捐赠的对象，能够满足实际的需要，因为从我国目前的行政机关组织体系和结构来看，县级以上人民政府及其部门的数量、遍布范围和结构等相当广泛，基本能够承担接受捐赠的任务。二是公益性社会团体。在实践中，经过有关主管部门批准或者登记设立了很多公益性社会团体，其主要目的就是从事公益性社会活动，接受公益性捐赠自然属于其业务范围，允许通过这些公益性社会团体从事公益事业的捐赠，是国际上的通行做法，既考虑了我国实践操作的需要，也满足了仅通过政府部门进行公益性捐赠的不足，同时这些公益性社会团体由于其本身的公益性和在社会上所发挥的作用，一般也具有较强的公信力，所以，有必要承认公益性社

会团体作为企业所得税法所承认的公益事业捐赠的受捐对象。这里需要明确的是,并非所有的公益性社会团体,都符合本条规定的条件。本条规定的公益性社会团体,还必须满足本条例第五十二条规定的条件。

(二) 必须是用于《中华人民共和国公益事业捐赠法》规定的公益事业的捐赠

并非企业对外任何形式的捐赠都允许税前扣除,而必须是用于公益事业的捐赠,才允许税前扣除。目前,规范公益事业捐赠的法律是1999年的《中华人民共和国公益事业捐赠法》。条例草案将公益事业捐赠的范围限定为以下四项:一是救助灾害、救济贫困、扶助残疾人等困难的社会群体和个人的活动;二是教育、科学、文化、卫生、体育事业;三是环境保护、社会公共设施建设;四是促进社会发展和进步的其他社会公共和福利事业。其实,这四项内容就是原本照搬《中华人民共和国公益事业捐赠法》的有关规定而来,考虑到《中华人民共和国公益事业捐赠法》今后可能会根据实际情况发展的需要,做相应的修订,而企业所得税法与本条例规定的公益性捐赠理应与《中华人民共和国公益事业捐赠法》协调一致,要充分落实《中华人民共和国公益事业捐赠法》的有关内容,若采取直接列举的方式来表述公益性捐赠的范围,可能比较被动,因为《中华人民共和国公益事业捐赠法》若做相应调整,本条例的有关内容也将做相应调整,条例的稳定性得不到保障。所以,条例最终删除了公益性捐赠范围的具体列举规定,而是直接援引至《中华人民共和国公益事业捐赠法》,这样,本条例规定的公益性捐赠范围就与《中华人民共和国公益事业捐赠法》完全协调一致,其具体内容可以根据《中华人民共和国公益事业捐赠法》的发展变化进行适时调整,而无须修改条例,以适应经济、社会客观情况的发展变化。

(资料来源:国家税务总局——税收政策,发布日期:2008年8月25日。)

附:

1. 公益性捐赠支出纳税调整变化

2017年2月24日第十二届全国人民代表大会常务委员会第二十六次会议通过对2008年1月1日起施行的《中华人民共和国企业所得税法》做如下修改:

将第九条修改为:“企业发生的公益性捐赠支出,在年度利润总额12%以内的部分,准予在计算应纳税所得额时扣除;超过年度利润总额12%的部分,准予结转以后三年内在计算应纳税所得额时扣除。”

2. 关于广告费和业务宣传费支出税前扣除政策的通知(财税〔2017〕41号)

根据《中华人民共和国企业所得税法实施条例》(国务院令第512号)第四十四条规定,现就有关广告费和业务宣传费支出税前扣除政策通知如下:

一、对化妆品制造或销售、医药制造和饮料制造(不含酒类制造)企业发生的广告费和业务宣传费支出,不超过当年销售(营业)收入30%的部分,准予扣除;超过部分,准予在以后纳税年度结转扣除。

二、对签订广告费和业务宣传费分摊协议(以下简称分摊协议)的关联企业,其中一方发生的不超过当年销售(营业)收入税前扣除限额比例内的广告费和业务宣传费支出可以在本企业扣除,也可以将其中的部分或全部按照分摊协议归集至另一方扣除。另一方在计算本企业广告费和业务宣传费支出企业所得税税前扣除限额时,可将按照上述办法归集至本企业的广告费和业务宣传费不计算在内。

三、烟草企业的烟草广告费和业务宣传费支出,一律不得在计算应纳税所得额时扣除。

四、本通知自2016年1月1日起至2020年12月31日止执行。

财政部　税务总局　2017年5月27日

三、营业税改征增值税及其税率表(2017)

2012年开始,我国先后在交通运输、邮政、电信和现代服务业实施“营改增”试点,2016年又在建筑、不动产、金融和生活服务业全面实施“营改增”试点,实现了增值税在工商业和服务业全覆盖,消除了服务企业生产经营过程中以及产业交往中的双向重复征税;同时,也为降低整体税负提供了重要制度基础和保障,体制上将增值税统一纳入中央和地方共享范围,在中央与地方之间五五分享,统一由国家税务局征收管理。

小规模纳税人由于适用的简易增值税征税率为3%,与营业税税率相同,因此税负负担不变。

2016年“营改增”最新税率表

<table>
<tr><th>纳税人</th><th>应税行为</th><th colspan="3">具 体 范 围</th><th>增值税税率</th></tr>
<tr><td>小规模纳税人</td><td colspan="4">包括原增值税纳税人和“营改增”纳税人,从事货物销售,提供增值税加工、修理修配劳务,以及“营改增”各项应税服务</td><td>征收率3%</td></tr>
<tr><td rowspan="8">原增值税纳税人</td><td colspan="4">销售或者进口货物(另有列举的货物除外),提供加工、修理修配劳务</td><td>17%</td></tr>
<tr><td colspan="4">1. 粮食、食用植物油、鲜奶</td><td rowspan="6">11%</td></tr>
<tr><td colspan="4">2. 自来水、暖气、冷气、热气、煤气、石油液化气、天然气、沼气、居民用煤炭制品</td></tr>
<tr><td colspan="4">3. 图书、报纸、杂志</td></tr>
<tr><td colspan="4">4. 饲料、化肥、农药、农机(整机)、农膜</td></tr>
<tr><td colspan="4">5. 国务院规定的其他货物</td></tr>
<tr><td colspan="4">6. 农产品(指各种动、植物初级产品),音像制品、电子出版物、二甲醚、食用盐</td></tr>
<tr><td colspan="4">出口货物</td><td>0</td></tr>
<tr><td rowspan="12">一般纳税人</td><td rowspan="12">销售服务</td><td rowspan="6">交通运输业</td><td rowspan="2">陆路运输服务</td><td>铁路运输服务</td><td rowspan="6">11%</td></tr>
<tr><td>其他陆路运输服务</td></tr>
<tr><td rowspan="2">水路运输服务</td><td>程租业务</td></tr>
<tr><td>期租业务</td></tr>
<tr><td>航空运输服务</td><td>航空运输的湿租业务</td></tr>
<tr><td>管道运输服务</td><td>无运输工具承运业务</td></tr>
<tr><td rowspan="4">邮政服务</td><td rowspan="2">邮政普遍服务(包括邮票、报刊、汇款)</td><td>函件</td><td rowspan="5">11%</td></tr>
<tr><td>包裹</td></tr>
<tr><td>邮政特殊服务</td><td>邮政特殊服务</td></tr>
<tr><td>其他邮政服务</td><td>邮册等邮品销售、邮政代理等</td></tr>
<tr><td rowspan="2">电信服务</td><td>基础电信服务</td><td>基础电信服务</td></tr>
<tr><td>增值电信服务</td><td>增值电信服务</td><td>6%</td></tr>
</table>

(续表)

<table>
<tr><th>纳税人</th><th>应税行为</th><th colspan="4">具 体 范 围</th><th>增值税税率</th></tr>
<tr><td rowspan="37">一般纳税人</td><td rowspan="37">销售服务</td><td rowspan="5">建筑服务</td><td>工程服务</td><td colspan="2">工程服务</td><td rowspan="5">11%</td></tr>
<tr><td>安装服务</td><td colspan="2">安装服务</td></tr>
<tr><td>修缮服务</td><td colspan="2">修缮服务</td></tr>
<tr><td>装饰服务</td><td colspan="2">装饰服务</td></tr>
<tr><td>其他建筑服务</td><td colspan="2">其他建筑服务</td></tr>
<tr><td rowspan="7">金融服务</td><td rowspan="2">贷款服务</td><td colspan="2">贷款</td><td rowspan="7">6%</td></tr>
<tr><td colspan="2">融资性售后回租</td></tr>
<tr><td>直接收费金融服务</td><td colspan="2">直接收费金融服务</td></tr>
<tr><td rowspan="2">保险服务</td><td colspan="2">人身保险</td></tr>
<tr><td colspan="2">财产保险</td></tr>
<tr><td rowspan="2">金融商品转让</td><td colspan="2">金融商品转让</td></tr>
<tr><td colspan="2">其他金融商品转让</td></tr>
<tr><td rowspan="25">现代服务</td><td rowspan="4">研发和技术服务</td><td colspan="2">研发服务</td><td rowspan="4">6%</td></tr>
<tr><td colspan="2">合同能源管理服务</td></tr>
<tr><td colspan="2">工程勘察勘探服务</td></tr>
<tr><td colspan="2">专业技术服务</td></tr>
<tr><td rowspan="5">信息技术服务</td><td colspan="2">软件服务</td><td rowspan="5">6%</td></tr>
<tr><td colspan="2">电路设计及测试服务</td></tr>
<tr><td colspan="2">信息系统服务</td></tr>
<tr><td colspan="2">业务流程管理服务</td></tr>
<tr><td colspan="2">信息系统增值服务</td></tr>
<tr><td rowspan="4">文化创意服务</td><td colspan="2">设计服务</td><td rowspan="4">6%</td></tr>
<tr><td colspan="2">知识产权服务</td></tr>
<tr><td colspan="2">广告服务</td></tr>
<tr><td colspan="2">会议展览服务</td></tr>
<tr><td rowspan="9">物流辅助服务</td><td rowspan="2">航空服务</td><td>航空地面服务</td><td rowspan="9">6%</td></tr>
<tr><td>通用航空服务</td></tr>
<tr><td colspan="2">货运客运场站服务</td></tr>
<tr><td colspan="2">打捞救助服务</td></tr>
<tr><td colspan="2">装卸搬运服务</td></tr>
<tr><td colspan="2">仓储服务</td></tr>
<tr><td rowspan="3">收派服务</td><td>收件服务</td></tr>
<tr><td>分拣服务</td></tr>
<tr><td>派送服务</td></tr>
</table>

（续表）

纳税人	应税行为	具体范围				增值税税率
一般纳税人	销售服务	现代服务	租赁服务	融资租赁服务	有形动产融资租赁服务	17%
					不动产融资租赁服务	11%
				经营租赁服务	有形动产经营租赁服务	17%
					不动产经营租赁服务	11%
			鉴证咨询服务	认证服务		6%
				鉴证服务		
				咨询服务		
			广播影视服务	广播影视节目（作品）制作服务		6%
				广播影视节目（作品）发行服务		
				广播影视节目（作品）播映服务		
			商务辅助服务	企业管理服务		6%
				经纪代理服务	货物运输代理服务	
					代理相关服务	
				人力资源服务		
				安全保护服务		
			其他现代服务	其他现代服务		6%
		生活服务	文化体育服务	文化服务		6%
				体育服务		
			教育医疗服务	教育服务		
				医疗服务		
			旅游娱乐服务	旅游服务		
				娱乐服务		
			餐饮住宿服务	餐饮服务		
				住宿服务		
			居民日常服务	市容市政管理、家政、婚庆、养老、殡葬、照料和护理、救助救济、美容美发、按摩、桑拿、氧吧、足疗、淋浴、洗染、摄影扩印等		
			其他生活服务	除上述以外		
	销售无形资产	技术	专利技术			6%
			非专利技术			
		商标				
		著作权				
		商誉				
		其他权益性无形资产				

(续表)

纳税人	应税行为	具 体 范 围			增值税税率
一般纳税人	销售无形资产	自然资源使用权	海域使用权		6%
			探矿权		
			采矿权		
			取水权		
			其他自然资源使用权		
			土地使用权		11%
	销售不动产	建筑物		转让有限产权、永久产权以及与其一并转让的土地使用权	11%
		构筑物			

补充说明:可选择简易办法征税——就是按照5%的征收率计算应纳税额。

一般纳税人发生财政部和国家税务总局规定的特定应税行为,可以选择适用简易计税方法计税,但一经选择,36个月内不得变更。

1. 一般纳税人出租其2016年4月30日前取得的不动产,可以选择适用简易计税方法,按照5%的征收率计算应纳税额。(财税〔2016〕36号)

2. 一般纳税人销售其2016年4月30日前取得(不含自建)的不动产,可以选择适用简易计税方法,以取得的全部价款和价外费用减去该项不动产购置原价或者取得不动产时的作价后的余额为销售额,按照5%的征收率计算应纳税额。(财税〔2016〕36号)

以上税率表和补充说明根据财政部《关于全面推开营业税改征增值税试点的通知》(2016年3月23日)、《关于简并增值税税率有关政策的通知》(2017年4月28日)整理。

四、销售毛利率的含义

销售毛利率是上市公司的重要经营指标,能反映公司大概利润水平和获利潜力。从2003年上市公司年报数据中的销售毛利率指标,我们可以获得以下启示:

(一)对上市公司的销售毛利率指标要进行横向、纵向比较

在分析上市公司财务数据的时候,不能单纯从销售毛利率指标就给公司下结论,而要横向、纵向比较,找出规律。例如,单纯从2003年的销售毛利率指标看,东方宾馆、用友软件、锦江投资、贵州茅台、创业环保的销售毛利率较高(暂时不考虑ST类公司),但是还不能断言这类公司今年的销售毛利率也居前,具体有以下原因:

首先,因为公司的销售毛利率指标可能存在不稳定性,需要比较历史数据。我们参考2004年一季度的销售毛利率指标,从2002年、2003年的平均销售毛利率看,东方宾馆、用友软件、锦江投资、贵州茅台、创业环保的销售毛利率确实较高,今年的销售毛利率可能居前。

其次,参考行业平均销售毛利率水平,才能看出公司销售毛利率指标的高低。从行业上看,社会服务业、交通运输仓储业、医药生物制品、采掘业、传播与文化产业的平均销售毛利率指标较高。与行业平均销售毛利率相比,中原高速、用友软件、广西红日、浦发银行、贵州茅台等上市公司明显

高出行业平均销售毛利率，显示公司经营水平高于行业平均水平。

第三，要对公司的平均值进行对比分析，才可以得出有价值的结论。经统计的100家公司的平均销售毛利率是61.22%，平均高出行业平均水平1.91个百分点，如果再参考净资产收益率指标，利用2003年的销售毛利率，我们可以认为恒生电子、金马集团、中创信测、贵州茅台、辽河油田的销售毛利率比较实在。

（二）根据销售毛利率指标选股要考虑市场的偏好

主流机构的投资理念主要是价值成长投资，当然也会考虑股票的交易风险。在参考2003年净利润指标的同时，根据销售毛利率指标，比较适合主流机构的股票是长江电力、兖州煤业、贵州茅台、浦发银行、上港集箱等，适合非主流机构的股票是恒生电子、用友软件等。

（三）依据销售毛利率指标定性地估算公司资产质量以及未来的利润增长情况，需要参考其他指标

例如，根据公司购并情况才能比较出长江电力未来业绩增长的可能性较大，但是，该公司2003年的销售毛利率只有70.51%，并不特别突出。而要想综合判断公司的资产质量，需要考虑销售总额、应收账款总额、每股经营活动现金流量、净资产收益率等财务指标，才能大致判断出公司的资产质量。分析上述指标后，我们认为贵州茅台的资产质量较好。

（资料来源：《上海证券报》2004年5月28日，联合证券研究所，孙钦蓬。）

五、企业所得税法实施条例释义——固定资产折旧

相关的税法细则：

第五十九条　固定资产按照直线法计算的折旧，准予扣除。

企业应当自固定资产投入使用月份的次月起计算折旧；停止使用的固定资产，应当自停止使用月份的次月起停止计算折旧。

企业应当根据固定资产的性质和使用情况，合理确定固定资产的预计净残值。固定资产的预计净残值一经确定，不得变更。

［释义］　本条是关于固定资产的具体折旧方法的规定。

固定资产的一个重要属性，就是使用期限长，其效益的体现是一个长期的过程，不是一次性实现其效益的，也就是说，固定资产的成本是逐期分摊，转移到它所生产的产品或者提供的劳务中去，这也符合企业所得税中收入与支出配比的原则要求。所以，固定资产需要按照规定计提折旧，以确定企业实际发生的成本。

原内资企业所得税暂行条例及其实施细则，对固定资产的折旧方法没有做直接规定，而只是笼统地规定，固定资产的折旧方法按照国家有关规定执行。原外资税法实施细则对固定资产的折旧方法规定得相对较为详细：企业的固定资产，应当从投入使用月份的次月起计算折旧；停止使用的固定资产，应当从停止使用月份的次月起，停止计算折旧。固定资产在计算折旧前，应当估计残值，从固定资产原价中减除。残值应当不低于原价的百分之十；需要少留或者不留残值的，须经当地税务机关批准。固定资产的折旧，应当采用直线法计算；需要采用其他折旧方法的，可以由企业提出申请，经当地税务机关审核后，逐级上报国家税务局批准。与原内资、外资税法关于固定资产

折旧方法的规定相比，本条取消了预计净残值最低比例的规定，以及将固定资产的折旧方式统一规定为直线法。

本条的规定，可以从以下几个方面来理解：

(一) 准予税前扣除的固定资产的折旧，只能是按照直线法计算的折旧

固定资产的折旧方法有很多种，企业会计准则规定，企业可以根据与固定资产有关的经济利益的预期实现方式，合理选择确定固定资产折旧方法，可选用的折旧方法包括年限平均法（直线法）、工作量法、双倍余额递减法和年数总和法等，固定资产的折旧方法一经确定，不得随意变更。原外资税法实施细则也是规定，固定资产的折旧，应当采用直线法计算；需要采用其他折旧方法的，可以由企业提出申请，经当地税务机关审核后，逐级上报国家税务局批准。考虑到收入与支出配比原则的要求，直线法一般也能真实反映不同类型企业的生产经营活动实际情况，而改变折旧方法要经国家税务总局批准也不太现实，可操作性也不强，况且只要确定一个规则统一适用于所有企业，对企业来说相对是公平的，所以本条规定，企业的固定资产按照直线法提取的折旧，准予扣除，按照其他方法计提的折旧，应该根据直线法重新调整后，才准予扣除。但是，这并不意味着企业不可以采取其他折旧方法，在会计上，企业根据自身的特殊情况，仍可以采取其他折旧方法，或者同时采用直线法和其他折旧方法，只是采用其他折旧方法计提的所谓折旧，在涉及缴纳企业所得税时，是得不到税务机关的承认的。直线法又称平均年限法，它是指按固定资产使用年限平均计算折旧的一种方法。采用这种方法计算的每期折旧额均相等，其计算公式为，年折旧额=(固定资产原值－预计净残值)÷预计使用年限。采用这种方法，最大优点是计算简便，有利于税收征管。

(二) 固定资产计算折旧的具体时限

企业计算折旧的起始时间是自固定资产投入使用月份的次月起；停止使用的固定资产，应当自停止使用月份的次月起停止计算折旧。企业所得税的税前扣除中的一个重要原则，就是实际发生原则，固定资产只有实际投入使用时，才发生实际的支出，才允许开始计提折旧。原外资税法实施细则规定，企业的固定资产，应当从投入使用月份的次月起计算折旧；停止使用的固定资产，应当从停止使用月份的次月起，停止计算折旧。本条沿用了这一规定。之所以规定固定资产按照投入月份的次月起计算折旧，主要是考虑到固定资产投入使用时的时间往往不是月份的开头，不太容易计算和操作，而且计提折旧起算时间的早晚，只是涉及纳税递延问题，并不影响固定资产的总折旧额，对企业的影响也不是很大。所以，本条规定计算折旧的起始时间为固定资产投入使用月份的次月，相应的停止计算折旧的时间也为固定资产停止使用月份的次月，开始和结束时间前后对应，便于操作，对企业来说也是公平的。

(三) 预计净残值的确定

企业应当根据固定资产的性质和使用情况，合理确定固定资产的预计净残值，固定资产的预计净残值一经确定，不得变更。预计净残值，又称估计残值，是指假定固定资产预计使用寿命已满并处于使用寿命终了时的预期状态，企业目前从该项资产处置中获得的扣除预计处置费用后的金额。通俗地说，预计净残值是指固定资产在报废时，预计残料变价收入扣除清算时清算费用后的净值。在计算折旧时，把固定资产原值减去估计净残值后的余额称为折旧基数或者折旧总额。所以，预计净残值的大小和确定方法，直接影响到企业可以税前扣除的折旧额。原内资企业所得税，对于固定资产净残值率规定了一个5%的比例；外资企业所得税，则将固定资产净残值率的下限定为10%，即固定资产残值率不低于原价的10%。考虑到规定所有固定资产均适用同一个净残值率

下限，并不是一个精确的做法，事实上每一项固定资产净残值率的确定需要考虑很多因素，而企业无疑是最有发言权的；且现行会计准则规定，企业应当根据固定资产的性质和使用情况，合理确定固定资产的使用寿命和预计净残值，且一个持续经营的企业，固定资产的折旧和残值在经营期内均可税前扣除，不规定残值率的下限，有利于企业及时、足额补偿成本消耗，对财政收入的影响不大，也有利于税法与财务会计制度的协调。所以，本条取消了预计净残值最低比例的限制要求，赋予了企业更大的自主权。但是，企业确定固定资产预计净残值的依据是固定资产的性质和使用情况，也就是说，企业确定预计净残值并不是随意和毫无根据的，而是必须尊重固定资产的自身特性和企业使用固定资产的实际情况，如果企业并非根据固定资产的性质和使用情况，而是出于某种避税等非合理商业目的确定预计净残值，将被税务机关进行调整，并承担相应的法律责任。另外需要注意的是，预计净残值一经确定，不得变更。即企业根据固定资产的性质和使用情况，合理确定预计净残值后，就不得再变更。这主要是为了防止企业通过改变固定资产的净残值，在年度之间随意调节利润，以规避税收。

企业所得税法允许的折旧年限：

除国务院财政、税务主管部门另有规定外，固定资产计算折旧的最低年限如下：

（一）房屋、建筑物，为 20 年；

（二）飞机、火车、轮船、机器、机械和其他生产设备，为 10 年；

（三）与生产经营活动有关的器具、工具、家具等，为 5 年；

（四）飞机、火车、轮船以外的运输工具，为 4 年；

（五）电子设备，为 3 年。

（资料来源：国家税务总局——税收政策，2008 年发布。）

六、从年报看所得税会计准则实施的影响

（一）所得税准则实施影响

2007 年 1 月 1 日起，新会计准则及其应用指南开始在上市公司范围内实施。为使企业由原准则向新准则的过渡保持一致性、可比性，新企业会计准则体系设立了《企业会计准则第 38 号——首次执行企业会计准则》。该项准则及其指南对首次执行日要求采用追溯调整法的项目及其处理进行了规范。2006 年 12 月，证监会发出《关于做好与新会计准则相关信息披露工作的通知》，要求企业按照《企业会计准则第 38 号——首次执行企业会计准则》，在 2006 年度财务报告的“补充资料”部分，以差异调节表方式披露股东权益重大差异的调节过程，以反映执行新准则的影响。

截至 2007 年 1 月 30 日，沪、深两市共有 31 家上市公司披露了 2006 年年度报告，这 31 家上市公司在年报中都按照《企业会计准则第 38 号——首次执行企业会计准则》和证监会要求披露了新会计准则造成的影响，公布了新旧会计准则股东权益调节表。利用这些资料，可以对执行新准则的影响进行初步分析。对所得税会计而言，根据《企业会计准则第 38 号——首次执行企业会计准则》，在首次执行日，企业应该按照《企业会计准则第 18 号——所得税》的规定，按照资产负债表债务法对所得税进行会计处理，计算应纳税暂时性差异与可抵扣暂时性差异，确定递延所得税资产和递延所得税负债，并相应调整期初留存收益，而期初留存收益的调整自然影响到期初股东权益。

因此,所得税是股东权益调节表的项目之一。通过对已发布年报的 31 家上市公司新旧会计准则股东权益调节表的分析,整理见下表。

31 家上市公司实施新准则的股东权益变化情况

编号	公司	实施新准则股东差异变化的主要原因	暂时性差异的形成原因	递延所得税资产(A)或递延所得税负债(L)的确认
1	江南高纤	所得税、以公允价值计量且其变动计入当期损益的金融资产以及可供出售金融资产、少数股东权益	应收款项坏账准备计提	A
2	华泰股份	所得税	—	L
3	宝新能源	所得税、股份支付	应收款项坏账准备计提	A
4	光华控股	所得税、同一合并下企业合并形成的股权投资差额	应收款项坏账准备计提	A
5	S* ST 仁和	所得税、同一合并下企业合并形成长期股权投资差额	存货跌价准备计提	A
6	南化股份	无变化		
7	南山铝业	所得税、同一合并下企业合并商誉账面价值、少数股东权益	—	A
8	渝开发	所得税、少数股东权益	应收款项坏账准备计提	A
9	永新股份	所得税、少数股东权益	综合	A
10	橙星股份	所得税、少数股东权益	—	A
11	宜华木业	所得税、少数股东权益	资产减值准备计提	A
12	S 成建设	所得税、少数股东权益	应收款项坏账准备计提、可抵扣亏损	A
13	S*ST 新智	所得税、少数股东权益	坏账准备、长期股权投资核算采用权益法	A
14	常林股份	所得税、符合预计负债条件的辞退补偿、少数股东权益	计提应收款项坏账准备、在建工程减值准备、固定资产减值准备、存货减值准备	A
15	日照港	所得税、少数股东权益	各项资产减值准备	A
16	S 川美丰	所得税、以公允价值计量且其变动计入当期损益的金融资产以及可供出售金融资产、少数股东权益	—	A
17	华山地产	所得税、少数股东权益	应收款项坏账准备计提、可抵扣亏损	A
18	S* ST 数码	所得税、同一合并下企业合并形成的长期股权投资差额、少数股东权益	—	A

（续表）

编号	公司	实施新准则股东差异变化的主要原因	暂时性差异的形成原因	递延所得税资产(A)或递延所得税负债(L)的确认
19	皖维高新	所得税、少数股东权益	—	A
20	火箭股份	所得税、少数股东权益	—	A
21	S* ST 百花	所得税、少数股东权益	—	A
22	S* ST 雄震	所得税、长期股权投资差额、少数股东权益	应收款项坏账准备、预计负债	A
23	黄山旅游	所得税、长期股权投资差额、少数股东权益	应收款项坏账准备	A
24	云铝股份	所得税、衍生金融工具、少数股东权益	资产减值准备计提、股权投资差额摊销、套期保值浮动盈亏	A
25	风神股份	所得税、衍生金融工具、少数股东权益	坏账准备、存货跌价准备、固定资产减值准备、	A
26	南京高科	所得税、以公允价值计量且其变动计入当期损益的金融资产以及可供出售金融资产、少数股东权益	应收账款坏账准备计提	A
27	云天化	所得税、以公允价值计量且其变动计入当期损益的金融资产以及可供出售金融资产、少数股东权益	以公允价值计量且其变动计入当期损益的金融资产导致资产账面价值大于计税基础；坏账准备、存货跌价准备、固定资产减值准备计提导致资产账面价值小于其计税基础	A A>L 净额增加股东权益
28	精达股份	所得税、长期股权投资差额、少数股东权益、商誉减值准备	坏账准备、存货、固定资产减值准备计提导致资产账面价值小于其计税基础；长期股权投资收益涉及投资与被投资企业税率差异形成资产账面价值大于其计税基础	A、L A>L 净额增加股东权益
29	云维股份	所得税、少数股东权益	坏账准备、存货跌价准备	A
30	S 商社	所得税	坏账准备、存货跌价准备、固定资产减值准备	A
31	大龙地产	所得税、少数股东权益	长期股权投资差额摊销、坏账准备	A

上表显示，所得税准则的实施是上市公司股东权益变化的主要影响因素之一。31 家上市公司中，除南化股份股东权益未受新准则实施影响外，其余 30 家因执行新准则导致股东权益发生变化的上市公司，其股东权益变化的原因均包括所得税会计准则的实施。企业对所得税项目进行的追溯调整集中在递延所得税资产的确认上。30 家因执行新准则导致股东权益发生变化的上市公司中，有 29 家确认递延所得税资产并调增股东权益，其中有 2 家上市公司既确认了递延所得税资产，

也确认了递延所得税负债，因递延所得税资产确认金额大于递延所得税负债确认金额，所得税会计政策实施的最终影响仍为股东权益增加。

(二) 递延所得税资产的审慎确认应受到关注

《企业会计准则第 18 号——所得税》摒弃了"时间性差异"的概念，首次定义了暂时性差异的概念。暂时性差异是指资产或负债的计税基础与其账面价值之间的差额，时间性差异则是从利润表角度考察当期会计利润与应税利润之间的差异。时间性差异均属暂时性差异，但暂时性差异并不都是时间性差异。相对于时间性差异，暂时性差异的概念更加广泛。

按照暂时性差异对未来期间应纳税所得额的影响，暂时性差异划分为应纳税暂时性差异和可抵扣暂时性差异。可抵扣暂时性差异是指在确定未来收回资产或清偿负债期间的应纳税所得额时，将导致产生可抵扣金额的暂时性差异。应纳税暂时性差异是指在确定未来收回资产或清偿负债期间的应纳税所得额时，将导致产生应税金额的暂时性差异。资产账面价值小于其计税基础或者负债的账面价值大于其计税基础的，会产生可抵扣暂时性差异。上述股东权益发生变化的 30 家上市公司中，22 家上市公司在"合并项目"附注中披露了进行所得税项目追溯调整的原因。其中，21 家上市公司因计提应收款项坏账准备、存货跌价准备、资产减值准备，导致相应资产账面价值小于其计税基础，产生可抵扣暂时性差异。

值得注意的是，因可抵扣暂时性差异或可抵扣亏损而确认递延所得税资产，如果在递延所得税资产转销期间，企业没有足够的应纳税所得额可供抵扣，这项递延所得税资产的经济利益将无法实现，递延所得税资产以及因递延所得税资产确认而增加的净利润就都是虚计的。为此，《企业会计准则第 18 号——所得税》规定：企业应当以很可能取得用来抵扣可抵扣暂时性差异的应纳税所得额为限，确认由可抵扣暂时性差异产生的递延所得税资产；以很可能获得用来抵扣可抵扣亏损的未来应纳税所得额为限，确认由可抵扣亏损产生的递延所得税资产。这些规定充分体现了谨慎性原则的要求。

会计人员必须在有确凿证据表明企业未来能够获得足够的应纳税所得额时，才能确认递延所得税资产。但企业在未来是否有足够的应税利润可供抵扣，在很多情况下需要依靠会计人员的职业判断。怎样才能降低因会计人员的过于乐观给信息使用者造成的负面影响，审慎确认递延所得税资产？关键在于递延所得税资产的确认，应通过财务报告予以充分披露并受到监督。按照《企业会计准则第 18 号——所得税》的规定，企业在附注中应披露确认递延所得税资产的依据及递延所得税资产的确认金额。注册会计师在鉴证业务中，对确需确认递延所得税资产的，也应保持必要的职业谨慎，充分履行必要的鉴证程序，以获取有关未来应纳税所得额的鉴证证据。总之，不论是企业会计人员还是注册会计师，都应认真学习会计准则，掌握会计准则的基本精髓，以会计准则的转换为契机，努力提高财务会计报告的可靠性、相关性。

(资料来源：《上海证券报》2007 年 2 月 7 日，盖地、陆新。)

七、我国 2006 年 4 月 1 日起对消费税政策进行重大调整

财政部、国家税务总局 21 日联合下发通知，从 4 月 1 日起，对我国现行消费税的税目、税率及相关政策进行调整。此次政策调整是 1994 年税制改革以来消费税最大规模的一次调整。

此次消费税政策调整的主要内容是：新增高尔夫球及球具、高档手表、游艇、木制一次性筷子、

实木地板等税目。增列成品油税目，原汽油、柴油税目作为此税目的两个子目，同时新增石脑油、溶剂油、润滑油、燃料油、航空煤油五个子目。取消“护肤护发品”税目。调整部分税目税率，现行11个税目中有2个税目没有调整（烟、鞭炮焰火），其余税目都不同程度地有些变化，其中涉及税率变动的有小汽车、摩托车、酒及酒精、汽车轮胎几个税目。

财政部有关负责人介绍说，消费税是我国1994年税制改革时设置的税种，是对货物征收增值税以后，再根据特定的财政或调节目的选择部分产品（主要是一些消费品）进行征收。随着我国经济的快速发展，现行消费税制逐渐与国内产业结构、消费水平和消费结构的变化不相适应。

（资料来源：《上海证券报》2006年3月22日，综合新华社电。）

[新闻分析一] 消费税调整影响上市公司业绩

业内人士指出，消费税政策的变化将对上市公司业绩产生一定程度的影响。

(一) 四类公司获益

由于税目取消或税率下调，家化、白酒、摩托、轮胎四类上市公司有望从此次政策调整中获益。

从4月1日起，粮食白酒的税率将从25%下降到20%，这对生产粮食白酒的上市公司构成利好。分析人士认为，白酒类上市公司，如山西汾酒、五粮液、G老窖、伊利特、贵州茅台、G全兴等的业绩将有所提升，其中，以中低档白酒为主要产品的公司受益程度将更大。

摩托类上市公司，如钱江摩托、新大洲等，也将从这次政策调整中获益。根据新政策，对排量250毫升（含250毫升）以下的摩托车，消费税率将从10%下降至3%；生产汽车轮胎的上市公司中，产品以斜交轮胎为主的上市公司获益较大，此类公司包括轮胎橡胶、黔轮胎等；护肤护发品税目将从4月1日起取消，这将对家化类上市公司构成利好。所涉及的上市公司有上海家化、索芙特等。

(二) 三类公司受冲击

石化类公司将受到影响。航空煤油、石脑油、溶剂油、润滑油、燃料油将开始征收消费税，将使石化类上市公司成本有明显提高。不过，政策规定出台时先按应纳税额的30%征收，对航空煤油暂缓征收消费税，这将为石化类上市公司提供一定的缓冲期。

对木地板、一次性筷子、高档手表开征消费税，将使木制品和手表公司增加成本压力。相关上市公司包括G宜华、G森工、飞亚达等。

(三) 汽车企业喜忧参半

汽车消费税的调整较为复杂，大排量和能耗高小轿车、越野车税率有所提高，而小排量车、中轻型商用客车的消费税则有所下降。由于汽车消费税并非向厂商征收，而是在消费环节中向购买者征收，因此，这项政策的调整并不会直接影响厂商成本，但对于市场需求会有较大影响。分析师认为，以小排量汽车、中轻型商用客车为主要产品的一汽夏利、长安汽车、G宇通等公司受益较大。而对于产品中大排量车占较大分量的上市公司，消费税的调整则对其市场销售构成考验。

[新闻分析二] 财政部有关负责人细说消费税政策调整

财政部、国家税务总局21日联合下发通知，从4月1日起，对我国现行消费税的税目、税率及相关政策进行调整。新华社记者就此次消费税政策调整对财政部有关负责人进行采访。

(一) 新增税目具体情况

1. 成品油。现行消费税对石油制品已有汽油和柴油两个税目，这次调整税目后，实际是对航空煤油、石脑油、溶剂油、润滑油、燃料油开始征收消费税，即扩大了石油制品的消费税征收范围。另外，上述新增的某些油品与汽油、柴油具有一定的替代性，部分质量好的产品还可以直接作为汽油、柴油使用,在实际征管中,存在个别企业通过混淆产品名称等进行逃税的问题。因此,为了控制能源消耗和调控消费结构,扩大消费税对石油产品的调控力度,将上述油品纳入消费税征税范围。具体税率是:石脑油、溶剂油、润滑油比照汽油,税率(税额)为每升0.20元;航空煤油、燃料油比照柴油,税率(税额)为每升0.10元。

这次征税的石脑油、溶剂油等多数属于工业原料,航空煤油也主要用于航空,因此,征收消费税将会增加一定的生产成本。考虑到当前国际市场原油和成品油价格上涨较快,纳入征收范围后如果征收力度过大,将不利于价格的稳定,经国务院批准,为适当缓冲对价格的影响,政策出台时先按应纳税额的30%征收,对航空煤油暂缓征收消费税。待今后条件成熟时,再恢复按法定税率征收。

2. 木制一次性筷子。生产和使用木制一次性筷子客观上消耗了大量木材资源,还给环境带来了污染。为了有利于增强人们的环保意识、引导消费和节约木材资源,这次将木制一次性筷子纳入了消费税征税范围,税率为5%。

3. 实木地板。实木地板是指天然木材经烘干、加工后形成的具有天然原木纹理色彩图案的地面装饰材料。为了鼓励节约使用木材资源,保护生态环境,此次消费税调整将其作为一个税目,按照5%的税率征收消费税。

4. 游艇。游艇是近几年我国新出现的只有少数群体消费的高档消费品,为了合理引导消费,间接调节收入分配,这次将游艇纳入了消费税征收范围,按照10%的税率征收消费税。

5. 高尔夫球及球具。在我国现阶段,高尔夫球仍然属于只有少部分高消费群体才能消费的活动,其使用的球及球具价格一般很高。为了体现国家对这种高消费行为的调节,这次将高尔夫球及球具作为一个税目,按照10%的税率征收消费税。

6. 高档手表。目前,一些手表的价格高达万元甚至上百万元,有些手表使用贵金属,并镶嵌宝石、钻石,已经超越了其原有的计时功能,属于一种高档奢侈品。为了体现对高档消费品的税收调节,此次将高档手表纳入征收范围,按照20%的税率征收消费税。

(二) 现行税目税率政策调整具体情况

1. 小汽车。此次小汽车消费税调整的主要内容是:(1) 将消费税对小汽车的分类与国家新的汽车分类标准统一起来,将小汽车税目分为乘用车和中轻型商用客车两个子目。(2) 调整小汽车税率结构,提高大排量汽车的税率。对乘用车(包括越野车)按排量大小分别适用六档税率。对中轻型商用客车统一适用5%的税率。这样就拉大了不同排量汽车的税率差距,加大了大排量和能耗高小轿车、越野车的税收负担,同时也相对减轻了小排量车的负担,体现出对生产和使用小排量车的鼓励政策。(3) 对混合动力汽车等具有节能、环保特点的汽车将实行一定的税收优惠,具体由财政部、国家税务总局另行制定并报国务院批准后实施。

2. 摩托车。对摩托车消费税的税率结构进行了调整,将现行10%的税率改为按排量划分两档税率。对排量250毫升(含250毫升)以下的摩托车,按3%的税率征收消费税;对排量超过250毫升的摩托车,仍维持10%的税率不变。这样一方面体现了按排量征税的原则,另一方面也适当降低了小排量摩托车的税率,兼顾了农村地区使用者的税收负担。

3. 汽车轮胎。为适当减轻斜交轮胎生产企业的税收负担,综合考虑企业生产和财政收入等因素,这次政策调整将汽车轮胎10%的税率下调到3%。子午线轮胎继续实行免税政策。

4. 白酒。这次进行的税收政策调整,主要是取消了粮食白酒和薯类白酒的差别税率,改为20%的统一税率。另外,还将参考国际经验,研究白酒贴标等相关税收征管办法,健全和完善关联交易税收政策法规,规范消费税税基,堵塞漏洞。下一步还要配合其他部门健全酒类产品生产流通的法律法规,严格市场准入机制,加强行政执法力度,坚决打击假冒、伪劣产品和偷逃税收等非法行为。

（三）为什么要取消护肤护发品税目

1994年税制改革时确定对护肤护发品征收消费税，主要是考虑当时这类产品价格一般较高，不属于大众消费品，征收消费税可以起到对消费行为的调节作用，也有利于增加财政收入。这些年来，随着我国经济的不断发展，人们的消费水平和消费结构发生了很大变化，护肤护发品的消费越来越普及，已经逐渐具备了大众消费的特征，为此社会上要求停止对护肤护发品征收消费税的呼声也很高。考虑到浴液、洗发水、花露水等护肤护发品已成为人民群众的生活必需品，为使消费税政策更加适应消费结构变化的要求，正确引导消费，这次调整取消了护肤护发品税目。

（四）为何不涉及对高档家具、高档服装甚至高档住房征收消费税

社会各界提出要通过税收手段进行调节、强化税收的再分配作用的要求，应当说是正确的。但是有几个问题需要说明：一是上面提到的某些产品和行为并不在消费税征税范围之列，只能通过其他税种的调节来完成。二是能否通过消费税进行调节，除了征税的必要性以外，还要考虑其可操作性。目前由于征管条件和技术上的一些原因，对有些产品很难征收消费税，主要原因是对这些产品的档次界定比较困难，征管上达不到要求。三是征收消费税也要考虑对消费需求的影响。消费不足仍然是当前制约我国经济发展的一个不利因素，在选择消费品征税时，必须考虑对相关产业和消费需求的影响，要符合宏观经济政策的总体要求。

（资料来源：《上海证券报》2006年3月22日，叶展。）

附：消费税税目税率调整细则

财政部、国家税务总局日前发出通知，从4月1日起对消费税税目、税率及相关政策进行调整。调整细则22日公布如下：

一、关于新增税目

（一）新增高尔夫球及球具、高档手表、游艇、木制一次性筷子、实木地板税目。适用税率分别为：

1. 高尔夫球及球具，税率为10%；
2. 高档手表，税率为20%；
3. 游艇，税率为10%；
4. 木制一次性筷子，税率为5%；
5. 实木地板，税率为5%。

（二）取消汽油、柴油税目，增列成品油税目。汽油、柴油改为成品油税目下的子目（税率不变）。另外，新增石脑油、溶剂油、润滑油、燃料油、航空煤油五个子目。

1. 上述新增子目的适用税率（单位税额）分别为：

（1）石脑油，单位税额为0.2元/升；

（2）溶剂油，单位税额为0.2元/升；

（3）润滑油，单位税额为0.2元/升；

（4）燃料油，单位税额为0.1元/升；

（5）航空煤油，单位税额为0.1元/升。

2. 上述新增子目的计量单位换算标准分别为：

（1）石脑油，1吨=1 385升；

（2）溶剂油，1吨=1 282升；

（3）润滑油，1吨=1 126升；

（4）燃料油，1吨=1 015升；

(5) 航空煤油,1 吨=1 246 升。

计量单位换算标准的调整由财政部、国家税务总局确定。

二、关于纳税人

在中华人民共和国境内生产、委托加工、进口上述新增应税消费品的单位和个人为消费税的纳税义务人,均应按《中华人民共和国消费税暂行条例》(以下简称条例)和本通知的规定申报缴纳消费税。

三、关于取消税目

取消护肤护发品税目,将原属于护肤护发品征税范围的高档护肤类化妆品列入化妆品税目。

四、关于调整税目税率

(一) 调整小汽车税目税率。

取消小汽车税目下的小轿车、越野车、小客车子目。在小汽车税目下分设乘用车、中轻型商用客车子目。适用税率分别为:

1. 乘用车。

(1) 气缸容量(排气量,下同)在 1.5 升(含)以下的,税率为 3%;

(2) 气缸容量在 1.5 升以上至 2.0 升(含)的,税率为 5%;

(3) 气缸容量在 2.0 升以上至 2.5 升(含)的,税率为 9%;

(4) 气缸容量在 2.5 升以上至 3.0 升(含)的,税率为 12%;

(5) 气缸容量在 3.0 升以上至 4.0 升(含)的,税率为 15%;

(6) 气缸容量在 4.0 升以上的,税率为 20%。

2. 中轻型商用客车。

中轻型商用客车的税率为 5%。

(二) 调整摩托车税率。

将摩托车税率改为按排量分档设置:

1. 气缸容量在 250 毫升(含)以下的,税率为 3%;

2. 气缸容量在 250 毫升以上的,税率为 10%。

(三) 调整汽车轮胎税率。

将汽车轮胎 10%的税率下调到 3%。

(四) 调整白酒税率。

粮食白酒、薯类白酒的比例税率统一为 20%。定额税率为 0.5 元/斤(500 克)或 0.5 元/500 毫升。从量定额税的计量单位按实际销售商品重量确定,如果实际销售商品是按体积标注计量单位的,应按 500 毫升为 1 斤换算,不得按酒度折算。

五、关于组成套装销售的计税依据

纳税人将自产的应税消费品与外购或自产的非应税消费品组成套装销售的,以套装产品的销售额(不含增值税)为计税依据。

六、关于以自产石脑油用于本企业连续生产的纳税问题

生产企业将自产石脑油用于本企业连续生产汽油等应税消费品的,不缴纳消费税;用于连续生产乙烯等非应税消费品或其他方面的,于移送使用时缴纳消费税。

七、关于已纳税款的扣除

下列应税消费品准予从消费税应纳税额中扣除原料已纳的消费税税款:

(1) 以外购或委托加工收回的已税杆头、杆身和握把为原料生产的高尔夫球杆。

(2) 以外购或委托加工收回的已税木制一次性筷子为原料生产的木制一次性筷子。

(3) 以外购或委托加工收回的已税实木地板为原料生产的实木地板。

(4) 以外购或委托加工收回的已税石脑油为原料生产的应税消费品。

(5) 以外购或委托加工收回的已税润滑油为原料生产的润滑油。

已纳消费税税款抵扣的管理办法由国家税务总局另行制定。

八、关于新增和调整税目的全国平均成本利润率

新增和调整税目的全国平均成本利润率暂定如下:

(1) 高尔夫球及球具为10%;

(2) 高档手表为20%;

(3) 游艇为10%;

(4) 木制一次性筷子为5%;

(5) 实木地板为5%;

(6) 乘用车为8%;

(7) 中轻型商用客车为5%。

九、关于出口

出口应税消费品的退(免)税政策,按调整后的税目税率以及条例和有关规定执行。

十、关于减税、免税

(1) 石脑油、溶剂油、润滑油、燃料油暂按应纳税额的30%征收消费税,航空煤油暂缓征收消费税。

(2) 子午线轮胎免征消费税。

八、审慎对待经营活动现金流量

1999年报首次将每股经营活动产生的现金流量净额作为重要的会计指标单独披露,从已经公布的1999年报看,部分公司经营活动产生的现金流量(以下简称"经营流量")较高,例如,通程控股、托普软件。但也有少数公司经营流量不理想,例如:南通机床的净利润为6 219万元,经营流量只有2 339万元;华晨集团的净利润为18 780万元,经营流量只有2 409万元。

一般情况下,企业经营的经营流量越高,说明企业资金周转快,有较多的资金可用于投资或者偿还短期债务,经营风险较小。经营现金流量较小,或多或少地会给企业的经营管理带来困难,增加风险。那么,是不是经营流量越高,企业的经营业绩就越好?情况没有那么简单。

首先,经营流量相比净利润,具有一定的不稳定性。本年度收回以前年度的应收账款,能增加现金流入;本年度减少存货采购,或增加赊购,能节约本年的现金流出,这些措施都能取得增加经营流量的效果。这种经营流量的增加,往往不能作为本年的经营业绩,如收回以前年度形成的应收账款,只是减少了坏账风险,但销售收入是在往年实现的。又如,今年采购了大量的存货,明年就可以少采购一些。

相对而言,净利润指标剔除了将资产变现成现金或者用现金购置资产的影响,稳定得多。例如,南通机床的经营流量比其净利润低3 880万元,原因之一是按权益法确认了主要来自长江饲料公司的2 566万元投资收益,没有收到现金,但按照现有的利润率推测,长江饲料公司在未来能源源不断给南通机床带来可观的现金流入。可见,在短期内没有取得较多的经营流量,并不一定意味着企业经营不成功。

其次,经营流量会受到企业经营方针的影响,如某些企业为了增加经营流量,大幅度降低产品销售价格,提高销售收入,资金周转虽然加快了,但毛利率同时降低了。综合起来,又可能会得不偿失。

再次,经营流量还会受到合并报表编制政策的影响。合并报表中合并子公司越多,经营流量越大。

最后,经营流量,与净利润类似,同样可以进行一定的修饰,以致可能产生误导性的信息。例如,企业发生了一笔现金流出,本来应该计入当期费用,增加经营活动的现金流出,企业管理层可以寻找各种理由说,这笔支出与某固定资产的购建有关,摇身一变,就成为投资活动产生的现金流量。

又如,企业从其他企业取得借款,本来应该作为筹资活动的现金流量,但企业管理层如果声称这是购货单位预先支付的购货款,则可以将这笔现金流入归入经营活动,从而增加经营活动产生的现金流量。

再如,如果上市公司在其关联企业外有数额较大的债权,为了增加当年的经营流量,上市公司可以要求其关联企业在年底前先偿还大部分债务,下一年,再将这笔钱如数转回给关联公司,现金仅在上市公司擦“年”而过,没有任何实质意义。

综上所述,投资者在关注经营流量指标时,不能因为它较低而过于失望,也不能因为它较高而过于欣喜,只有结合利润指标以及年报中披露的其他各种细节信息,对现金流量的构成、经营流量与净利润发生差异的原因进行分析,才能作出较为理性的判断。

(资料来源:《上海证券报》2000 年 2 月 15 日,陈朝晖。)